COSPIRAZIONE KENNEDY

*Oltre 370 fatti sconvolgenti che provano
l'esistenza di una cospirazione dietro l'attentato
mortale al presidente John Fitzgerald Kennedy*

www.larsenedizioni.com
Pubblicato a Novembre 2023
Codice ISBN: 9798868241956

Progetto grafico: N. Bagnolini

Cospirazione Kennedy

Oltre 370 fatti sconvolgenti che provano l'esistenza di una cospirazione dietro l'attentato mortale al presidente John Fitzgerald Kennedy

Andrea Larsen

INDICE

Biografia Autore   9
Introduzione   11

PRIMA PARTE
Cospirazione Kennedy   13

SECONDA PARTE
Citazioni   203
Dichiarazioni dei Kennedy   241

Intervista a Massimo Mazzucco   257

Bibliografia   273
Raccolta fotografica   277

Libri consigliati   288

Bisogna morire molte volte quando si è ancora in vita per guadagnarsi l'immortalità.

Friedrich Wilhelm Nietzsche, Filosofo tedesco

Penso sempre a quanti furono veramente grandi
A quanti in vita lottarono per la vita
E portarono in cuore una fiamma perenne.
Nati dal sole percorsero un breve tratto verso il sole
Lasciando nell'aria viva il segno del loro cuore.

Poesia di Stephen Spender

BIOGRAFIA AUTORE

Andrea Larsen nasce in Toscana, a Pisa nel 1988.

Grande amante della Letteratura, della filosofia e della storia. È considerato come uno dei più grandi collezionisti di libri di Jack London in Italia, è un profondo studioso del pensiero del filosofo tedesco Friedrich Wilhem Nietzsche a cui ha dedicato alcune opere ed ha curato e prodotto molti contenuti (libri, saggi e video) in merito alla discussa, interessante e potente figura di Theodore John Kaczynski.

Scrittore multiforme, saggista, poeta, articolista per riviste a tiratura nazionale e siti di filosofia e attualità culturale e geo-politica. Continua a circondarsi di libri, per un inesauribile quanto verace sete di conoscenza e per una profonda e imbattibile volontà sana compagnia. Pubblica o ripubblica annualmente opere classiche e moderne di grande valore al fine di dargli nuova luce o meritevole spazio.

Tra le sue pubblicazioni troviamo:

- Simo Häyhä, La Morte Bianca: L'incredibile storia vera del più letale cecchino di sempre (2021),

- 8 Autori su Theodore Kaczynski: primo saggio critico sul pensiero dell'uomo passato alla storia come Unabomber (2023)

- L'Ondor e altri racconti (2022)

Il suo sito è larsenedizioni.com

INTRODUZIONE

Elencare tutti gli elementi che non "*tornano*" in una vicenda come la fine del presidente John Fitzgerald Kennedy - *e stiamo parlando di fatti documentati, testimonianze reali, dati precisi in un numero incredibile* - serve soprattutto a rendersi conto che questi elementi dissonanti, non sono casuali, non sono "*errori*" o misteri, ma sono piuttosto simboli e tracce messe lì per un motivo. È assolutamente palese questo. Non sono lì per caso. Sono elementi messi di fronte a chi deve capire, a chi ha compreso l'inganno. Sono indizi posizionati in una scacchiera truccata per lasciare un chiaro messaggio: "*Solo un idiota può credere alla versione ufficiale, i reali colpevoli saranno protetti da mass media, interessi governativi e poteri economici. E la Giustizia subirà uno scacco matto senza vie d'uscita e così, con essa, la Verità*".

Per fortuna invece, tanti uomini e donne coraggiosi, hanno testimoniato di fronte alla Storia il loro coraggio, il loro valore e la loro onestà, raccontando tramite scritti, interviste e azioni, la Verità e la Giustizia di quei giorni. E questo libro è dedicato a loro.

PRIMA PARTE

COSPIRAZIONE KENNEDY

1. È quasi 12.00 quando vengono avvistate due auto, una Oldsmobile del 1959 e una Ford nera modello 1957, posizionarsi nel parcheggio posto dietro la famosa collinetta erbosa, situata davanti ad Elm Street dove passerà a breve il corteo presidenziale. Il conducente della Ford viene visto parlare ad un microfono con un cavo collegato al cruscotto come quelli installati nelle auto della polizia. Entrambi gli occupanti delle due auto conversano poi tra loro rimanendo seduti ai loro posti. Un testimone racconta di aver visto tale scena, ma nessuno dei due uomini verrà mai identificato. La polizia negherà che un qualsiasi agente di polizia con un'auto in borghese sia mai stato presente nel parcheggio dietro la collinetta erbosa. Allora di chi si trattava? E chi era l'occupante dell'altra auto che gli si era parcheggiata accanto? Ma soprattutto con chi comunicava e cosa comunicava via radio quell'uomo?

2. È 12.30 quando il primo colpo di fucile rieccheggia a Dealy Plaza, mentre la limousine del Presidente Kennedy procede ad una velocità folle per ogni minima e accettabile norma di sicurezza, è infatti praticamente quasi ferma. Il primo colpo – *sparato da mani esperte, consapevoli dell'auto dato dalla lentezza dell'auto*– parte quando l'auto di Kennedy procede a meno di venti chilometri orari. Come può essere accettabile per i servizi di sicurezza e intelligence far procedere l'auto con il Presidente degli Stati Uniti a quella velocità?

3. Dopo solamente 4 minuti dal primo colpo sparato all'indirizzo del Presidente Kennedy, la polizia di Dallas indica il Magazzino di Libri scolastici come il luogo da dove l'attentatore ha sparato.

4. Ad appena un quarto d'ora dal momento esatto dell'attentato in Dealey Plaza, la polizia già diffonde via radio l'identikit del presunto, ma considerato già colpevole, tiratore. A tracciare l'identikit è la testimonianza di Howard L. Brennan un lavoratore che si trovava dal lato opposto del Magazzino dei libri, ad una distanza di una trentina di metri, forse più. Un identikit così espresso in una delle numerose dichiarazioni rilasciate più volte alla Commissione Warren: "*snello, alto un metro e settantacinque, sulla trentina d'anni*", tale linea descrittiva viene considerata immediatamente dalla polizia come il quadro più affidabile per identificare il colpevole. L'identikit infatti non verrà diffuso alle volanti come un sospettato ma piuttosto come l'assassino di Kennedy.

5. Nonostante la polizia converge sul magazzino dei libri quasi subito, per oltre dieci minuti non viene circondato l'edificio permettendo quindi a chiunque di uscire, entrare o manipolare eventuali prove.

6. All'13.00 Luke Mooney, vicesceriffo di Dallas, entra nel magazzino dei libri e si dirige nella stanza dove si è subito indicato il punto in cui l'attentatore ha colpito. Incredibilmente, contro ogni minima logica e scienza investigativa, tocca a mani nude ogni cosa. Tocca le scatole vuole impilate per i vari imballi, le sposta, le getta da una parte, senza alcuna precauzione. A questo si aggiunge che non prende né foto ne appunti di come si mostra la stanza all'arrivo delle forze di polizia.

7. Quando viene recuperato il fucile italiano, Mannlicher-Carcano, calibro 6.5, numero di sere C 2766, dotato di mirino telescopico e prodotto nel 1940, il tenente J.C. Day non rileva alcun'impronta ad un primo controllo, né sulle parti metalliche né sull'otturatore.

8. L'identikit fornito da Howard L. Brennan [vedi punto 4] per alcuni fu estremamente dettagliato, forse troppo. Disse infatti che l'uomo da lui visto alla finestra era *"bianco, alto 5 piedi e 10 pollici e stimò un peso di 160,165 libbre"*, ebbene Lee Harvey Oswald era alto 5 piedi, 9 pollici e pesava 160 libbre. Per alcuni fu considerato come il caso del testimone oculare più attento e preciso della storia giudiziaria degli Stati Uniti d'America, lasciando molti decisamente perplessi.

9. Poco dopo l'attentato al Presidente J.F.K in Dealey Plaza, la polizia diffonde l'identikit fisico del colpevole e palesa fin da subito come il responsabile dell'attacco sia un solo uomo. Così viene detto ai giornali, così si muovono gli agenti. L'assassino del presidente è uno solo.

10. Dopo che furono esplosi i primi colpi di fucile, l'agente Marrion L. Baker, un agente motociclista che accompagnava il corteo presidenziale, entrò rapidamente nel Magazzino. Qui incontrò Roy S. Truly, il responsabile della manutenzione e tramite il suo aiuto, si fece portare all'interno dei vari piani per identificare i presenti al fine di scoprire eventuali estranei o sospetti non appartenenti allo staff lavorativo. Ebbene al secondo piano, nella sala adibita alla mensa, incrociarono un uomo dall'aspetto tranquillo,

intento a bersi una coca cola in piedi vicino ad un tavolino.
Il poliziotto gli puntò contro la pistola intimandoli di non
muoversi, ma Truly gli fece presente che quell'uomo lavorava nel Magazzino, non era uno sconosciuto. Il poliziotto
si scusò rapidamente ed insieme ad Truly proseguì l'ispe-
zione del palazzo. Quell'uomo incontrato in sala mensa era
Lee Harvey Oswald ed uscì dall'edificio alle ore 12:33 circa,
ovvero qualche minuto dopo quell'incontro con l'agente
motociclista ed il responsabile della manutenzione dell'e-
dificio. Poteva aver sparato per tre volte al Presidente Kennedy dalla finestra del sesto piano dell'edificio, aver corso
per le scale praticamente a rotta di collo (sfidando ogni
legge fisica) e aver avuto il tempo per entrare in mensa,
prendere una lattina di coca cola e mostrarsi perfettamente
tranquillo e sereno di fronte ad un poliziotto armato che gli
intimava di identificarsi?

11. La polizia dichiarò la sera stessa del giorno dell'attentato che i sospetti ricaddero immediatamente su Lee
Harvey Oswald nei minuti successivi all'attacco poiché era
l'unico che risultava assente tra i lavoratori del magazzino dei libri. Per accettare come veritiera tale dichiarazione
bisognerebbe però considerare che se era diventato il sospettato numero uno già alle ore 12:36, quindi pochi minuti
dopo i colpi sparati contro J.F.K, come poteva la polizia
aver rintracciato, controllato, verificato tutti i novanta dipendenti del magazzino?

12. Perché l'agente Tippit è solo nella sua autopattuglia?
Questo comportamento non è solo vietato dal regolamento
ma non è mai stato spiegato, giustificato o chiarito dalle forze
di polizia di Dallas né tantomeno dalla Commissione Warren.

13. L'agente Tippit non avrebbe mai dovuto trovarsi sulla Decima Strada, ma piuttosto al centro di Dallas, zona quest'ultima che gli era stata assegnata. Perché si trovava fuori dalla sua zona di competenza?

14. Quando l'agente Tippit si avvicina al sospettato Lee Harvey Oswald non comunica la cosa via radio. Infatti da parte sua non giunge alcuna comunicazione in merito. Perché questa nuova violazione del regolamento? Ogni agente in procinto di avvicinare o arrestare un sospetto è tenuto a comunicarlo via radio, ma l'agente Tippit non lo fece.

15. Alcuni testimoni della morte dell'agente Tippit dichiararono che l'assassino era un uomo magro, alto 1,72 circa, capelli neri, con indosso una giacca bianca, camicia bianca e pantaloni neri. Quando Lee Harvey Oswald verrà fermato e arrestato dalla polizia indosso avrà una camicia scura a quadri, tuttavia per la polizia non fu importante questo dettaglio.

16. Un testimone dell'omicidio dell'agente Tippit, Frank Wright, dichiarò che vide fuggire l'assassino con un'auto di colore grigio. Tale fatto non fu mai verificato né si investigò mai nel ricercare tale auto.

17. Acquilla Clemons, un'altra testimone della fine dell'agente di polizia Tippit, rilasciò una dichiarazione devastante per la versione Ufficiale poi "sacralizzata" dalla Commissione Warren. Infatti la donna dichiarò con grande precisione e certezza che ad uccidere il poliziotto furono due uomini, i quali impugnavano entrambi una rivoltella. Non vide altro perché poi temendo per la propria vita si nascose.

18. La cassiera Julie Postal che lavora al Texas Theatre dove entra Lee Harvey Oswald senza pagare il biglietto, decide di chiamare la polizia. Non solo per il mancato pagamento ma anche per la faccia "strana" come ebbe a definirla. Sul posto giungono quindici agenti e numerose volanti. Un po' troppo per un individuo che non ha pagato un biglietto di un cinema ed ha una faccia strana, no?

19. Quando la polizia entra nel Texas Theatre, identifica subito Lee Harvey Oswald come il colpevole del mancato pagamento del biglietto su indicazione della cassiera e soprattutto come l'indiziato unico, numero uno, per l'omicidio del Presidente Kennedy. Lee si mostra calmo e sereno, conversa con gli agenti senza problemi. Strano questo comportamento da parte di un uomo che avrebbe dovuto uccidere la massima carica di potere dello Stato e del Governo americano ed ora si trovava di fronte ad agenti armati pronti ad arrestarlo, no?

20. Per oltre 12 ore, al terzo piano del Quartier generale della polizia di Dallas, Lee Harvey Oswald viene interrogato. Di ogni domanda e risposta fatta a Lee Harvey Oswald non viene stilato alcun verbale. Non un riassunto stenografico, una dichiarazione, nulla. Le uniche considerazioni su quelle dodici ore furono tratte da opinioni e impressioni dei vari agenti che parteciparono a tali sessioni d'interrogatorio. Un modus operandi assolutamente allucinante, contro ogni logica e procedura di polizia.

21. Lee Harvey Oswald chiede un avvocato per tutto il tempo in cui viene trattenuto dalla polizia di Dallas, ne ha diritto. Non gli verrà mai concesso neanche un avvocato d'ufficio, né gli verrà data la possibilità di chiamare qualche professionista di sua fiducia.

22. Dopo ben otto ore di interrogatorio serrato, di cui non viene trascritta una singola parola, Oswald viene accusato dall'assassinio dell'agente Tippit, non di Kennedy. Da ciò è possibile conseguentemente considerare quindi il fatto che l'assassino o gli assassini di Kennedy erano ancora liberi, ma ciò nonostante la polizia non aveva svolto altre indagini diverse da quelle che indicavano un singolo ed unico tiratore identificato sin da subito in un identikit uguale a Lee Harvey Oswald.

23. Il capo della polizia di Dallas, nonostante il sospettato Oswald continui a negare alcun coinvolgimento con l'assassinio di Kennedy e si dichiari innocente, afferma che il caso è chiuso e Lee Harvey Oswald è colpevole. Lo dichiara difronte a decine di giornalisti e cineprese.

24. Il capo della polizia di Dallas nella notte del 23 novembre annuncia che il prigioniero Oswald, l'assassino del Presidente Kennedy, verrà trasferito nel carcere della contea. Ovviamente una tale notizia avrebbe dovuto rimanere riservata, ma così non fu e si offrì l'occasione al criminale Ruby di colpire.

25. Un individuo che volle rimanere anonimo dichiarò che aveva visto Ruby, l'assassino di Oswald, all'interno del suo locale – il night club Carousel - seduto al tavolo con l'agente di polizia Tippit e Bernard Weissman. Quest'ultimo era un importantissimo uomo d'affari di Dallas, oltre che nemico di J.F.Kennedy. Tale testimone fece tali importantissimi confidenze al giornalista investigativo Thayer Waldo del Fort Worth Star- Telegram, ebbene nonostante l'importanza e valenza di suddette dichiarazioni la Commissione Warren non si preoccupò mai di interrogare o ricercare questo testimone per saperne di più in merito a questa testimonianza.

26. La sorella di Jack Ruby, Eva Grant, dichiarò che sia lei che suo fratello conoscevano molto bene l'agente Tippit. Addirittura questo agente frequentava in modo informale ed amichevole la loro casa da tempo. In merito a queste dichiarazioni la Commissione Warren non indagò mai ulteriormente. Rimane una follia tale assenza di approfondimento quando vi era proprio un legame che univa il Oswald – presunto tiratore omicida del Presidente Kennedy – l'agente di polizia Tippit – ucciso da Oswald secondo la ricostruzione ufficiale e l'assassino di questo presunto e unico colpevole della morte del Presidente.

27. Il tenente George C. Arnett della polizia di Dallas rilasciò dichiarazioni ufficiali girando che Jack Ruby e l'agente Tippit si conoscevano bene ed era possibile considerarli tra loro amici. Anche in questo caso non furono avviate alcune indagini o chiarimenti in merito.

28. La Commissione Warren dopo dieci mesi di raccolta dati e stesura del suo rapporto, in data 24 settembre 1964, concluse che il numero totale di colpi sparati a Dealey Plaza furono solo tre e tutti vennero sparati dall'unico indiziato e dichiarato colpevole Lee Harvey Oswald. Ulteriori indagini e approfondimenti non vennero considerati. Numerosi fatti, testimonianze ignorate, indagini indipendenti e prove raccolte con più attenzione dimostrarono negli anni che la Commissione Warren aveva omesso, nascosto o mancato di dimostrare l'esattezza della sua tesi.

29. La scena dell'attentato a Kennedy fu ripresa dal cineamatore Abraham Zapruder. La sua posizione gli consentì di riprendere perfettamente tutto il passaggio del corteo presidenziale che gli passò di fronte. Dall'analisi dei fotogrammi di tale ripresa la Commissione Warren stabilì che tra il primo colpo che colpì Kennedy presumibilmente alla schiena e quello che lo centrò alla testa passarono tra i 4,8 e i 5,6 secondi. Così riportando, diveniva un fatto matematico inequivocabile che Oswald per poter sparare quei colpi avrebbe dovuto impiegare meno di un secondo per ricaricare l'arma. Sottolineiamo che il fucile Mannliche Carcano non è un'arma automatica, quindi dopo ogni colpo sparato va azionato l'otturatore al fine di ricaricare il proiettile seguente nell'apposita camera di sparo e per espellere il proiettile appena esploso. Perciò proprio secondo i dati forniti dal rapporto Warren sarebbe stato assolutamente impossibile per Oswald sparare i tre colpi nel tempo stabilito e appreso dalla visione esatta e inequivocabile del filmato di Zapruder. Siamo quindi di fronte ad una delle ennesime incongruenze e assurdità mai affrontate e spiegate dal Governo degli Stati Uniti d'America e dalla Commissione Warren nel suo famoso rapporto.

30. Per la Commissione Warren fu un solo proiettile a colpire mortalmente Kennedy ed a ferire il governatore Connally. Anche su questo fatto la prova filmica di Zapruder e le prove mediche raccolte dai medici sulle ferite del governatore e del Presidente Kennedy, minarono decisamente la credibilità di questa tesi. Il famoso "proiettile magico" non è mai esistito, non almeno in termini possibili sul piano scientifico e fisico, di prove e conferme fattuali.

31. La Commissione Warren diede vita a diversi tentativi per riprodurre la sequenza d'azione e di tiro del attentatore utilizzando numerosi ed esperti tiratori scelti. Era fatto tutto questo per raccogliere dati e tempi al fine di creare prove a sostegno della tesi del singolo sparatore. Nessuno di loro però, pur essendo quotidianamente, giornalmente, per anni, addestrato a sparare con fucili di precisione, riuscì a centrare in un tempo simile a quello forzatamente tentato di ricreare dalla Commissione Warren.

32. La Commissione Warren non riuscì mai a spiegare come Lee Harvey Oswald poté realizzare una così rapida e precisa sequenza di colpi con un fucile di bassa qualità, acquistato per corrispondenza, quando durante la sua esperienza militare nel corpo dei Marines si era dimostrato decisamente un modesto se non appena sufficiente tiratore. In una prova di tiro durante il suo periodo militare sostenuta in data 6 maggio 1959 avendo in dotazione un'arma automatica, il fucile M-1, fece registrare un punteggio minimo, appena al di sopra per ottenere la qualifica di tiratore. Decisamente un risultato non di grande successo. Ed i tiratori d'élite, scelti dalla Commissione Warren per riprodurre la sequenza di colpi che avrebbe sparato Oswald a Dealey Plaza, pur essendo addestrati da anni a fare quello, non riuscirono a riprodurre una simile sequenza per precisione e rapidità.

33. Per giustificare gli scarsi risultati dei tiratori scelti che la Commissione Warren aveva incaricato di sparare nel tentativo di provare che Oswald era stato l'unico tiratore a Dealey Plaza, si giustificò dicendo che le condizioni atmosferiche del giorno in cui i Marines provarono le sequenze di tiro erano sfavorevoli, con vento, a tratti pioggia e con un cielo decisamente scuro. Peccato che un avvocato di nome Mark Lane, interessato all'attentato a Kennedy tanto da raccogliere poi in un libro decine di incongruenze, dubbi e depistaggi ruotati intorno all'evento e mai chiariti, contattando l'Ufficio Meteorologico di Dallas scoprì che il giorno delle prove di tiro dei Marines vi era stato un tempo fantastico, una giornata calda, piena di sole e luminosa. Quindi? La Commissione Warren si era dimostrata falsa?

34. Il governatore Connolly dichiarò che venne colpito dopo Kennedy e non nello stesso momento - come invece cercava di far passare la Commissione Warren. La distanza temporale in cui era stato colpito Kennedy e dopo Connally era troppo ridotta per poter considerare un caricamento di un nuovo proiettile..come giustificare quindi le parole del governatore Connally?

35. Secondo la Commissione Warren una sola pallottola colpì Kennedy nella schiena, poi la schiena del Governatore Connally, spaccò la sua quinta costola e percorse l'avambraccio fino ad uscire dal polso, fracassandogli il radio e conficcandosi nella sua coscia. Incredibilmente dopo un tale percorso fu rinvenuta per caso quasi intatta, né deformata, né schiacciata o in alcun modo distorta, come se non avesse mai attraversato due corpi umani procurando tali gravi lesioni come poi furono effettivamente accertate.

36. Una pallottola fu rinvenuta nella Main Street sotto il sottopassaggio. Il testimone James T.Targue che si trovava sul posto fu colpito al volto, precisamente ad una guancia, da una scheggia di quel proiettile che si era conficcato sul muro vicino a lui. Come era possibile giustificare quel colpo? Due avevano colpito Kennedy, uno Connally (sempre secondo la versione ufficiale del Governo e quindi della Commissione Warren) e il quarto era finito fuori bersaglio..come era possibile che un solo tiratore potesse esplodere così rapidamente tutti quei colpi? Forse era possibile che ci fossero più tiratori a Dealey Plaza, no? Tuttavia la Commissione Warren di questo non ne volle mai parlare oppure investigare maggiormente.

37. Uno dei punti migliori per colpire il Presidente Kennedy nel suo passaggio a Dealey Plaza sarebbe stato quello di posizionarsi sulla collinetta erbosa, potendo usufruire di tutto il passaggio dell'auto nello sviluppo della strada e avendo il bersaglio lateralmente con una linea pulita leggermente più elevata. Moltissimi testimoni presenti sul luogo dell'attentato riferirono la collinetta erbosa come luogo d'origine degli spari, furono ben ventidue dei venticinque testimoni presenti sul luogo dell'attacco che parlarono con gli agenti di polizia presenti della collinetta erbosa..ma non si fecero mai ulteriori indagini a tal proposito, né si diede un seguito a tali dichiarazioni anzi. Si considerò tali dichiarazioni come frutto di panico e stravolgimento emotivo dato dal tragico evento dell'attentato.

38. Il testimone J.C.Pryce* [*Vedi dichiarazione in fondo al volume nel Capitolo Citazioni] che si trovava ad osservare il passaggio del corteo presidenziale da una visuale panoramica perfetta, era in alto, alla finestra di un palazzo che si affacciava sulla piazza, al momento degli spari vede un uomo che corre rapidamente verso il parcheggio della collinetta erbosa e tiene nelle mani un fucile. Descrisse accuratamente la figura dell'uomo alla polizia, ma la sua dichiarazione non ebbe alcun valore investigativo per la Commissione Warren. Anche qui fu giudicato frutto di suggestione ed emozioni forti che sopraffacevano i testimoni a Dealey Plaza togliendo loro lucidità e dandoli allucinazioni, facendoli vedere cose che non esistevano..

39. Molti testimoni videro sbuffi di fumo, segni evidenti di spari, in direzione della collinetta ed alcuni agenti che corsero in tale zona riferirono in un primo momento di aver avvertito un forte odore di polvere da sparo.

40. Il testimone Lee Bowers che si era posizionato sulla torre ferroviaria posta in posizione rialzata nei confronti della collinetta, riferì di aver visto uno sbuffo di fumo e un lampo di luce. Ma non solo, riferì anche di aver visto i movimenti sospetti di tre auto diverse nella zona di Dealey Plaza prima che giungesse il corteo presidenziale. Descrisse il modello d'auto e il guidatore che conduceva il veicolo. I guidatori girarono lentamente per la zona, osservando con attenzione un po' dappertutto. Inoltre riferì che uno dei guidatori aveva con sé un microfono o telefono nell'auto. La polizia non riferì mai se queste auto facevano parte del servizio segreto – cosa che non avrebbe comunque avuto molto senso - e non indagò mai su quelle auto ed occupanti. Anche in questo caso la sua dichiarazione venne pressoché ignorata.

41. Il testimone S.M Holland, che si trovava posto in alto, sul cavalcavia che attraversava Elm Street per vedere il corteo presidenziale, a circa duecento metri dal punto in cui fu colpito il presidente J.F.K, dichiarò che aveva visto uno sbuffo di fumo, quindi esplosione data da un colpo d'arma da fuoco, provenire precisamente dalla zona della famosa collinetta erbosa, laddove le piante erano più folte.

42. La testimone Julia Ann Mercer vide due uomini dentro un camioncino un'ora prima dell'attentato. Uno di questi posto alla guida del mezzo, le sembrò Jack Ruby – che poi sarebbe ovviamente balzato agli occhi della cronaca mondiale – mentre l'altro scendeva dal camioncino e raggiungeva in tutta fretta la collina. Secondo Julia Ann Mercer l'uomo in corsa vergo la collinetta portava con sé qualcosa che assomigliava molto alla custodia di un fucile. Purtroppo anche in questo caso la testimonianza non ebbe un seguito investigativo da parte della polizia di Dallas e dell'intelligence nazionale. La Commissione Warren non volle né ascoltarla né dargli peso.

43. L'agente Joe Marshall Smith raggiunge la collinetta erbosa pochi secondi dopo l'attentato al Presidente Kennedy, lui stesso si era reso conto che i colpi era giunti da lì e varie persone gli indicarono tale punto sbracciandosi. Appena arrivato nella zona si trovò di fronte un uomo a cui chiese immediatamente di documenti di riconoscimento. L'uomo mostrò all'agente un tesserino che dimostrava l'appartenenza al Servizio Segreto americano. Bisogna a questo punto rilevare alcune cose in merito. Non era forse inquietante il fatto che un agente del servizio segreto si trovasse lì, nel preciso punto in cui furono uditi partire gli spari, sbuffi di fumo e uomini sospetti armati? Ma cosa ancora più inquietante fu che la testimonianza del poliziotto Joe Marshall Smith fu contestata dalla Commissione Warren in quanto, secondo le loro investigazioni, nessun agente del servizio segreto quel giorno era stato posizionato sulla collinetta erbosa. Allora ci domandiamo, chi era quell'uomo? E perché aveva un regolare tesserino del Servizio Segreto americano? Era forse uno dei tiratori? Era forse veramente un agente del servizio segreto che stava svolgendo una missione "coperta", cioè esclusa da ogni documentazione perché svolta in un contesto di massimo livello di riservatezza, ovvero Top Secret? In verità l'identità di quest'uomo fu rivelata dallo straordinario lavoro di indagine del procuratore Jim Garrison. L'uomo era Gordon Novel, ex agente CIA. L'uomo all'inizio si presentò volontariamente da Garrison nel marzo del 1967, raccontando di come insieme a Ruby, David Ferrie e Arcacha Smith (tra loro si chiamavano i tre moschettieri) avevano rubato dalla base militare americana di Houma armi ed esplosivi da utilizzare per un insurrezione a Cuba. Non disse nulla in merito a ciò che fece a Dealey Plaza, ripromettendogli che avrebbe detto altro in un successivo incontro che purtroppo non accadde. Infatti Novel fuggì prima in Louisiana e poi nell'Ohio, fino a far perdere le proprie tracce. Quindi c'èra un ex agente della CIA presente a Dealey Plaza che allontanò le persone dalla collinetta erbosa con un regolare distintivo dei servizi segreti e lo stesso uomo conosceva benissimo David Ferrie e Jack Ruby, che a loro volta conoscevano Lee Harvey Oswald. Decisamente qualcosa su cui riflettere..

44. L'arma che aveva ucciso Kennedy, impugnata da un solo tiratore di nome Lee Harvey Oswald, secondo giornali, articoli, giornalisti, poliziotti, servizi televisivi, ecc.. era un fucile tedesco, il Mauser calibro 7,65. Questo venne detto il giorno stesso dell'attentato al presidente. Vi sono prove documentali a testimoniare questa affermazione. Perché allora il fucile che venne inserito nel repertorio dei dati raccolti in merito all'attentato fu il Mannlicher-Carcano, calibro 6,5? Possibile che gli agenti di polizia non sapessero distinguere i due diversi fucili? Il 22 novembre fu considerato un Mauser e il giorno successivo un Mannliche-Carcano?

45. Una televisione locale, mezz'ora dopo il delitto, mostrò un filmato dove un agente di polizia – vi sono anche foto in merito – faceva vedere alla stampa presente con soddisfazione, il fucile rinvenuto al sesto piano nel Magazzino dei libri e tale fucile è privo di mirino telescopico. Tra le altre cose l'agente lo mostrava ad i giornalisti, curiosi e presenti, senza nessun tipo di guanto o protezione al fine di non contaminare eventuali prove.

46. Per risolvere l'incongruenza di aver presentato al mondo un fucile Mauser come appartenente al tiratore omicida

Oswald e poi di aver dichiarato il fucile dell'omicida come un Carcano, l'FBI decise di far rilasciare alla moglie di Oswald una dichiarazione dove affermare che il Carcano era esattamente il fucile comprato da suo marito per corrispondenza. A questo punto teniamo di conto due cose. La prima che Marina Oswald, di nazionalità russa, veniva da una realtà storico-politica dove la polizia e le agenzie di sicurezza erano divinità incontestabili, perciò sottomessa a questa valutazione fin dalla nascita, non avrebbe mai in alcun modo contestato la volontà delle forze del Governo sul fargli ammettere un determinato fatto. Secondo punto, quale valore poteva avere il giudizio di Marina Oswald sull'identità di un'arma da fuoco, di un fucile? Non aveva mai prestato servizio in un esercito, né mai si era interessata alle armi, era solo un'infermiera. A fatica inoltre parlava inglese. Rimane in aggiunta e conclusione, il fatto, ridicolo, che un infermiera russa, che parlava poco inglese, proveniente da un mondo dove la polizia era pari all'inquisizione, avrebbe comunque dato un sereno e serio giudizio tecnico sull'identità dell'arma molto meglio di come avrebbero dovuto dare le forze di polizia, ovvero quelle stesse forze di polizia e d'intelligence che avevano giudicato il giorno stesso dell'attentato l'arma come un Mauser..

47. Tra settembre e ottobre Lee Harvey Oswald fu a Città del Messico. Perché andò in Messico? Qual era lo scopo di un modesto impiegato, apparentemente squattrinato, quello di andarsene laggiù? Chi gli diede i soldi per tali viaggi? Cosa cercava o chi? Si presentò al consolato cubano per ottenere un visto per raggiungere l'isola e da lì andare in Russia, a Mosca. Perché? Nessuno ha mai spiegato o indagato in merito.

48. Oswald nel suo soggiorno a Città del Messico fece di tutto per farsi notare. Litigò con il consolato cubano perché gli aveva rifiutato il visto. Discusse animatamente con le guardie messicane poste all'esterno. Firmò con il suo vero nome, spesso non faceva così, all'hotel dove soggiornava e lì dove si faceva portare i suoi modesti pasti, chiese più volte alla padrona se conosceva un modo per raggiungere l'isola. Chiese a varie persone come poter entrare illegalmente a Cuba in quei giorni. Fu in tutto e per tutto un comportamento fatto per farsi notare. Perché? Era forse parte di un copione che gli era stato dato da interpretare? Stava forse recitando a sua insaputa la parte del futuro folle con simpatie comuniste che avrebbe di lì a poco ucciso il Presidente Kennedy?

49. Nei due giorni passati a Città del Messico, vi sono delle zone d'ombra importanti. Se si esclude il momento in cui Oswald si trova in albergo per riposare o per mangiare e la visita all'ambasciata, nessuno lo vede in giro. Nessuno registra i suoi movimenti, chi incontra o di cosa parlano.

50. Lee Harvey Oswald parte da Città del Messico in data 26 settembre, esattamente lo stesso giorno in cui la stampa annuncia la visita di Kennedy a Dallas. Una strana coincidenza.

51. Lee Harvey Oswald con una moglie ed una figlia viveva con il sussidio della disoccupazione. Come fece a pagarsi viaggio e soggiorno in Messico? Chi glielo pagò? E perché?

52. Jack Ruby viene considerato – *e per suo stesso copione* – un patriota. Uno strenuo e appassionato sostenitore di Kennedy. Strano però che secondo alcune testimonianze non era presente ad Elm Street ad accogliere il corteo presidenziale giunto in città quel giorno, ma piuttosto si trovava nella redazione di un quotidiano locale per dettare un annuncio economico legato ai suoi affari. Strano no?

53. Jack Ruby e Lee Harvey Oswald abitavano esattamente nello stesso quartiere.

54. Quando Oswald uccise (almeno questo secondo la versione ufficiale) l'agente Tippit sapete su che via si trovava? Sul cammino più lineare che conduceva dalla sua casa a quella del suo futuro assassino, Jack Ruby.

55. Oswald era in affitto in un piccolo appartamento a Dallas, precedentemente quando ancora non era certo di trovare un lavoro – che guarda caso trovò proprio in un palazzo che si affacciava sul passaggio del corteo presidenziale - aveva alloggiato all'ostello dell'Associazione dei Giovani Cristiani. Tale associazione era frequentata, secondo vari testimoni, assai frequentemente dal proprietario del night club Jack Ruby, suo futuro omicida. Si conobbero lì oppure già si conoscevano prima? Si rividero dopo quel periodo?

56. Prima della morte di Lee Harvey Oswald, alcuni agenti dell'FBI si presentarono da sua madre. Gli mostrarono una foto di Ruby e gli chiesero se lo conoscesse o se lo avesse mai visto in compagnia di suo figlio. Perché l'FBI era interessata a questa possibile relazione tra loro? Indagava inoltre su possibili testimoni di una relazione tra Lee Harvey Oswald e Jack Ruby che in futuro avrebbero potuto creare problemi con la loro testimonianza circa tale conoscenza a legame i due? Questo fu un altro elemento mai chiarito.

57. Oswald dopo aver sparato (secondo la versione ufficiale) al Presidente realizza un tragitto sinceramente senza
apparente logica. Esce dal lavoro senza fretta. Non si dirige a casa per la via più breve, ma si direziona verso una
fermata molto distante, ben oltre casa sua, che lo porterà
poi dopo un lungo tragitto finalmente a casa. Qui dopo poi
esce nuovamente, incrocia l'agente Tippit (sempre secondo
la versione ufficiale) e lo uccide. Infine, come unico tiratore
del Presidente Kennedy, con l'FBI, la CIA, tutte le forze di
polizia in fermento, dopo aver ucciso un agente di polizia
in mezzo alla strada, si dirige dentro un cinema tranquillamente. Senza pensare di fuggire, di cambiare identità, di
cambiare città, di non chiudersi in un luogo chiuso. Tutto
ciò è sinceramente inspiegabile, a meno che Oswald non
stesse seguendo un copione e piano piano, lentamente, si
fosse reso conto che stava per essere lui la vittima, in un
triplo gioco mortale. Un capro espiatorio senza possibilità
di salvezza..

58. Al momento dell'arresto, Oswald ha con sé un fo-
glietto di carta con alcuni numeri di telefono. Tutti sono
riconducibili ad una sola persona. Sono il numero dell'ufficio, quello privato e quello dell'automobile (le auto delle
forze di polizia erano dotate di una sorta di telefono da cui
gli agenti potevano rispondere) di James Hosty, un agente della sezione di Dallas appartenente all'FBI. Anche se
questo fatto non venne chiarito nulla, né venne concesso
ai giornalisti di pubblicizzarne la scoperta e la stranezza.
Lee Harvey Oswald aveva con sé tre numeri di telefono di
un agente di Dallas facente parte dell'FBI...e nessuno della
Commissione Warren si fece una sola domanda su questo
fatto?

59. Se Oswald era solo una pedina di una cospirazione,

chi ha sparato veramente dalla finestra del Magazzino dei Libri? È stato mai controllato l'elenco dei lavoratori del Magazzino per verificare chi poteva avere una doppia identità oppure un passato da tiratore scelto o criminale? Nulla di tutto questo fu fatto.

60. Il testimone e collega di Oswald, Charles Givens, testimoniò che Lee Harvey Oswald un quarto d'ora prima che il Presidente Kennedy passasse su Elm Street e venisse colpito a morte, se ne stava al sesto piano a sistemare un porta-scontrini. Era un po' distratto e assente, ma nulla lasciava intravedere ansia, agitazione o panico. Come era possibile che solo pochi minuti dopo si posizionasse alla finestra per compiere un simile attacco?

61. Eddie Piper, collega di lavoro di Oswald, dichiarò che Lee a 12:00 si trovava ad un piano diverso, un piano rialzato, da cui spararono a Kennedy dal Magazzino dei Libri. Stessa cosa dirà la testimone e collega Carolyn Arnold che parlerà come orario di 12:15 nell'aver visto Oswald mentre svolgeva i suoi compiti lavorativi all'interno del magazzino. Come è accettabile e possibile che il tiratore che dovrebbe colpire in modo incredibile il Presidente degli Stati Uniti d'America Kennedy alle ore 12:30, fino a pochi minuti prima se ne stia tranquillo e sereno a svolgere il suo lavoro di routine insieme ad altri colleghi e non sia invece in postazione, a preparare la posizione, controllare il fucile, sistemarsi per realizzare al meglio il suo attacco come un vero stratega ed esecutore di un così importante obiettivo a cui tende perché, questa la narrativa ufficiale in merito, odia profondamente il Presidente Kennedy?

62. Un altro elemento incredibile nella vicenda Oswald è la testimonianza del signor Arnold Rowland, testimone presente a Dealey Plaza, l'uomo precisamente si trovava fermo in Houston Street. Ebbene secondo la sua testimonianza osservando la finestra del sesto piano del Magazzino dei libri già alle ore 12:15 c'era già un uomo armato di fucile semi-affacciato da quella finestra. Come era possibile che fosse Oswald se nello stesso orario era stato visto da una collega lavorare tranquillamente all'interno. Il testimone Rowland non ebbe mai dubbi sull'orario in merito perché ricorda che osservò l'ora precisamente dal grande orologio elettronico della pubblicità della Hertz che si trovava proprio sotto al tetto del magazzino dei libri. Se non era Oswald quel tiratore, allora chi era? Arnold Rowland pensò che era un tiratore scelto dei servizi segreti per proteggere la vita del Presidente, ma dopo ciò che successe quel giorno ebbe molti dubbi..

63. Come poteva Oswald essere visto da colleghi alle 12:15, affacciarsi a 12:30 al sesto piano, colpire il Presidente, nascondere il fucile, poi correre a rotta di collo per diversi piani e rampe di scale, arrivare a mensa, selezionare una bibita al distributore, aprirsi la lattina di Coca Cola e gustarsela serenamente, senza sudare, senza fiatone, con faccia rilassata e quasi annoiata e lì poi incrociare l'agente Baker che lo lasciò andare dopo aver accertato che era un tranquillo lavoratore dello stabile..

64. Nell'ipotetica corsa giù per le scale da parte di Oswald dopo aver colpito il Presidente Kennedy, con una delle sequenze di tiro più impossibili, incredibili e assurde mai viste nella storia, non fu visto da Vicki Adams, lavoratrice al Magazzino dei libri che si trovava sulle scale, che al momento dello sparo e dei successivi concitati attimi dichiarò di non aver incontrato nessuno che scendeva dai piani superiori. Dove era passato Oswald per arrivare alla mensa e non esser visto dalla Adams? Era forse diventato un fantasma?

65. La testimone Carolyn Walther si trovava in piedi sul marciapiede, ad est di Houston Street, venti metri circa a sud dell'angolo tra Elm Street e Houston Street. Una posizione chiara e favorevole per una precisa panoramica. Vide che da un piano in alto, d'angolo, dell'edificio del Magazzino dei libri vi erano due uomini, uno con un fucile in braccio, vestito con una camicia bianca, i capelli biondi e parzialmente stava sporto dalla finestra, ed un secondo uomo nella finestra accanto, con un indumento (forse una giacca) marrone. La sua testimonianza venne verbalizzata dall'FBI la mattina stessa del giorno successivo all'attentato ma non venne dato credito o risalto ulteriore. Si disse che probabilmente aveva visto dei lavoratori che osservavano il corteo presidenziale passare e il fucile non era altro che un'ombra. Non pochi investigatori indipendenti suggerirono che fosse l'uno, quello con in dotazione il fucile, il tiratore scelto e l'altro, l'uomo in giacca marrone, l'osservatore e compagno del tiratore scelto. Naturalmente chi è esperto in materia militare e di cecchinaggio sa che il tiratore ha sempre un compagno che gli indica posizione del bersaglio, condizioni atmosferiche, variazioni, momenti in cui colpire, ecc..La testimonianza di Carolyn Walther su un uomo che indossava una giacca marrone, e che si trovava accanto ad un tiratore minuto di fucile, è molto calzante e incisiva tenendo di conto che un altro testimone di nome James Worrell, riferì che vide uscire dal retro del magazzino, con grande velocità, appena dopo il caos del Presidente Kennedy colpito a morte, un individuo che indossava esattamente una giacca di color marrone. Sull'identità di questo individuo non si investigò mai. Worrell interrogato dall'FBI disse anche di aver sentito almeno quattro colpi sparati contro Kennedy e di aver visto il fucile sparare dal quinto o sesto piano, sul lato est. Dopo appena tre anni, sempre mentre vari investigatori indipendenti stavano seguendo piste diverse dalla versione ufficiale del Governo e della Commissione Warren, il testimone James Worrell morì in un incidente stradale mentre si trovava alla guida della sua motocicletta.

66. Richard Randolph Carr un altro testimone presente a Dealey Plaza, disse che verso l'orario di 12:00 aveva notato affacciato alla finestra del sesto piano un uomo che indossava una giacca sportiva rossiccia o marrone ed un paio di occhiali dalla montatura di corno. Naturalmente non poteva essere Oswald, né mai si rinvennero tali indumenti da qualche parte nell'edificio oppure in altri luoghi. Carr rivide la stessa persona della finestra, anche poco dopo l'attentato al presidente. Raccontò che l'uomo camminando di gran fretta, si allontanò dalla zona, percorrendo varie vie, per salire infine su un'automobile grigia parcheggiata a nord, guidata da un giovane di colore. Con quella si dileguò. Né l'uomo, né il guidatore, né tantomeno l'auto furono mai ricercati, trovati o motivo di indagine per la Commissione Warren.

67. Il vicesceriffo Roger Craig dichiarò di aver udito un fischio di un proiettile e successivamente d'aver visto un uomo correre via dalla collina erbosa. Poi di aver visto tale individuo salire su un'auto di cui l'agente disse di aver anche riconosciuto alcuni tratti specifici dell'uomo alla guida e poi lo vide allontanarsi da Dealey Plaza. Tentò di seguire l'auto e fermare quegli uomini ma il traffico e il caos glielo impedirono. L'uomo che vide correre via dalla collina erbosa e salire in quell'auto lo riconobbe come Lee Harvey Oswald. Com'era possibile? Si trattava forse di un sosia? Se così fosse la congiura per accusare Oswald sarebbe stata organizzata in modo perfetto. Se era veramente Oswald allora significava che era parte di un complotto e che aveva un complice che lo aspettava in auto..

68. Il giorno stesso dell'attentato al Presidente John Fitzgerald Kennedy a Dallas, il direttore amministrativo di una società telefonica californiana, precisamente di Oxnard, Ray Sheenan, rivelò che venti minuti prima che vi fosse l'attacco a Dealey Plaza colpendo a morte Kennedy ricevette una chiamata incredibile. Una donna gli sussurrò al telefono che Kennedy sarebbe stato ucciso a breve. La donna era molto turbata mentre parlava, il suo tono di voce rivelava che era preda dell'ansia. Tale contenuto telefonico fu comunicato all'FBI di Los Angeles soltanto dopo che il Presidente era stato ucciso. Era stata considerata una delle tante telefonate di mitomani e pazzi allarmisti, ma poi rivelandosi terribilmente sincera nel suo allarme, si decise di indagare. Purtroppo l'unica cosa che fu possibile accertare è che la telefonata proveniva dalla zona di Oxnard e Camarillo, ad un'ottantina di chilometri a nord di Los Angeles, nulla di più. Chi era quella donna? Perché aveva confessato tale terribile cosa in preda alla più angosciosa paura e agitazione? La telefonata inoltre fu fatta con un tempismo incredibile, precisamente quando Kennedy aveva iniziato da poco il suo *motorcarde*. Il fuso orario californiano infatti non è quello texano, per cui la donna che telefonò dovette calcolare i tempi (vi è una differenza di ben due ore), una cosa che di solito i mitomani o pazzi non considerano nella loro sfrenata necessità di attenzione e immediata voglia di visibilità...Chi era quella donna che annunciò l'attentato mortale a Kennedy mezz'ora prima?

69. Bill Hunter, giornalista di Long Beach (scriveva per l'Independent Press Telegram) fu uno dei cinque uomini che videro per primi l'appartamento di Jack Ruby dopo che quest'ultimo aveva ucciso Lee Harvey Oswald. I cinque uomini si erano recati nell'appartamento in cerca di indizi o piste che potessero far luce sulla controversa figura di Ruby, un losco proprietario di nightclub, con moltissimi amici poliziotti, lo sfrenato desiderio di uccidere Oswald, amico di quest'ultimo forse e sicuramente di Tippit...ebbene Bill Hunter, giornalista che si era sempre distinto per l'intelligenza investigativa ed il coraggio d'inchieste anche scottanti, venne colpito a morte dall'agente Creighton Wiggins, secondo la cronaca, per errore. L'agente di polizia confessò che stava giocherellando con la sua arma di ordinanza quando improvvisamente partì un colpo che uccise Hunter proprio all'interno del commissariato di Long Beach. Un caso decisamente strano..

70. Il giornalista Jim Koethe aveva dedicato attente e numerose indagini sul delitto del Presidente Kennedy ed era intenzionato a pubblicare i risultati e i fatti raccolti sul suo giornale (il Dallas Times Herald) ma ciò non accadde mai. Prima che potesse infatti pubblicare i suoi studi, venne rinvenuto cadavere nel suo appartamento. Le vertebre cervicali secondo l'autopsia erano state spezzate. Probabilmente da colpi di karate o di altre arti marziali capaci di uccidere se padroneggiate da uomini scelti. Chi aveva deciso di metterlo a tacere? Il delitto rimase irrisolto e le sue indagini evaporarono, non si seppe più nulla.

71. Il testimone ferroviere Lee Bowers, colui che testimoniò di aver osservato movimenti di auto sospetti poco prima dell'attentato a Kennedy a Dealey Plaza e dei bagliori di spari e fumo nei pressi della famosa collinetta erbosa, morì pochi anni dopo tale testimonianza, il 9 agosto del 1966 a causa di un inspiegabile incidente d'auto. Il suo veicolo si schiantò contro un muro senza che vi fossero successivamente rinvenute tracce di frenata, rotture di pezzi d'auto, usura dei freni o altro. L'auto era nuova, in perfetto stato e la strada era pressoché deserta. Cosa e chi aveva spinto Lee Bowers mortalmente contro il muro con la sua auto? Nessuno lo seppe mai. Uno scomodo testimone di quel famoso giorno a Dallas non c'era più.

72. La giornalista Dorothy Kilgallen, famosa per la caparbietà con cui sempre aveva affrontato temi particolarmente oscuri e necessari di indagini più accurate, riuscì ad ottenere un'intervista privata con Jack Ruby all'interno del carcere di Dallas. Il contenuto di quell'intervista non venne mai reso noto dalla giornalista. È tuttavia molto probabile che la conversazione con Ruby, nelle immediate settimane dopo l'assassinio di Oswald, fosse stata un'occasione ottima per carpire dati e informazioni particolari non convenzionali..fu chiaro infatti che la Kilgallen era a conoscenza dell'attività clandestina della CIA in numerosi scenari socio-politici esteri e fosse direttamente coinvolta con i tentativi di omicidio nei confronti di Castro. Da questa attività "sommersa" della CIA la giornalista concluse - anche grazie alla conversazione con l'assassino di Oswald che non mancava di voglia di protagonismo ed un certo istrionismo, oltre naturalmente che di numerosi contatti con le forze dell'ordine, la criminalità organizzata e i servizi segreti statunitensi – alla pista secondo cui la CIA poteva essere realmente coinvolta con l'omicidio di Kennedy. Poteva la CIA volere o permettere che ciò accadesse? Era un Presidente troppo "amico" dei Russi e di Castro? Ha permesso la CIA di insabbiare ed eliminare prove che avrebbero potuto dare nuova luce all'attentato avvenuto il 22 novembre del 1966 a Dealey Plaza ed alla morte di Oswald? A quante domande la giornalista Dorothy Kilgallen aveva dato risposta non lo sapremo mai, fu ritrovata nel suo appartamento a New York morta avvelenata. L'autopsia sentenziò che la colpa fu un abuso di alcool unito ad un barbiturico, ma ufficialmente alla fine del referto venne scritto che la causa della morte era impossibile da determinare. Un'altra pista, un'altra indagine che si fermava...

73. Uno dei cinque testimoni oculari che assisté all'uccisione dell'agente Tippit fu il camionista Domingo Benavides. Quest'uomo ripeté più volte che l'assassino dell'agente non assomigliava per niente alla figura di Lee Harvey Oswald. L'uomo rivelò che la polizia lo aveva severamente diffidato dal diffondere questa sua teoria o paranoia sull'identità dello sparatore. C'era un unico colpevole, ed era Oswald. Nel febbraio del 1964, suo fratello Eddy, che gli assomigliava moltissimo tanto che spesso venivano scambiati l'uno per l'altro, venne ucciso in una birreria di Dallas. Un colpo di pistola alla nuca. Nessuno vide nulla, nessuno ne comprese il motivo. Il suocero di Benavides, J.W. Jackson ebbe una stessa *"sfortunata"* sorte. Si mise ad indagare sul caso Kennedy, in specifico sulla morte dell'agente Tippit. Poco tempo dopo venne ucciso da un uomo che gli sparò mentre si trovava all'interno di un'auto. Una volta colpito Jackson a morte, si allontanò senza fretta. Nessuno seppe mai il motivo e chi fosse l'omicida.

74. Uno dei testimoni oculari presenti sulla scena del delitto riguardante Tippit era Warren Reynolds. L'uomo si trovava a pochi passi dall'auto dell'agente di polizia quando lo sparatore entrò in azione. Non lo vide tuttavia sparare, visto che appena udì i colpi si mise al riparo, ma lo vide allontanarsi dal luogo del delitto. Disse che non era del tutto convinto che l'uomo che aveva sparato all'agente fosse l'ex marine Lee Harvey Oswald. Il 23 gennaio del 1964 Warren Reynolds venne ferito in modo grave con un colpo di pistola alla testa da uno sconosciuto, mai identificato. Quando fortunatamente si riprese e venne ascoltato di fronte alla Commissione Warren, sentenziò senza ombra di dubbio che l'uomo che aveva sparato all'agente Tippit era proprio Lee Harvey Oswald. Nessun dubbio in merito. Che strane coincidenze..

75. Un sospetto circa l'agguato al testimone Warren Reynolds (vedi punto 75) fu individuato dalla polizia ma successivamente rilasciato. A testimoniare in suo favore, scagionandolo dall'accusa di aver attentato alla vita dell'uomo, fu la spogliarellista Nancy Jane Mooney. Donna che lavorava, guarda caso, nel night club di Jack Ruby. Ma interrogare lei in merito a queste strane coincidenze e causalità non fu possibile. La Mooney venne arrestata e trattenuta dalla polizia per rumori molesti di cui si erano lamentati i vicini (questa la versione ufficiale), ebbene due ore dopo che era stata messa in cella, fu trovata morta. Impiccata alle sbarre della finestra. Per quale motivo? L'avrebbero rilasciata a breve. Perché uccidersi? Non aveva problemi di soldi, guadagnando bene o si trovava in relazioni burrascose con qualcuno? La morte rimarrà un mistero, ed un'altra inspiegabile casualità di vittime intorno alla vicenda Kennedy-Oswald-Tippit-Dealey Plaza- la polizia di Dallas- le agenzie di intelligence e chissà chi altro..

76. Hank Killam era un vicino di casa di Le Harvey Oswald a Dallas e sua moglie aveva lavorato nel locale di Ruby vendendo alcolici, sigarette e dolci. La donna rivelò che il marito dopo la morte di Kennedy a Dallas, diventò teso, preoccupato, agitato, paranoico. L'uomo decise, appena dopo le feste natalizie, di lasciare Dallas e si trasferì in Florida. Dal nuovo stato chiamò la moglie affinché lo raggiungesse al più presto. Dopo la telefonata alla moglie, Hank Killam venne trovato morto. Per strada, con la gola tagliata. Cosa sapeva? Da cosa intendeva fuggire o difendersi? Chi decise di ucciderlo e perché era un pericolo lasciarlo in vita? Nessun colpevole o sospetto venne mai identificato. Il suo omicidio rimane un mistero irrisolto.

77. Wilma Tice era presente all'interno del Parkland Hospital mentre il Presidente Kennedy lottava invano per la vita. Lì noto un uomo che successivamente identificò come Jack Ruby. Tale evento la turbò molto e decise di testimoniare la cosa presso la Commissione Warren. Il fatto che Jack Ruby fosse presente all'ospedale avrebbe palesemente ostacolato la versione ufficiale per cui l'uomo era stato preso da un raptus da giustiziere solitario nel vedere Lee Harvey Oswald affrontare un processo, invece che la morte..E perché un proprietario di un night club, con legami con esponenti criminali della città, avrebbe dovuto trovarsi all'interno dell'ospedale dove nell'eccezionalità di quel giorno, la sicurezza avrebbe dovuto permettere l'ingresso solo a personale medico e selezionatissime figure dell'intelligence? Cosa ci faceva Jack Ruby all'interno del Parkland Hospital? La testimone Wilma Tice fu perseguitata dopo tale dichiarazione da persistenti telefonate anonime ad ogni ora del giorno e della notte. Il telefono di casa squillava continuamente, ma se rispondeva non sentiva alcuna voce se non un respiro affannato. Finché una volta una voce gli disse in modo minaccioso che sarebbe stato meglio per lei imparare a tenere la bocca chiusa. In un'altra occasione suonarono al campanello di casa, lei tentò di aprire la porta ma non gli fu possibile. Qualcuno aveva posto una scaletta a pioli di fronte alla porta, impedendoli di aprirla. Quando fu chiamata nuovamente dalla Commissione Warren per ribadire le sue dichiarazioni, aggiungere altri dettagli o ritrattare, fece presente di essere oggetto di queste pressanti minacce e atti vessatori. Alcuni membri della Commissione in risposta le offrirono di non testimoniare al processo con le sue parole se avesse desiderato, invece di rivolgersi alla polizia..Un comportamento decisamente strano.

78. Il giornalista Seth Kantor dichiarò che verso le 13:30 si trovava all'interno del Parkland Hospital e notò Jack Ruby. Essendo amico di quest'ultimo, lo fermo e conversò con lui per qualche minuto. Questo testimoniò di fronte alla Commissione Warren. Tuttavia la stessa Commissione, successivamente, disse che il giornalista si era confuso e intendeva dire che aveva visto e parlando con Jack Ruby alla stazione di polizia, non al Parkland Hospital. Un giornalista così disattento in una dichiarazione su un evento così epocale? Che strano..

79. Alcuni scrittori e investigatori dell'informazione indipendente riguardo il caso della morte di Kennedy sottolinearono come la politica di disarmo del Presidente ucciso a Dealey Plaza avrebbe determinato un taglio delle spese militari di oltre cinquanta milioni di dollari, cifre da far tremare molti potenti e privandoli di immensi guadagni. Probabilmente furono queste potenti figure che decisero di fermare Kennedy tramite una vasta e terribile congiura.

80. Il Presidente John Fritzgerald Kennedy nel 1962 aveva fatto approvare, non senza difficoltà, il famoso "Kennedy Act" dove erano state riviste le incredibili detrazioni fiscali di cui godevano i magnati del petrolio (parliamo del 27,5% per intendersi). Tale provvedimento aboliva inoltre le società americane che operavano all'estero – ovvero la stragrande maggioranza di loro – ridefiniva con più oculatezza gli aspetti legati alla tassazione, ai profitti rimpatriati, ai reinvestimenti al di fuori del territorio nazionale, insomma tutti quei movimenti furbeschi per realizzare enormi profitti e consentire colossali vantaggi in detrazioni fiscali. Per comprender la cosa basti pensare che nel 1954 una compagnia petrolifera a fronte di ben 4 milioni di dollari di profitto netto, tramite le leggi che al tempo favorivano il lobbysmo, aveva pagato di tasse solamente 400 dollari. Ma con il Presidente Kennedy questo non sarebbe stato e non fu più possibile. Almeno fino al tragico giorno di Dallas.

81. Il 24 gennaio del 1963, di fronte al Congresso degli Stati Uniti d'America, John Fitzgerald Kennedy, presentò e fece approvare una nuova stringente legge per impedire la possibilità di giganteschi profitti tramite l'imposizione di trust. Casualmente quel provvedimento fu proposto e approvato proprio nell'ultimo anno di Kennedy, prima che venisse ucciso..

82. Nel Rapporto Warren vi è un capitolo dedicato all'analisi della dentatura della madre di Oswald. Un contenuto assolutamente inutile se non fosse che riempie le pagine e rende assurdo il testo. Perché fare una cosa del genere in un testo che dovrebbe gettare luce su un evento tragico, epoca e importante come l'assassinio del Presidente degli Stati Uniti? Perché scrivere cose simili ed omettere, deviare o manipolare invece notizie e fatti veramente importanti?

83. È stato accertato da numerosi investigatori, giornalisti, testimoni e forze di polizia che Jack Ruby, l'assassino di Lee Harvey Oswald, aveva contatti a Dallas e Chicago con numerosi criminali (quali James Ragen, Nathan Gumbin, Paul Labriola, James Weinberg, ecc...), invischiati in bische, prostituzione, cocaina e altri sporchi affari. Nel Rapporto Warren si afferma però che è decisamente da escludere alcun contatto tra Jack Ruby e la malavita, che sia di Dallas o di Chicago. È credibile una cosa simile? E perché si cerca di affermare un evidente falsità?

84. Il giorno successivo all'attentato mortale al Presidente Kennedy l'FBI comunicò al petroliere H.L.Hunt, massimo sostenitore in finanziamenti della "John Birch Society", un potente movimento politico estremista, di allontanarsi dalla città di Dallas per qualche tempo. Perché? Non è mai stato chiarito il motivo da entrambe le parti.

85. Il Presidente Kennedy aveva avuto scontri durissimi verso al Central Intelligence Agency (CIA) soprattutto in occasione del caos internazionale scatenato dalla tentata invasione di Cuba (Vedi Baia dei porci). Kennedy in quell'occasione decise di ridimensionare il potere dell'Agenzia, Agenzia che aveva assunto un immenso potere e un'indipendenza contro ogni ordine e legge, indipendenza dai voleri del Presidente e quindi dalla reale volontà e tutela che i cittadini necessitavano. Quali obiettivi perseguiva la CIA? La ricerca della stabilità e della sicurezza della Nazione oppure mirava a destabilizzare altre nazioni ed eseguire azioni illegali e violente per ottenere vantaggi economici e di potere? Chi controllava la CIA, il Presidente o altri?

86. Sotto il falso nome di Alek Hidell, Lee Harvey Oswald aveva acquistato per posta il fucile Mannlicher Carcano 91/38, munito di mirino telescopico. Sua moglie Marina Oswald dichiarò che non vide mai suo marito esercitarsi con tale fucile, né nessun altro lo vide mai farlo ad un poligono o da qualche parte. Molto strano non trovate? L'uomo che sta per tentare l'attacco più incredibile della storia, che sta per sparare contro il Presidente degli Stati Uniti con un fucile preso per corrispondenza, non si allena minimamente al tiro?

87. Il Presidente Kennedy aveva ricevuto più di mille lettere di minacce nel suo solo primo anno di Presidenza. Tale fenomeno era una normale prassi da subire nel ruolo del Presidente ma tra quei vari mitomani ed estremisti, avrebbero potuto individuare, dopo la morte del Presidente, dei sospetti validi e motivati che avrebbero veramente potuto essere a Dallas quel giorno? Nessuno lo saprà mai perché le lettere di minacce al Presidente vennero distrutte..

88. Un anno prima dell'attentato a Dealey Plaza in Texas che costò la vita al Presidente Kennedy, il regista John Frankenheimer aveva diretto il film *The Manchurian Candidate* (1962), un angosciante film di fantapolitica interpretato da Frank Sinatra. Nel film il protagonista diventava un killer teleguidato da un gruppo di estrema destra per raggiungere l'obiettivo di uccidere il Presidente degli Stati Uniti d'America. Vi erano nella pellicola anche personaggi che realizzavano lavaggi del cervello, distorsioni politiche, che agitavano fantasmi di agenti segreti comunisti…il tutto per pilotare questi agenti killer dormienti come marionette. Lo stesso regista diresse anche il film *Sette giorni a maggio* (uscito nel 1964, ma girato durante i due anni precedenti, anche con la collaborazione del Presidente Kennedy che si offrì per fare girare alcune scene direttamente all'interno della Casa Bianca al fine di mostrare fedelmente tali luoghi al pubblico), anche qui dove la fantapolitica rappresentava inquietanti complotti e cospirazioni. In tale pellicola infatti altissimi ufficiali del governo congiuravano per destituire con un colpo di stato il Presidente degli Stati Uniti considerato troppo pacificista. Ma queste trame non furono solo filmiche, anche letterarie. Nel romanzo del 1962, *A prova di errore* di Eugene Burdick e Harvey Wheeler, proprio il Presidente Kennedy (mai nominato ma la cui descrizione era evidente riferimento al Presidente) era il protagonista di una storia terrificante dove bombardieri atomici americani venivano scatenati per errore contro l'Unione Sovietica, forzando un Presidente pacifico ad un conflitto mondiale con il mondo comunista.

89. Poco prima dell'arrivo di Kennedy nella città di Dallas erano apparsi numerosi manifesti contro di lui, decisamente minacciosi. Lo si accusava di filocomunismo, tradimento della Costituzione, cedimenti verso la Russia e il blocco orientale. Nella stessa città di Dallas, occorre ricordarlo per non scambiare questi manifesti come semplici avversioni popolari di poco conto, aveva nemici potenti. Tra questi la John Birch Society. Un miliardario texano di nome Bernard Weissman, affiliato a tale gruppo, aveva acquistato un'intera pagina del Morning News (quotidiano locale della città) per pubblicare un annuncio funebre del Presidente dal titolo inquietante e minaccioso <<Benvenuto a Dallas, signor Kennedy>> e di seguito una lunga serie di pesanti accuse verso la sua figura e politica, non molto diverse da quelle contenute nei manifesti anonimi diffusi in città.

90. Una donna di Dallas rimasta anonima agli onori della cronaca scrisse più volte al Presidente Kennedy delle lettere dove lo scongiurava di non venire nel Texas. Scrisse ad Evelyn Lincoln, segretaria personale del Presidente, al senatore J.William Fulbright e allo stesso Governatore Connally affinché potessero convincerlo a desistere, se non dal visitare il Texas, almeno dall'evitare la città di Dallas. Chi era quella donna e perché insisteva per far sì che Kennedy non si recasse in Texas e soprattutto a Dallas?

91. Durante i cinque secondi fatali per il Presidente Kennedy in cui si trovò sotto il fuoco di numerosi colpi, l'autista dell'auto presidenziale continuò la sua lenta marcia senza alcuna variazione di velocità o movimento evasivo.

Perché? I colpi erano immediatamente riconoscibili come quelli di armi da fuoco, erano agenti addestrati, la procedura di sicurezza imponeva determinate e immediate reazioni per portare in salvo il Presidente in caso di attacco... ma non ci fu alcuna reazione e l'auto continuo lentamente a passare per Elm Street fornendo un comodo bersaglio agli assassini. L'auto andò così piano che un agente del servizio segreto di nome Clint Hils, riuscì, pur con un rapido scatto, a salire sull'auto Presidenziale raggiungendola correndo semplicemente a piedi, per tentare di salvare la vita di Kennedy esposto al fuoco omicida. A testimoniare il comportamento assolutamente incredibile dell'autista, il famoso filmato di Zapruder.

92. Kenneth O'Donnell era stato scelto da Kennedy come suo assistente personale e organizzatore di spostamenti, logistiche e dettagli dei suoi eventi politici. Purtroppo era stato scelto in quanto amico, più che per qualifiche ed attestati professionali e ciò si rivelò in tutta la sua drammaticità quando lasciò che l'auto presidenziale girasse scoperta nella città più pericolosa d'America per il Presidente Kennedy.

93. Il senatore J. William Fulbright, importante figura del partito democratico dello stato dell'Arkansas avvertì il Presidente Kennedy più volte di evitare Dallas. Era una città da evitare ad ogni costo per Kennedy, secondo il senatore. Era consapevole che vi erano minacce molto pericolose oltre i normali contrasti ideologici e partitici che potevano esprimersi a livello popolare o giornalistico? Perché lo invitò più volte ad evitare con tale determinazione la città texana?

94. Una versione dell'arresto di Lee Harvey Oswald vuole il calzolaio John Brewer lo aveva pedinato perché ritenuto sospetto e successivamente aveva avvisato la polizia. In base a cosa il calzolaio Brewer aveva ritenuto sospetto Lee Harvey Oswald? Perché la polizia aveva risposto con un così folto numero di autopattuglie per un semplice sospetto identificato da un comune passante che oltre a camminare ed entrare in un cinema non aveva mostrato al segnale di minaccia?

95. Un mese prima che il Presidente Kennedy arrivasse a Dallas, l'ambasciatore americano presso le Nazioni Unite Adlai Stevenson, nominato dalla stessa presidenza Kennedy e suo appassionato sostenitore nella campagna presidenziale del 1960, era stato aggredito proprio nella città di Dallas da un folto numero di avversari politici. In un tale clima, perché decidere di visitare tale città con tantissimi segnali di pericolo ricevuti e soprattutto con un'auto scoperta, rimanendo esposti a potenziali (poi divennero concreti) attacchi letali?

96. Nella bozza del discorso che il vicepresidente Lyndon B. Johnson aveva preparato per l'occasione di incontro con giornalisti che si sarebbe tenuta ad Austin, dopo la visita di Kennedy a Dallas, l'incipit era decisamente inquietante alla luce degli eventi che accaddero in quel tragico giorno a Dealey Plaza. Il testo nelle sue prime parole infatti recitava: «Signor presidente, grazie a Dio è uscito vivo da Dallas».

97. Secondo una prima versione diffusa dalla polizia di Dallas hai giornalisti, Lee Harvey Oswald una volta circondato da agenti nel cinema dove si era introdotto, avrebbe tentato di estrarre la pistola gridando che ormai era finita, pronto a far fuoco sugli agenti. Ma perché un uomo che ha ucciso il Presidente si chiude dentro un cinema? Perché dovrebbe estrarre una pistola di fronte a decine di agenti, sapendo di non avere speranze di vittoria, quando per colpire il Presidente con un fucile di bassa fattura, secondo la versione ufficiale governativa, è stato capace di una lucidità e di una freddezza inaudita? Perché poi reagire in tal modo visto che ancora nessun agente gli aveva comunicato alcuna accusa a suo carico?

98. La mattina di sabato 23 novembre mentre Lee Harvey Oswald si trovava nelle mani del Dipartimento di Polizia di Dallas, ricevette la visita della madre e della moglie, poi successivamente nel pomeriggio di quella di suo fratello Robert. Incredibilmente di tali incontri e soprattutto dei dialoghi che vi furono, non fu registrato, stilato, raccolto alcun verbale. Un'anomalia mai vista prima e soprattutto se si pensa dell'eccezionalità del caso Oswald, ovvero di quello che era considerato l'omicida del Presidente Kennedy.

99. La notte di sabato 23 novembre, all'ufficio dello sceriffo di Dallas e alla sede locale dell'FBI arrivarono numerose telefonate anonime. Queste chiamate confessavano che era stato costituito un comitato con l'intenzione di uccidere l'assassino del Presidente Kennedy. Nonostante questo non solo non fu cambiato il programma e la modalità di trasferimento del detenuto Oswald, ma di tale trasferimento si fece larga notizia con la stampa.

100. Come sia potuto entrare Jack Ruby (pure armato) all'intero del palazzo della Polizia di Dallas rimane un mistero, almeno se non accettiamo l'idea che il proprietario del nightclub, amico di quasi tutti gli agenti del dipartimento, tramite uno di loro, sia stato fatto passare indisturbato fino al raggiungere insieme ad i giornalisti il miglior punto per colpire a morte Oswald..quale o quali agenti permisero questo? Quali collaborarono con l'assassino Jack Ruby?

101. Il 17 novembre 1963, solo cinque giorni prima dell'attentato mortale al Presidente Kennedy, in piena notte, l'agente dell'FBI William S. Walter, ricevette sulla telescrivente, nel suo ufficio a New Orleans, da parte del direttore del Bureau, un messaggio terrificante. Si parlava di un esteso ed allarmante complotto. Il telex preannunciava con estrema chiarezza un attentato alla vita del Presidente Kennedy a Dallas, proprio in data 22 novembre, da parte di un non ben precisato gruppo militante rivoluzionario. L'agente Walter comunicò a cinque agenti del servizio segreto incaricati e responsabili delle unità investigative locali di Dallas tale messaggio. Nessuno di loro rispose. Nessuno di loro fece mai presente la cosa una volta che il presidente fu ucciso. L'FBI sapeva cinque giorni prima che vi sarebbe stato un attentato mortale contro il presidente John Fitzgerald Kennedy e non risposte, non diede peso alla cosa, non prese alcun provvedimento. Come è giustificabile e spiegabile un tale comportamento?

102. Il Presidente Kennedy si era reso conto di quanto fosse pericoloso il viaggio, probabilmente ciò che lo tradì fu l'eccessiva sicurezza nel suo staff che si rivelò poi non all'altezza per numerosi motivi e per la fiducia riposta in uomini che invece lo tradirono perché parti della congiura. La mattina del 22 novembre, guardando fuori dalla finestra della sua camera d'albergo all'Hotel Texas di Fort Worth, dove aveva soggiornato arrivando da Houston, disse, indicando il podio allestito a festa da dove avrebbe tenuto un breve discorso, che quel punto era circondato di palazzi da cui un assassino o più assassini avrebbero potuto colpirlo senza che i Servizi segreti avessero potuto farne nulla. Disse anche alla moglie che stavano per entrare in una zona di fanatici che tramite un abile stratagemma da spie, avrebbero potuto colpirlo e uscirne non identificati e presi. Decisamente una previsione potente.

103. Negli anni non furono pochi gli investigatori, i giornalisti indipendenti, gli agenti, gli scrittori a dedicarsi alla vicenda dell'assassinio di Kennedy contraddicendo gran parte delle tesi sostenute dalla Commissione Warren e dai Media. Citiamo l'avvocato di New York Mark Lane, autore di Rush to Judgement, Thomas Buchanan, Harold Weisberg, Lèo Savage, il procuratore Jim Garrison, il giornalista e documentarista Massimo Mazzucco e molti altri. I fatti portati alla luce da questi autori non solo misero in crisi le teorie della Commissione Warren ma palesarono con evidenza l'assoluta approssimazione e disattenzione con cui vennero condotte le indagini sulla morte del Presidente Kennedy. Per Mark Lane, Oswald fu il capro espiatorio di una vasta cospirazione, inoltre il vecchio fucile di Oswald non era in grado di sparare tre colpi in meno di cinque secondi ed i colpi sparati a Dealey Plaza furono ben più di tre. Inoltre Lane sottolineò come non vi fossero reali prove che Oswald avesse ucciso l'agente Tippit e quest'ultimo non era l'agente onesto e eroico che si voleva far credere, ma anzi faceva anche lui parte della congiura. Secondo Buchanan, autore di Who Killed Kennedy, era impossibile che fosse stato compiuto quell'attacco con un solo fucile (cosa che la Commissione Warren invece volava sostenere), inoltre la stessa polizia inizialmente aveva parlato di un Mauser, perché? Forse i fucili erano due? L'autore sostiene che Kennedy fu colpito anche di fronte, da un colpo giunto dal triplice cavalcavia, e che si trovò sottoposto ad un vero e micidiale tiro incrociato che non gli diede scampo. Questi elementi, uniti alle forzature della Commissione Warren, alle anomalie investigative, alle testimonianze delle persone presenti nella piazza, dimostravano con evidenza l'esistenza di una congiura. Era forse Oswald un agente al soldo deI servizi segreti che ignorava il suo ruolo di vittima sacrificale? Harold Weisberg concordò con Mark Lane sul fatto che Oswald aveva sicuramente un sosia, che gli sparatori erano molteplici e molte cose dichiarate dalla Commissione Warren erano deboli a livello di prove e decisamente teoriche. Il procuratore Jim Garrison nel 1967 aprì un'inchiesta coinvolgendo un singolare personaggio di nome David Ferrie, coinvolto nella congiura che portò alla morte il Presidente Kennedy. Poco dopo Ferrie fu trovato morto nella sua camera d'albergo. Jim Garrison era convinto dell'esistenza di una cospirazione, dalla sua parte aveva molte persone del popolo americano che non credevano alla versione ufficiale, ma il Governo accolse con scetticismo la sua azione. Prove e testimone gli furono sottratti dalla CIA, fu accusato di pratiche illegali nel suo lavoro investigativo, di corruzione e di evasione fiscale. Anche Clay Shaw, un uomo d'affari legati a potenti petrolieri americani, che Garrison aveva accusato di far parte di una congiura mortale contro Kennedy, alla fine fu prosciolto da ogni accusa. Il lavoro di Garrison ha consentito a molti di essere consapevoli di come la CIA fu coinvolta in quel tragico evento e che molte indagini non furono portate volutamente avanti nel modo più giusto dal Governo..

104. Penn Jones, il direttore di un piccolissimo giornale della provincia texana, il "Midlothian Mirror", nel suo scritto "Perdonate il mio dolore" puntò i riflettori su uno degli aspetti più inquietanti e terribili di tutta la vicenda riguardante le indagini intorno all'assassinio di J.F.Kennedy, ovvero la catena di morti improvvise di testimoni, investigatori, giornalisti..Ben tredici persone direttamente o indirettamente coinvolte con la morte di Kennedy e/o di Oswald morirono in modo anomalo. Tre giornalisti, il primo avvocato di Ruby, il padrone della pensione dove soggiornava Oswald, due testimoni oculari dell'assassinio dell'agente Tippit, due spogliarelliste del night club di Jack Ruby, il tassista che aveva trasportato Oswald dopo essersi allontanato da Dealey Plaza, un testimone oculare della morte del Presidente e un capitano della polizia di Dallas erano scomparsi nei due anni successivi all'attentato a Kennedy. Dal giornalista Jim Koethe, ucciso da uno sconosciuto con un colpo letale di karate, fino al giornalista Bill Hunter colpito a morte "accidentalmente" da un agente di polizia..Lo stesso Penn Jones, invitato in un dibattito televisivo sulla morte di Kennedy e sulle inquietanti situazioni createsi successivamente (intimidazioni, morti, manipolazioni, ecc...) rivelò che era assolutamente certo che vi fosse un gruppo di assassini addestrati che stava affogando nel sangue ogni traccia della cospirazione, ogni testimone che questa avesse avuto luogo e pianificazione. Rivelò inoltre che mentre quattordici persone tra giornalisti, testimoni scomodi, un avvocato e un poliziotto, erano già morte in circostanze misteriose, almeno un centinaio era preda di paura e minacce. Decisamente una serie di rivelazioni, quelle di Jones, non nuove per chi ha seguito approfonditamente la vicenda Kennedy, ma che lasciarono il pubblico televisivo ancora più sconvolto e consapevole d'esser nel giusto nel valutare e sospettare che la fine di Kennedy avesse ben altri colpevoli, mandanti e aspetti da scoprire.

105. Lo psicologo americano Dott. Martin Schorr affermò che Oswald potrebbe aver ucciso il Presidente agendo in uno stato di ipnosi profonda e prolungata. Come se fosse il protagonista del film con Frank Sinatra di cui abbiamo precedentemente parlato. Il trattamento di ipnosi lo avrebbe subito durante un ricovero di undici giorni a Minsk nel 1959, diventando una macchina per uccidere, appena

vi fossero state le condizioni. In questo caso lo psicologo
suggerì che i mandanti potessero essere dei servizi segreti
deviati sovietici o americani.

106. Appena Lyndon Johnson divenne Presidente, la sua
linea politica cambiò decisamente in confronto a quella tenuta dal suo predecessore ucciso. Fu molto più indulgen-
te con i grandi potentati industriali e disponibile a grandi
concessioni con i baroni della guerra.

107. Poco prima di essere ucciso, la Presidenza Kennedy
aveva iniziato una politica di ritiro dal Vietnam, riportando sul suolo nazionale oltre 1000 consiglieri dei 16.500 presenti nel paese orientale e dichiarando che sarebbero stati
rimpatriati tutti entro il 1964, cosa che non si realizzò poi
con la Presidenza Johnson.

108. Particolari coincidenze tra la morte di Lincoln e di
Kennedy. Lincoln viene eletto per la prima volta nel 1860,
Kennedy nel 1960. Entrambi lottarono per un progresso riguardo i Diritti Civili, Lincoln con il Proclama di Emanci-
pazione e Kennedy con la Legge sui Diritti Civili. Sia l'uno
che l'altro avevano avuto quattro figli ma solo due di questi
erano vivi nel momento in cui furono assassinati. Sia Lincoln che Kennedy avevano perso uno dei loro figli durante la Presidenza. Entrambi furono coscienti del pericolo
che stavano correndo con il loro ruolo e la loro politica.
Vennero uccisi entrambi di venerdì, l'omicidio si svolse di
fronte ad una vasta folla, quando furono colpiti erano in
compagnia della loro moglie. Quando vi fu l'attacco la con-
sorte rimase illesa, ma chi accompagnava il Presidente (il
maggiore Rathbone per Lincoln e il governatore Connally
per Kennedy) rimase ferito. Lincoln fu colpito in un Teatro chiamato Ford, Kennedy venne colpito mentre si tro-

vava su un'auto Ford. Entrambi vennero colpiti alla testa da un proiettile che gli fu fatale. Tutte e due le loro moglie gli furono accanto fino alla fine nel tentativo di rianimarli, inutilmente. L'assassino di Lincoln, John Wilkes Booth, erano nato nel Sud del paese nel 1839, Lee Harvey Oswald era nato anch'egli nel Sud del paese, nell'anno 1939, esattamente 100 anni dopo. Entrambi agirono con il supporto di complici mai scoperti e portarono a compimento il loro delitto anche grazie all'impreparazione dei servizi segreti che avrebbero dovuto tutelare e difendere diversamente la vita del Presidente. Sia Booth che Oswald, dopo aver colpito, fuggirono ma vennero uccisi prima di poter subire un regolare processo. Lincoln aveva un segretario di nome Kennedy che gli suggerì di non recarsi al Teatro Ford dove poi fu ucciso e Kennedy aveva una segretaria di nome Evelyn Lincoln che lo pregò di evitare Dallas! Ed il marito di questa segretaria si chiamava Abraham. Al Presidente Lincoln succedette Andrew Johnson, a Kennedy, Lyndon Baines Johnson. Andrew Johnson era nato nel 1808 nel Sud, Lyndon Johnson nel 1908 anch'egli al Sud.

109. Lo scrittore Harold Weisberg, Ufficiale dell'Ufficio dei servizi strategici durante la seconda guerra mondiale e membro dello staff del Senato degli Stati Uniti, divenne un giornalista investigativo alla morte del Presidente Kennedy a Dallas. Comprese che qualcosa non andava sia nella versione ufficiale data dal Governo, sia in quelle che i giornalisti continuavano a propagandare senza un minimo di senso logico, dubbio o indagine. Così iniziò ad investigare, studiare, cercare indizi. Alla fine della sua indagine clamorosa, si rese conto di aver scritto non un lungo articolo ma un vero e proprio libro. A quel punto decise di proporlo ad importanti case editrici. Ne contattò inizialmente sette, ed erano tra le più importanti del Paese, ma tutte si rifiutarono appena vennero a conoscenza del contenuto. Un contenuto che affrontava tutte le mancanze della Commissione Warren, tutti i testimoni intimiditi, le medico-legali manipolato e via dicendo. Alla fine si rese conto che nel corso dei quattordici mesi in cui aveva preparato e rivisto il testo, aveva contattato ben 63 editori americani e nessuno di loro, una volta capita l'importanza e la forza del testo, si era fatto avanti con una proposta editoriale di qualche tipo. Riceveva complimenti, belle parole, ma nulla più. L'autore decise così di contattare editori europei, quanti più ne poteva conoscere di buon livello per ogni singola nazione. Italia, Francia, Germania..nessuno fu motivato al pubblicare il suo testo, molti neanche risposero. Nessun editore americano e successivamente europeo si decise a pubblicare il testo di Weisberg, così decise di auto-pubblicarselo. Inutile dire che divenne presto un best seller mondiale, una pietra miliare per gli studiosi liberi e profondi del caso Kennedy. Da quel momento le case editrici di tutto il mondo, pagarono per acquistare i diritti di pubblicazione ad Weisberg..perché? Quando ormai certe verità erano di dominio pubblico, non si potevano più fermare..

110. Molte delle strade scelte come percorso per il corteo presidenziale erano veramente molto strette ed in alcuni punti la folla di persone era così fitta che i poliziotti in motocicletta che scortavano il Presidente dovettero rimanere arretrati per evitare di investire le persone...come è stato possibile consentire un tale percorso così rischioso e dimostrare un inesistente sistema di minima sicurezza a tal proposito?

111. Il corteo presidenziale poco prima di giungere all'appuntamento con il fatale destino passò di fronte all'edificio dove vi era l'ufficio dello sceriffo di Dallas (incrocio tra la Houston Street e la Main Street) e molti agenti fuori servizio stavano di fronte all'edificio ad aspettare di vedere

Kennedy. Chissà quali pensieri avrà fatto lo sceriffo oppure i suoi assistenti pensando a ciò che accadde a pochi passi da loro...senza che avessero potuto far nulla per impedirlo. Ma fu davvero così?

112. Perché l'agente del servizio segreto Roy Kellerman* incaricato di proteggere la vita di Kennedy e presente sull'auto del presidente durante l'attacco a Dealey Plaza, accanto all'autista Bill Greer, testimoniò di fronte alla Commissione Warren di aver sentito una raffica di proiettili e non di singoli proiettili distanti l'uno dall'altro giungere contro J.F.K? Forse perché furono più i tiratori a colpire? Forse perché Kennedy fu davvero vittima di un serrato fuoco incrociato? Il Governatore Connally testimoniò, senza che nessuno potesse circuirlo per fargli cambiare idea o versione, che secondo la sua esperienza diretta, direttamente al centro del fuoco, vi erano almeno due o tre persone (se non di più...) che stavano sparando con armi automatiche contro di loro, verso l'auto, ad attentare alle vite del Presidente Kennedy e alla sua.

113. Il Governatore Connally testimoniò alla Commissione Warren che solamente dopo il terzo sparò sentii dire dall'agente del servizio segreto Roy Kellerman, posto accanto al guidatore, di accelerare e di portare tutti fuori tiro. Solamente dopo il terzo, evidente e chiarissimo, colpo di arma da fuoco, un agente incaricato della sicurezza del Presidente – che si presume sia addestrato a tali situazioni – si rese conto che vi era un concreto pericolo ed era necessaria quindi una rapida fuga ed uscita immediata dalla terribile ed esposta linea di fuoco in mezzo alla piazza? È mai possibile accettare un tale comportamento, impreparazione o cos'altro da parte di uomini addestrati? Peccato che la Commissione Warren in più occasioni si rivelò scettica riguardo le dichiarazioni del Governatore Connally, un'assurdità visto la sua centralità come vittima e come testimone di ciò che avvenne quel giorno a Dallas. Perché non credere alle sue parole o tentare di cambiare il suo privilegiato e terribile punto di vista in cui visse quei tragici momenti?

114. Perché l'agente Tippit non estrasse mai la sua arma d'ordinanza dalla fondina in presenza di quello che sembrava essere agli occhi di tutti il colpevole, l'assassino, l'attentatore del Presidente Kennedy? Se aveva riconosciuto in Oswald il sospettato-colpevole, perché non estrasse l'arma visto che sicuramente era da considerare un uomo pericoloso ed in fuga? Forse perché si conoscevano bene i due?

115. La Commissione Warren era strutturata in modo tale che potesse limitare la sua inchiesta unicamente a ciò che veniva fornito dall'FBI. La stesura del rapporto fu quindi legata strettamente a ciò che l'FBI decise di fornire alla Commissione. Perciò ogni tipo di indagine, chiarimento o investigazione al di fuori dell'FBI (proveniente da giornalisti investigativi, detective, poliziotti, testimoni, ecc..) non avevano alcuna considerazione, sempre che la stessa FBI non decidesse in modo contrario. Non è forse una cosa incredibile questa? Siamo di fronte al più terribile attacco verso un Governo, cioè l'assassinio del Presidente che guida il Paese, ed invece di raccogliere ed unire quante più forze investigative, di polizia e sociali (testimoni civili, giornalisti, ecc..), si dà solo ad un'agenzia il potere di scrematura e decisione circa la valenza di potenziali piste, dati o quant'altro? Questo elemento di dominio dell'FBI in relazione ai dati della Commissione Warren non è cosa conosciuta dalla maggior parte delle persone.

116. Secondo Harold Weisberg, giornalista investigativo sul caso dell'assassinio di Kennedy a Dallas, né all'interno del rapporto Warren né altrove nelle dichiarazioni delle forze di polizia e del governo vi fu mai il minimo segno o traccia che la Commissione abbia mai preso in considerazione che Lee Harvey Oswald non fosse il solo ed unico colpevole..una tragica verità che si è rivelata piena di ombre e di accuse. Sempre secondo il giornalista investigativo Weisberg, la Commissione aveva già prefabbricato il verdetto, dimostrando che non si poteva in alcun modo parlare di un'indagine imparziale e indipendente.

117. Abraham Zapruder colui che realizzò la famosa pellicola che riprese il passaggio di J.F.K attraverso la Dealey Plaza e gli ultimi suoi istanti di vita, una volta venduti i diritti del filmato per 25.000 dollari, donò tale cifra alla vedova Tippit. Perché? Perché già la narrazione sensazionalistica aveva vestito di eroismo questo agente di polizia ucciso dalla mano del "folle" che aveva precedentemente ucciso Kennedy. La famiglia Tippit si ritrovò improvvisamente ricca, dopo un insieme di donazioni che giunsero da più individui e da più parti del paese. Soltanto dopo accurate e più serie indagini, la maggior parte di queste indipendenti dal volere del Governo, furono appurate diverse ombre nella vita dell'agente caduto e le persone rimasero meno convinte dell'idea della sua assoluta onestà professionale ed umana..

118. All'interno del Rapporto Warren vi sono assolute anomalie logiche, facciamo qualche esempio. Ogni testimonianza che si rivelava in contraddizione con le sue semplicistiche tesi, veniva ignorata o considerata non vera a prescindere. Anche quando tali testimonianze erano importanti, di valore, di persone di assoluta fiducia e preziose. Il Rapporto Warren è estremamente prolisso e vago, trabocca di supposizioni, giri di parole, deduzioni, teorie e ipotesi, ma non vi è all'interno nessun tipo di documentazione probante e di valore al fine di inchiodare o dimostrare la certa colpevolezza di Lee Harvey Oswald di fronte ad un qualsiasi tribunale e di reggere un minimo controinterrogatorio di una difesa. All'interno del Rapporto Warren, infine, vi è la pretesa di far credere ai lettori e cittadini americani e di tutto il mondo che Lee Harvey Oswald sapesse alla perfezione del tragitto che avrebbe fatto in città il corteo presidenziale. Peccato che tutti i dipendenti del Magazzino dei libri dichiararono che non si era interessato nessuno al corteo (per tutti loro era una normale giornata di lavoro) e la stessa moglie di Oswald, Marina, nelle prime dichiarazioni fornite alla polizia disse che la sera precedente chiese al marito se sapesse come poter vedere il Presidente, su quale canale televisivo o in che orario ascoltarlo per radio, ma che il marito assolutamente indifferente non sembrò minimamente interessato o informato in merito. A confermare il distacco di Oswald dalla visita di Kennedy a Dallas vi è anche la testimonianza del collega James Jarman Jr.

119. Il collega di Lee Harvey Oswald al magazzino dei libri, James Jarman Jr, rilasciò una potente dichiarazione su Oswald. Rivelò infatti che Oswald era sorpreso della confusione in strada, mentre osservava dalla finestra le persone. A quel punto lui chiese a James se sapesse quale percorso avrebbe fatto il corteo presidenziale, al ché gli rispose che lo sapeva e che probabilmente sarebbe arrivato dalla Main Street, avrebbe svoltato nella Houston e poi di nuovo sulla Elm street. A quel punto, sempre con aria distante e poco interessata, Oswald tornò ad occuparsi del suo lavoro. Un atteggiamento decisamente strano per colui che deve, di lì a poco, colpire a morte il Presidente degli Stati Uniti in un furioso attacco da fanatico e odiatore, no? Non sapere nulla del percorso del corte, essere sorpreso della folla in strada, chiedere in merito ad un collega e non mostrare comunque interesse per la cosa..

120. Il percorso del corteo presidenziale nella città di Dallas, come prassi in simili spostamenti per questioni di sicurezza, viene diffuso in linea generale ma senza precisare in modo assoluto i dettagli. Di tutti i giornali del paese, compresi quelli locali, non venne fatta menzione dell'attraversamento di Dealey Plaza tramite Elm Street da nessuna parte...quindi come poteva Lee Harvey Oswald sapere con certezza che il Presidente Kennedy sarebbe passato proprio per quella strada? La stessa Commissione Warren nel suo Rapporto si sforzò molto per "risolvere" questa questione, dicendo che un giornale aveva pubblicato una cartina indicando la strada che il corteo avrebbe fatto, ma citando il giornale e andando a verificare (come fece Weisberg) ci si rende conto di due elementi fondamentali. Il primo che il giornale che pubblico tale mappa era un giornaletto locale tra i tanti diffusi in città e il secondo punto, quello decisamente più assurdo e clamoroso, è che la suddetta cartina non segnalava affatto che il corteo sarebbe svoltato proprio in Elm Street. Quindi che prova era quella per supportare l'idea che il tragitto presidenziale fosse conosciuto da tutti ed in modo preciso da Lee Harvey Oswald?

121. L'attentato al Generale Edwin Walker venne attribuito a Lee Harvey Oswald dopo l'attentato a Kennedy a Dallas, venne attribuito soprattutto dalla cronaca giornalistica (successivamente libri, articoli, ecc..) e tramite sensazionalistiche e non giudiziarie dichiarazioni del Governo, ma non sono mai state raccolte alcune prove che Oswald sia stato l'autore né che sia stato minimamente coinvolto.

Chi colpì il Generale e perché si volle accusare Oswald di
tale attacco?

122. La moglie di Lee Harvey Oswald disse alla Commissione Warren che la mattina del 22 novembre del 1963,
cioè dell'attentato mortale a Kennedy, suo marito rischiò
di non andare neanche al lavoro perché dormiva pesantemente. Fece molta fatica a svegliarlo. Aveva la sveglia alle
ore 7 ma non si era alzato al suono di questa, così dopo ben
10 minuti lei andò a svegliarlo. Come è possibile pensare
che l'uomo che ha deciso di colpire il Presidente degli Stati
Uniti con un fucile durante il suo passaggio in città, rischi
di arrivare in ritardo al lavoro o forse non andarci del tutto,
perché ha il sonno pesante? E' questo il fanatico avversario
di Kennedy, accecato dall'odio per quest'uomo?

123. Numerosi testimoni citati nel Rapporto Warren dichiararono che secondo il loro giudizio era impossibile per
Lee Harvey Oswald portarsi dietro al lavoro il fucile, introdurlo nell'edificio e lasciarlo, seppur nascosto, incustodito
da qualche parte senza che potesse essere visto o scoperto.
Di fronte a tali dichiarazioni la Commissione Warren tentò
di far ritrattare la cosa, suggerendo camuffamenti o altro,
ma tutto ciò non servì ad altro che far confermare la loro
onesta versione dei fatti. Un'ennesima incoerenza e assurdità non spiegata contenuta all'interno del famoso Rapporto Warren. Come fece Lee Harvey Oswald a portare il suo
fucile all'interno del Magazzino dei libri se nessuno dei
suoi colleghi lo vide farlo, né considerò fattibile riuscirci?

124. La persona che solitamente dava un passaggio verso
il lavoro ad Oswald si chiamava Buell Wesley Frazier. La
sorella di Frazier dichiarò che quella mattina vide Oswald
avvicinarsi alla casa con un pacco della lunghezza di circa

sessanta centimetri ed una larghezza di 20 circa. Lo teneva sotto la spalla. Una volta salito in auto con Frazier lo appoggiò nei sedili posteriori. Il giorno dell'attentato, Frazier fu prelevato dalla polizia e divenne oggetto di molteplici pressioni affinché modificasse la descrizione data di quel pacco. Secondo la polizia doveva essere sicuramente più lungo quel pacco, visto che doveva contenere il fucile, l'arma del delitto. Purtroppo nelle ricostruzioni fatte dalla Commissione Warren con il fucile Carcano inserito in un pacco di carta e portato sotto la spalla, l'arma era decisamente visibile...mentre secondo la descrizione del testimone diretto di quel pacco tenuto da Oswald, era molto più corto il pacco e soprattutto poco visibile se tenuto sotto la spalla e aderente al corpo come aveva fatto Oswald. Se non poteva essere il fucile, come era riuscito a portare il fucile al magazzino dei libri e quando? E cosa conteneva allora quel pacco di Oswald? E perché la Commissione Warren voleva convincere il testimone Frazier e sua sorella che il pacco tenuto sotto al braccio da Lee Harvey Oswald era più lungo, lungo quanto un fucile, proprio come il fucile Carcano?

125. Sia Frazier che altri colleghi testimoniarono alla Commissione Warren che Lee Harvey Oswald non parlava mai di politica e non fece nessun accenno al passaggio del corteo presidenziale con Kennedy in città. Questo era un problema per la Commissione che intendeva dipingere Oswald come un acceso avversario di JFK e un esaltato politico in procinto di uccidere Kennedy quel mattino.. Frazier si rese "colpevole" inoltre di aver contraddetto la Commissione sul vestiario che quel giorno indossava Lee Harvey Oswald ed anche sulla direzione da cui sentì provenire gli spari. Frazier infatti disse che gli spari sembravano provenire dalla zona della collinetta erbosa – *come ebbero a dichiarare nei primi momenti molti degli agenti accorsi sul luogo* – come dissero anche la maggior parte dei lavoratori del magazzino dei libri che ebbero l'occasione di affacciarsi per un momento per assistere al passaggio del corteo. Conclusione? La Commissione Warren dichiarò inattendibile il testimone Frazier, ovvero si erano sbagliati totalmente.

126. Il dipendente del magazzino dei libri, Jack Dougherty, dichiarò che quel mattino video entrare Oswald al lavoro senza nessun pacco in mano. Quindi? Dove aveva lasciato il presunto fucile usato poi per uccidere Kennedy? Secondo la Commissione Warren lo aveva preso dal garage, impacchettato in un grande involucro di carta e portato poi quel mattino al sesto piano e lì dopo averlo nascosto, aveva atteso il passaggio di Kennedy per ucciderlo...ma come era possibile tutto questo se un testimone disse che Oswald non aveva con sé alcun pacco quella mattina quando entrò al lavoro? Lo stesso Dougherty inoltre dichiarò che quando spararono a Kennedy stava lavorando al quarto piano vicino alle scale e dove si trovavano entrambi gli ascensori, ebbene disse che non vide nessuno scendere le scale e nessuno utilizzò gli ascensori..quindi come fece Oswald a scendere dal quinto piano e raggiungere in modo estremamente veloce la sala mensa?

127. Tutte le righe del Rapporto Warren dedicate al furto di carta adesiva e scatole di cartone da parte di Oswald per occultare il suo fucile in un angolo accanto alla finestra non si basano su alcuna prova documentale ma sono unicamente supposizioni e teorie, nonostante siano presentate come dati di fatto. Non vi è infatti alcun testimone che abbia mai confermato o assistito a ciò che la Commissione Warren tramite il suo rapporto ha voluto attribuire ad Oswald.

128. Lo scrittore Joachim Joesten si recò a Dallas poche settimane dopo l'assassinio del presidente Kennedy e vi passò quattro giorni, intervistando testimoni diretti dell'evento ed esaminando i luoghi chiave in cui si svolse. Dopo un'attenta indagine, arrivò alla conclusione che Lee Harvey Oswald non era un folle solitario, responsabile di quell'attacco letale al presidente. Tuttavia, pensava che fosse comunque coinvolto nella cospirazione per uccidere Kennedy, anche senza esserne del tutto consapevole. Joesten iniziò a lavorare immediatamente al suo libro e come altri autori che mettevano in dubbio la versione ufficiale, si trovò costretto a far pubblicare il suo libro in Inghilterra da una modesta casa editrice. Prima che il libro fosse però pubblicato, Joesten, che intanto era tornato nella città dove abitava da tempo, Amburgo, ricevette una lettera incredibile da parte di J. Lee Rankin, l'avvocato generale della Commissione Warren, che richiedeva quanto prima una copia del suo libro. Nel marzo 1964, l'ambasciata degli Stati Uniti nella Germania Ovest chiese immediatamente un incontro con lui. Secondo lo scrittore John Kelin, lo scrittore ed un uomo dell'ambasciata americana che si presentò come Morris, si incontrarono al consolato ad Amburgo in data 21 marzo 1964. I due conversarono per ben quattro ore, durante le quali Joesten raccontò a Morris ciò che aveva documentato, per spiegare il motivo per cui credeva che Oswald fosse assolutamente innocente sia per la morte del Presidente Kennedy che per quella dell'agente Tippit e addirittura confessò chi pensava fosse veramente responsabile. Joesten in seguito ricordò nei suoi scritti che l'uomo dell'ambasciata Morris sembrava decisamente preoccupato del fatto che lui era convinto che Oswald fosse collegato in modo palese sia con la Central Intelligence Agency che con il Federal Bureau of Investigation. Joesten disse anche a Morris che per i dati raccolti a Dallas, il generale Edwin Walker avesse organizzato l'assassinio del Presidente e che ciò che accadde a Dallas non fu altro che un'operazione di tipo militare con fuoco sia frontale che posteriore. Joesten ha anche ipotizzato che Bernard Weissman fosse coinvolto nell'assassinio. Weissman era un appartenente dell'associazione di estrema destra chiamata "John Birch Society" e Weissman stesso fu colui che firmò l'annuncio apparso poi sul giornale di Dallas contro le politiche di Kennedy e, guarda caso, fu sempre lui a portarlo negli uffici del giornale. Quando fu ucciso il presidente John F. Kennedy, l'uomo si confidò con un amico, rivelando che temeva di essere accusato dell'omicidio. Lo stesso Weissman sospettava che Kennedy fosse stato ucciso dai sostenitori del generale Edwin Walker (*nemico acerrimo di Kennedy e facente parte della "John Birch Society"*) e che quindi avrebbero di conseguenza considerato anche lui parte del complotto. Tuttavia quando venne a sapere dell'arresto di Lee Harvey Oswald, subito considerato come l'unico responsabile per l'assassinio di Kennedy, tirò un sospiro di sollievo. Dopo questa notizia, Weissman decise di lasciare Dallas e la Commissione Warren non lo interrogò più. Tornando a Joesten ed al suo libro, che interessò sia la Commissione Warren, le agenzie di intelligence CIA e FBI, il governo tutto e l'ambasciata americana ad Amburgo, va detto che egli scoprì tempo dopo, che mentre si trovava ad Amburgo, l'FBI entrò nella sua casa a New York City ufficialmente per intervistare sua moglie, ma in verità – *secondo Joesten* – lo fecero unicamente per curiosare in giro alla ricerca di chissà cosa..Gli agenti dell'FBI tuttavia registrarono la conversazione con sua moglie, la donna infatti rivelò che suo marito era tornato da Dallas fermamente convinto dell'innocenza di Lee Harvey Oswald. Il libro di Joesten, Oswald, fu pubblicato negli Stati Uniti nel luglio 1964 e fece enorme scalpore. Nel libro affermava che la Central Intelligence Agency, il Federal Bureau of Investigation, il Dipartimento di polizia di Dallas e un gruppo di milionari petroliferi texani di destra avevano cospirato per uccidere il presidente Kennedy. Accusava apertamente il capo della polizia Jesse Curry inoltre, di essere una delle figure chiave dell'assassinio di Lee Harvey Oswald e probabilmente, anche di quello del Presidente Kennedy. Il libro era stato rifiutato da diverse decine di editori ma appena messo in vendita si registrò un immenso interesse e furono vendute migliaia di copie, nonostante i vari giornali e televisioni maggiori lo avessero volutamente e pesantemente ignorato, se non addirittura ridicolizzato tramite brevi e taglienti articoli critici quando non se ne poté più fare a meno di dirne qualcosa vista l'enorme diffusione. Joesten nonostante ciò ebbe un immenso successo di vendite con il suo testo. Inoltre pubblicò nel 1968 un altro libro, questa volta dedicato al presidente che sostituì Kennedy, Johnson. In questo secondo testo lo scrittore sostenne che Lyndon B. Johnson era chiaramente coinvolto nell'omicidio di JFK fornendo numerosi dettagli a tal proposito in merito a collusioni con affaristi nemici giurati di Kennedy e numerosi dettagli su legami non molto chiari dello stesso presidente Johnson. Le domande sulla vicenda Joesten sarebbero molte. Perché J. Lee Rankin, l'avvocato generale della Commissione Warren volle avere una prima lettura del libro di Joesten prima che venisse pubblicato? Perché decine di case editrici non vollero pubblicarlo? Come mai l'ambasciata americana interrogò Joesten, cittadino tedesco, per ore al fine di fargli cambiare idea – molto probabilmente – per la preoccupazione che i suoi collegamenti e scritti evidenziassero un ruolo decisivo e colpevole dei Servizi Segreti americani nella morte del loro Presidente? Perché l'FBI andò a casa di sua moglie? E molti altri interrogativi..

129. Basandosi su tutte le testimonianze raccolte, nessuna esclusa, è stato dimostrato che subito dopo la sparatoria in Dealey Plaza, al quinto piano non si udì né si vide muoversi alcun individuo. Nessuno fu visto abbandonare quel piano, né fare le scale in fuga, né usare l'ascensore...

fu possibile solo constatare, solo dopo, che Lee Harvey Oswald era in sala mensa a bersi tranquillamente una bibita. Quindi nessuno video Oswald uccidere Kennedy, nessuno lo vide sparare da quella finestra, nessuno lo vide agitato ed in fuga dentro l'edificio..questo dicono i resoconti dei testimoni, questo palesa in modo chiaro e indiretto il Rapporto Warren.

130. L'avvocato Dean Andrew di New Orleans aveva contattato il Servizio Segreto mentre si trovava in ospedale per far loro presente che era a conoscenza di come Oswald aveva evidenti contatti con ribelli cubani. Venne chiamato dalla Commissione Warren a testimoniare tale cosa, ma si rivelò una testimonianza difficile la sua poi da far allineare alla versione che si stava costruendo. Dopo aver rivelato di essere a conoscenza di alcune occasioni in cui aveva visto Oswald conversare con esponenti cubani sovversivi, disse ben altro. Infatti l'avvocato, in qualità di Ufficiale di Marina che aveva servito per ben cinque anni nel suddetto corpo, dichiarò che secondo la sua esperienza professionale riteneva irreale l'idea che Oswald avesse agito da solo e realizzato tale crimine comprando un fucile, di scarso valore, per corrispondenza poco tempo prima. Andrew spiegò che per essere dei tiratori efficienti occorre allenarsi per giorni, ore e ore, anni interi, bisogna dedicarsi a tale arte con anima e corpo, senza distrazioni, senza altri impieghi o svaghi di alcun tipo. Basta anche un paio di giorni e si perde concentrazione, attenzione, si sbaglia, non si è efficienti quanto serve con il tiro di precisione dalla lunga distanza. Tutte cose che non riguardavano la figura di Oswald sempre preso da lavoretti diversi, da beghe famigliari, da attività più o meno chiare tra movimenti politici e servizi segreti. Inoltre l'avvocato ci tenne a sottolineare come una tale sequenza di colpi era decisamente inaudita senza l'ausilio di un complice come assistente. Di questo parere professionale tuttavia la Commissione non volle tener troppo di conto e la cosa non venne approfondita ulteriormente.

131. Nonostante gli sforzi che il Rapporto Warren sembra impiegare nel tentativo di conferire ad Oswald un'abilità di tiro normale se non a volte notevole, la verità dei fatti riporta un ben altro quadro. Durante il servizio militare di Oswald nel Corpo dei Marines la sua abilità da tiratore fu decisamente scarsa, appena sufficiente per rimanere all'interno dell'esercito e di tale corpo. Come poteva un tiratore appena sufficiente, realizzare una sequenza di tiro così incredibile in così poco tempo e con un fucile neanche automatico?

132. La Commissione Warren per riprodurre la sequenza letale che colpì Kennedy si decise a simulare nuovamente l'attacco. Organizzò con tre tiratori di alto livello facenti parte dell'Associazione Nazionale Armi una sessione di tiro. Nei primi quattro tentativi fu sbagliato il secondo colpo. Cinque dei sei colpi colpirono poi il terzo bersaglio. Ma non solo, è giusto sottolineare un piccolo ma fondamentale fatto: il bersaglio da colpire era fisso, non in movimento e, altra assurdità, i tiratori ebbero tutto il tempo che volevano a loro disposizione. Quindi? Cosa poteva significare un test del genere? Non seguiva le tempistiche con cui fu colpito a morte Kennedy e non fu la precisa riproduzione su un tiro ad un bersaglio mobile. Quindi tutto ciò cosa dimostrò, a cosa servì? Forse a dimostrare ancora una volta le stranezza della Commissione Warren e la mancanza di credibilità di fronte alla versione del solitario Oswald e del suo fucile preso per posta..Quello che riuscì a fare Oswald, non riuscirono a farlo dei maestri di tiro con tutto il tempo a loro disposizione e su un bersaglio fisso!

133. Non fu mai spiegato come mai Lee Harvey Oswald ordinò un fucile come quello, un vecchio fucile italiano, tramite posta quando poteva benissimo trovarlo localmente in commercio. Forse via posta era l'occasione migliore per lasciare ottime tracce? Peccato che così facendo dimostrasse scarsa professionalità visto che un arma prima di essere comprata ed usata occorre provarla, "sentirla" addosso, misurare impugnatura e quant'altro, soprattutto se si vuole realizzare uno dei tiri al bersaglio più memorabili e terribili della Storia..ma a quanto pare così non fece Oswald. Invece di andare all'armeria in centro, decise di comprare un fucile tramite posta. Un fucile, occorre giustamente ricordarlo, decisamente scadente tra i tanti possibili in commercio.

134. Secondo la dichiarazione del perito dell'FBI Robert A. Frazier, reclutato dalla Commissione Warren per valutare ogni aspetto del fucile di Lee Harvey Oswald fece delle dichiarazioni assolutamente pesanti. Dichiarò infatti che nel tentativo di far collimare il fucile nel poligono di Quantico, scoprirono una cosa incredibile. La regolazione d'alzo del mirino telescopico non era assolutamente sufficiente a far coincidere il punto d'impatto con il punto di mira. Nonostante ciò, un elemento decisamente invalidante per ottenere un risultato positivo, Frazier insieme ad altri tecnici esperti dell'FBI modificarono le viti di regolazione per far coincidere le linee di puntamento ma il problema rimase, perché il difetto del mirino era di natura strutturale, cioè all'origine. Era stato costruito male dall'inizio. Quindi? Com'è possibile che un improvvisato tiratore, con un fucile scarso, con un mirino difettoso, abbia potuto realizzare ciò che il Rapporto Warren – e successivamente tutti i giornali a coda – dicono che realizzò? Pura fantasia e a dirlo non sono complottisti, ma fatti come questi. La testimonianza del perito dell'FBI Frazier è rimasta un punto mai risolto dai sostenitori strenui della versione "dell'incredibile tiratore Oswald."

135. I bossoli recuperati nel deposito dei libri non sono compatibili con il fucile identificato come quello usato da Oswald per colpire il Presidente. Appartenevano quindi ad un altro fucile?

136. Sui bossoli recuperati all'interno del magazzino dei libri non fu rinvenuta una singola impronta. Non una. Come è possibile collegare i proiettili a Oswald. E se avesse indossato dei guanti, cosa che non fu dichiarata da nessun testimone o collega di Oswald, dove gli aveva gettati? Come mai non furono ritrovati? Perché poi avrebbe dovuto indossare dei guanti quando aveva deciso di abbandonare fucile e bossoli nell'edificio? Forse perché pensava che dietro un paio di scatoloni erano ben nascosti? Tutto assume un tono di farsa, a meno che non si consideri il ritrovamento di tale fucile e di quei bossoli (nessun tiratore esperto, criminale o militare, lascia la "prova" della sua presenza al suolo tramite i bossoli) come una pilotata ed utile "prova" utile ad incastrare qualcuno.

137. Nell'edificio del magazzino dei libri che si affacciava su Dealey Plaza, il luogo identificato come il punto d'origine dell'attacco al corteo presidenziale da parte del Rapporto Warren, non fu mai isolato. Mai nel palazzo furono messi i sigilli. Tutto ciò è, non solo allucinante dal punto di vista logico visto che consentiva un libero accesso in entrata ed in uscita di una molteplicità di soggetti non sempre identificabili, ma risulta come una palese violazione delle procedure di isolamento obbligatore da attuare in un qualsiasi caso di omicidio o evento terroristico (ma per assurdo si mantengono tali procedure di sicurezza anche in casi di incendi, incidenti d'auto o altro, isolare la scena è la prassi). Non isolare l'edificio fu un'assurdità e un illecito procedurale e diventa impossibile credere che ciò sia stato possibile semplicemente come frutto di una svista quando era stato colpito a morte la massima autorità dello Stato, cioè il Presidente degli Stati Uniti in persona. Nessuno bloccò le uscite, né si decise a controllare con le opportune procedure le varie stanze dell'edificio. Ma il "dramma" non si fermò qui, anzi. All'interno del magazzino dei libri, le forze di polizia di Dallas e le varie agenzie dei servizi segreti, non ordinarono alcuna perquisizione. Non solo, anche altre zone quali il famoso parcheggio retrostante alla collinetta erbosa, non fu mai oggetto di studio e indagine per scoprire eventuali prove o segnali riconducibili ad altri sparatori e tutto ciò nonostante molti testimoni presenti in Dealey Plaza, agenti di polizia compresi, si erano diretti verso tale collinetta perché da lì avevano udito giungere colpi d'arma da fuoco. Ripeto: nessuna seria perquisizione fu mai fatta dagli agenti di polizia e dal servizio segreto.

138. In Dealey Plaza vi furono decine di testimoni che rilasciarono dichiarazioni importanti sull'origine da cui avevano sentito giungere gli spari – alcuni dissero dalla zona del cavalcavia, altri dalla collinetta erbosa, altri da parcheggio dietro la collinetta erbosa – ma a molti di loro venne semplicemente detto che al momento opportuno sarebbero stati interrogati o richiamati. Ad oggi non vi è rimasta tuttavia alcuna prova che tali testimoni siano stati richiamati, interrogati e le loro esperienze dirette di quel giorno registrate. Dove furono segnati i loro nomi? Quale agente di polizia di Dallas, a difesa del corteo presidenziale o del servizio segreto ha segnato i loro nomi? Perché quelle decine di testimoni oculari, presenti nel luogo del delitto dove fu ucciso J.F.K, non vennero rintracciati o richiamati per rilasciare la loro versione? Quanto sarebbe stato utile avere quelle dichiarazioni su ciò che udirono e videro quel giorno? Non fu chiamato nessuno, gli unici testimoni che ebbero un certo risalto furono coloro che vennero intervistati sul momento dalla televisione ed inevitabilmente non era possibile ignorarli..

139. I poliziotti di Dallas arrivati al quinto piano del magazzino dei libri e dissero di aver rinvenuto il fucile in un sacco. Ebbene non fu realizzata una sola foto del sacco dove fu ritrovato. Vennero fatte oltre 50 foto, compreso un punto del pavimento dove fu dichiarato che si trovasse il sacco e non una mostrava il sacco stesso. Perché? Non era forse quel sacco importante visto che conteneva il fucile responsabile di quell'attentato letale?

140. Il tenente J.C.Day, capo del laboratorio criminale di Dallas, venne chiamato circa mezz'ora dopo per recarsi al magazzino dei libri. Prima che arrivasse, già i giornalisti avevano invaso l'edificio e il quinto piano. Day e i suoi aiutanti scattarono molte foto ma nessuna del sacco. Il suo aiutante Robert Lee Studebaker testimoniò di non aver scattato egli stesso alcuna foto al sacco e successivamente dopo un'attenta analisi fu evidenziato come le impronte di Studebaker si trovassero dappertutto. L'aiutante, senza che nessuno lo fermasse o che successivamente lo punissero, spostò decine di cartoni, prese il sacco con il fucile senza prima farvi una foto e toccò ogni elemento sensibile sulla scena senza curarsi minimamente di lasciare le sue impronte dappertutto inquinando la scena del crimine, manipolandola e anche potenzialmente coprendo eventuali tracce. Perché la Commissione Warren non lo considerò incriminabile? Era considerata una procedura normale e giusta? Perché lo stesso Day non protestò in merito a tale comportamento?

141. Quando l'agente motociclista Marrion Baker si lanciò di corsa verso il deposito dei libri e trovò poi Oswald seduto in mensa, fornì senza saperlo un grosso problema logico alla versione sostenuta dalla Commissiona Warren, non solo per la rapidità con cui Lee avrebbe dovuto scendere "volando" i vari piani dell'edificio – peraltro senza essere visto da nessuno o comunque per andare dove di corsa, dopo aver sparato al Presidente degli Stati Uniti, in mensa a bere una Coca Cola? – ma avrebbe dovuto prima nascondere in un sacco il suo fucile e poi occultarlo al meglio dietro pile e pile di scatoloni. Come era possibile tutto questo in un pugno di brevi e fatali istanti? Perché la deposizione di Studebaker e di altri agenti (Weizman e Boone per fare due nomi..) presenti sul piano da dove si disse sparò Oswald era che il fucile nel sacco era ben nascosto dietro decine di scatole di libri...

142. Per cercare di dimostrare che la fuga di Oswald dal quinto piano, dopo aver nascosto accuratamente il fucile, per arrivare alla mensa ed essere visto dall'agente Marrion Baker era possibile, la Commissione Warren tentò di riprodurre un tale svolgimento. L'agente del Servizio Segreto John Joe Howlett interpretò Oswald e fece tale prova. Peccato che la prova si svolse in modo non coerente. L'agente non pulì dalle sue impronte (come si disse aveva fatto Oswald) il fucile, non nascose accuratamente l'arma in un sacco e poi la nascose spostando decine di scatoloni e poi vi fu la questione dei vari tempi diversi. All'agente Baker fu chiesto più volte a che passo si mosse verso l'edificio, se veloce o spedito, se di fretta o rapidamente in una serie di domande ambigue e diverse per cercare forse di cambiare i tempi al fine di guadagnare qualche minuto...tuttavia la cosa non servì, perché anche con la corsa di Howlett la cosa non riuscì. O meglio. L'agente del Servizio Segreto arrivò in sala mensa, ma vi arrivò con poco ossigeno, data la corsa mentre Oswald si mostrò sereno e rilassatissimo. L'agente, come abbiamo detto, non rispettò la stessa versione del Rapporto Warren (pulitura delle impronte sul fucile, nascondimento arma, ecc..) ed infine le tempistiche non furono rispettate perché si discusse moltissimo sulla sfera temporale dei colpi sparati su Kennedy. La Commissione Warren si rese conto infatti che dall'ultimo colpo sparato a Kennedy fino all'incontro tra l'agente motociclista Marrion e Oswald il tempo fu veramente molto breve, così breve che appariva evidente che se Oswald avesse veramente corso dal quinto piano per arrivare (non si sa per quale motivo e nessuno lo ha mai spiegato) in sala mensa, sicuramente l'agente Baker sarebbe arrivato molto prima di lui..ma così non accadde. Forse perché Oswald era già in mensa da tempo e non al quinto piano?

143. Il testimone agente motociclista Marrion rilasciò anche dichiarazioni in merito al numero dei colpi e all'impatto sul Presidente Kennedy e sul Governatore Connally. Egli dichiarò che il suo collega Jim Chaney (uno dei quattro motociclisti che accompagnavano il corteo presidenziale) durante l'attacco fu testimone del fatto che un proiettile colpì Connally ed un altro diverso colpì Kennedy. Tale dichiarazione fu rilasciata non solo da Marrion alla Commissione Warren, ma anche dall'agente Jim Chaney in un rapporto dato direttamente al capo della Polizia di Dallas. Nonostante ciò l'agente motociclista Jim Chaney non venne mai chiamato a testimoniare dalla Commissione Warren...perché?

144. Non vi è stato un solo caso in cui le ricostruzioni cronologiche della Commissione Warren hanno comprovato le tesi favorevoli al singolo tiratore ed omicida Lee Harvey Oswald. Eppure nessuno ha mai sottolineato questo se non pochi e coraggiosi uomini (giornalisti, investigatori, ecc...) tramite testimonianze o libri pubblicati con grandissime difficoltà oppure addirittura autoprodotti.

145. Riuscire a collocare Oswald al quinto piano fu uno dei compiti più spinosi e complicati per la Commissione Warren. Si decise di affidare la "prova" della sua presenza al quinto piano tramite la testimonianza di un solo uomo di nome Howard Leslie Brennan. Il Rapporto Warren dedica a questa deposizione il capitolo intitolato: "Identificazione dell'assassino da parte di un testimone oculare". Peccato che all'interno del suddetto capitolo si disse che alla fine che in un primo momento l'uomo riconosce Lee Harvey Oswald come l'uomo che vide sparare dalla finestra, poi al Commissariato di Polizia non si sente di identificarlo come lo stesso uomo, poi dichiara nuovamente che era probabilmente Oswald l'uomo che aveva visto, poi di nuovo smentisce dicendo che forse è stato suggestionato dalla sua immagine in televisione..Insomma che dire? Un testimone inattendibile e un ennesimo capitolo del Rapporto Warren che smentisce ciò che pretende di annunciare con seria certezza.

146. Brennan dichiarò alla Commissione che aveva parlato subito dopo la sparatoria con alcuni uomini del Servizio Segreto e che in televisione avevano mostrato tale colloquio grazie a delle fotografie che lo ritraevano a colloquio con questi agenti speciali, tuttavia quando poi aveva visto tali foto ripubblicate su giornali o riproposte in televisione, la presenza degli agenti era scomparsa. C'era stato un lavoro di manipolazione delle foto. Come se lui non parlasse con qualcuno. La Commissione Warren negò che vi fossero agenti del Servizio Segreto presenti dove disse Brennan e aggiunse che era inoltre impossibile che avesse parlato con agenti del Servizio Segreto perché non era giunta a loro alcuna notizia o rapporto in merito. Fu davvero così?

147. Mary Moorman era una signora presente a Dealey Plaza quel giorno e scattò una foto Polaroid del magazzino di libri nella facciata che dava sulla piazza dove passò Kennedy. Ciò fu testimoniato dall'amica Jean Lollis Hill. Ebbene tale foto gli venne sottratta dalla polizia e mai più restituita. In nessuna parte del Rapporto Warren si parla di Mary Moorman e della sua foto, lei non venne mai convocata dalla Commissione Warren. Lo stesso autore Mark Lane ne parla come di un evento assurdo. Cosa mostrava quella foto? Perché non fu restituita alla legittima proprietaria e perché quest'ultima non venne convocata dalla Commissione? La donna, a testimonianza che quella foto era stata realmente scattata e consegnata alle forze del governo, ancora conservava la ricevuta rilasciatale dall'FBI.

148. Il cineoperatore Malcom Couch che lavorava per una piccola emittente locale riprese varie sequenza della folla mentre l'auto su cui si trovava girava sull'angolo tra Houston Street e Elm Street. L'auto era la sesta che seguiva il corteo presidenziale dopo quelle del Servizio Segreto e altre. Couch aveva guardato verso il deposito dei libri e pensava di aver visto un fucile (o qualcosa che gli poteva assomigliare) spuntare fuori da una delle finestre. Quando fu sparato l'ultimo colpo e l'auto presidenziale poco dopo accelerò per allontanarsi, l'auto-stampa di Couch si arrestò a circa 50 metri dal deposito dei libri. A quel punto scese rapidamente dall'auto e filmò una sequenza in panoramica mentre correva di come stava muovendosi la folla e di cosa accadeva vicino al deposito di libri. Il filmato riprendeva la piazza meno di un minuto dopo l'ultimo colpo sparato contro il Presidente. Tale filmato non fu di interesse per la Commissione che non ne volle sapere niente in merito al valore documentativo che poteva fornire. Decisamente strana come modalità d'indagine di fronte ad una prova video su come si presentava la scena di un delitto un minuto dopo che era accaduta...

149. James Underwood, vice-redattore-capo di un emittente televisiva notò una gran massa di persone che correva verso il pendio erboso, alcuni dei quali agenti di polizia. Scattò varie fotografie e circondato poi di agenti, fu testimone di una conversazione incredibile. Testimoniò infatti di aver sentito un ragazzo, si scoprirà poi il suo nome perché sarà tra i testimoni davanti alla Commissione, un certo Amos Euins, dire al sergente Harkness che l'uomo che lui aveva visto sparare dalla finestra del quinto piano era un uomo di colore. La Commissione Warren non fu interessata né alle decine di foto di Underwood né alle sue dichiarazioni di Euins.

150. Il famoso filmato di Abraham Zapruder è stato tagliato e modificato in molte determinanti sequenze. Da chi e perché? Ciò è riportato dallo scrittore investigativo H.Weisberg (ma non è il solo) che studiando dettagliatamente il Rapporto Warren e i dati a disposizione fa presente come numerosi fotogrammi che vengono citati, mancano come prova visibile e consultabile e che sono stati tagliate immagini e aggiunti elementi. Il filmato che è stato diffuso e reso poi famosissimo è modificato e anche malamente a giudizio di Weisberg. Non vi è mai stata possibilità di vedere la copia originale che fu venduta alla rivista Life, né di poter comprendere quindi quali fotogrammi e perché furono tagliati e modificati. Ma non solo. Altri autori come ha fatto lo stesso Weisberg hanno evidenziato, come utilizzando con gli strumenti tecnici in dotazione all'epoca, il filmato di Zapruder era possibile modificarlo e cosi era stato, infatti molti elementi sono assolutamente evidenti fuori contesto o irreali e ciò testimoniano una chiara ed evidente manipolazione. Vediamo qualche esempio. Il cartello stradale che copre la figura di Kennedy e l'auto presidenziale è stato aggiunto al video, non era realmente lì. Assurdo? A testimoniare la cosa sono almeno 2 prove pesantissime. La prima riguarda una ripresa video girata dalla parte opposta di dove si trova Zapruder e la collinetta erbosa, realizzata da parte di un cineoperatore di nome Malcom Couch. L'uomo insieme al fotografo Bob Jackson – fotografo del Dallas Times Herald – non solo assistette al passaggio di Kennedy in Dealey Plaza ma vide anche due uomini di colore appostati alle finestre del magazzino dei libri e filmarono e fotografarono il corteo prima e durante il passaggio fatale per la piazza. Vi è il video a testimoniare che il cartello che nel video di Zapruder impedisce la vista sull'auto presidenziale e su Kennedy, è chiaramente in una posizione diversa, molto più vicina al cavalcavia. Il cartello autostradale in quella posizione è stato perciò aggiunto dopo al filmato. Un ulteriore prova è data dal guardiano degli spazi verdi della Dealey Plaza Emmett J.Hudson che dichiarò di fronte al Servizio Segreto che lo interrogava, mostrandoli un fotogramma video preso dal video sicuramente alterato di Zapruder, che qualcuno aveva spostato certamente quei segnali stradali poiché non si trovavano in quella sequenza video nella giusta posizione, in quella reale. A dirlo non era un passante oppure un giornalista, ma il responsabile degli spazi verdi della piazza. All'interno del video di Zapruder le palesi modificazioni (tagli, aggiunte, distorsioni) non si fermano qui, oltre al cartello aggiunto vi è molto di più. Gli spettatori hai lati della strada in certe sequenze sono troppo grandi, le ombre al suolo sono palesemente disegnate, troppo nette e ciò che comprensibile nella sua illogicità quando l'auto è sfuocata e le ombre e le persone anche in movimento, mantengono una nitidezza irreale, un lampione aggiunto non ruota con il movimento della cinepresa, rimanendo statico e "frontale", alcune persone a lato della strada guardano in una direzione diversa, più arretrata di dove si trova l'auto di Kennedy, come se l'auto del Presidente fosse stata spostata volutamente in un'altra posizione, i passeggeri sembrano sobbalzare in un momento, come se l'auto avesse avuto un attimo in cui si era fermata e poi ripartita, il guidatore si volta due volte all'indietro con grande velocità, in modo decisamente innaturale per una sequenza non alterata con modifiche relative a tempi di svolgimento, un motociclista della scorta è costretto a frenare ma nella sequenza non si vede l'auto frenare (ma solo rallentare), quindi? Forse la vera sequenza mostrava l'auto di Kennedy praticamente fermarsi per offrire ai tiratori un bersaglio quasi immobile? E se ciò si fosse visto, come avrebbero potuto "vendere" e far credere la storia del tiratore solitario? Life ha sempre rifiutato di cedere i diritti e quindi la copia originale di quel filmato, perché? Se la Commissione Warren ha citato il filmato di Zapruder per dare valore al suo lavoro, era a conoscenza di queste modifiche e manipolazioni palesi? E se ne era a conoscenza, ciò che significa? Un altro fatto incredibile è che la Commissione Warren non convocò Zapruder che nel luglio del 1964 eppure era colui che aveva filmato e reso quindi in chiaro la morte del Presidente Kennedy...e soprattutto, cosa che pochi sanno o su cui si riflette, la cinepresa usata da Zapruder era provvista di teleobiettivo. Quest'ultimo fatto aveva consentito all'uomo, una volta messo a fuoco il Presidente, di avere una visione nitida, chiara, evidente, di tutto ciò che accadde a Kennedy da una distanza ravvicinata. Zapruder quindi era un testimone oculare eccezionale...ma la Commissione Warren decise con grande calma e senza particolare fretta di interrogarlo molto tempo dopo il tragico evento. Eppure ciò che disse Zapruder in quell'occasione fu sconvolgente...come vedremo nel punto successivo.

151. Abraham Zapruder, l'uomo che filmò la morte del Presidente Kennedy colpito da ripetuti colpi d'arma da fuoco a Dealey Plaza a Dallas, interrogato dalla Commissione Warren su ciò che aveva visto. L'interrogatorio fu eseguito in modo assolutamente approssimativo, consentendo risposte come "qui" o "li" di fronte a sue annotazioni circa i fotogrammi del video, quando in questi casi si usa sempre far specificare in modo dettagliato e specifico ciò che il testimone sta indicando o considerando. Ma soprattutto, ecco la cosa più incredibile, Zapruder nella sua deposizione alla Commissione Warren, descrisse il primo colpo che colpì Kennedy! Ma come era possibile se tale colpo non è visibile nella sua ripresa video poiché in mezzo vi era un grande cartello segnaletico? Forse perché, come dicevamo nel punto precedente, tale cartello è stato applicato al video solo successivamente; perché tale cartello messo lì in quella posizione non è altro che una manipolazione video applicata dopo la visione di una ripresa che confermava la direzione diversa da dove giungevano i colpi su Kennedy, i più sparatori appunto, l'auto presidenziale che quasi si arrestò, rimanendo come ferma, ecc..Lo stesso Zapruder alla vista di alcuni fotogrammi si trovò confuso nel visionarli nuovamente e sottolineò che non comprendeva come erano stati montati, forse vi era un errore...ma la Commissione ignorò completamente queste sue giuste riflessioni. Come poteva ammettere che molto in quel filmato era stato cambiato?

152. Ad Abraham Zapruder non fu mai chiesto dalla Commissione Warren di portare in tribunale il suo filmato. Questo rimane un ennesimo fatto incredibile. C'è la prova filmata della morte, degli ultimi istanti del Presidente degli Stati Uniti, e tale ripresa viene considerata una ripresa non utile né interessante per accertare dati o prove importanti su quel tragico evento?

153. Se veramente Oswald era davvero un freddo e calcolatore assassino, animato da odio verso Kennedy, perché aveva sparato dalla finestra del sesto piano, quando passava a grande distanza in un movimento difficilissimo invece che tentare di colpirlo quando era a tiro in modo estremamente facile? Dalla finestra indicata dalla Commissione Warren non vi erano impedimenti di alberi né grandi distanze quando l'auto di Kennedy fece la curva e lentamente si avviò lungo la strada che attraversava la Dealey Plaza. Il bersaglio sarebbe stato ravvicinato, "facile"..fu così chiaro a tutti questa questione che l'allora capo dell'FBI J.Edgar Hoover fu costretto a dare una risposta, ma la risposta non fu sicuramente chiara ne soddisfacente. Disse che vi erano degli alberi..ma tramite foto e filmati vari, fu possibile constatare che tali alberi non avrebbero mai potuto impedire di colpire con una linea "pulita" l'auto di Kennedy. Solo un elemento rimaneva fondamentale, non far crollare il "mito" del tiratore solitario Oswald, animato da odio feroce e fanatismo accecante..

154. Earlene Roberts, portiera della casa d'affitto di Lee Harvey Oswald, rilasciò vari dichiarazioni alla Commissione Warren nonostante quest'ultima ebbe modo di interromperla anche quando avrebbe potuto dare informazioni importanti. Una delle sue dichiarazioni rimane assolutamente sconvolgente. La donna disse che dopo che Oswald era rientrato a casa quel giorno e prima che uscisse nuovamente, un'auto della polizia si era fermata davanti a casa. L'uomo alla guida dell'auto aveva suonato il clacson diverse volte e poi era ripartito. Ebbene? Fu mai compreso di quale auto della polizia si trattava? E chi era alla guida? Quale poliziotto? E perché si comportò in tal modo? La signora era cieca da un occhio, ma nonostante ciò riuscì a ricordare qualche numero, i primi due. Questi erano uno e zero. Ovvero? I numeri con cui iniziava la targa del poliziotto J.Tippit. Incredibile vero? Sì, soprattutto perché questo fatto la Commissione Warren non lo volle mai farlo notare o né approfondì ulteriormente aspetti. Eppure secondo le trascrizioni e localizzazioni delle auto della polizia, proprio in quel momento in cui la signora Roberts vide quell'auto avere quel comportamento, proprio la volante di Tippit era in zona e comunicava via radio. Coincidenze? La vera domanda è: perché Tippit cercava Oswald? Perché mandava quei segnali tramite clacson? Earlene dichiarò che dopo la sua deposizione alla polizia, quest'ultima la perseguitò in ogni modo. Continue telefonate, appostamenti, pedinamenti, frasi ambigue. Morì di infarto di lì a poco. Un'ennesima vittima nella vicenda Kennedy.

155. Non c'è una sola riga del Rapporto Warren dove si spiega perché l'agente Tippit si trovasse da solo, con la sua volante, in una zona fuori dalla sua area di competenza e dove stesse dirigendosi. Perché?

156. Quando la Commissione Warren tentò di rifare il percorso fatto da Oswald seguendo le indicazioni cronometriche dei vari testimoni interrogati, risultò che Tippit fu ucciso ben 5 minuti prima che Oswald potesse farlo! Incredibile ma vero, ciò risultò dalle stesse tempistiche calcolate dalla Commissione...tuttavia la cosa poi rimase come sospesa, perché si disse che non tutti i testimoni erano sicuri o attendibili..

157. Il Rapporto Warren non fu in grado di risalire alla persona che diffuse tramite radio la descrizione del principale sospettato omicida del Presidente Kennedy e successivamente del poliziotto Tippit. Una cosa imbarazzante da credere no? Eppure andò così e tuttora rimane un mistero.

158. La pistola a tamburo sottratta ad Oswald al momento dell'arresto non poteva essere utilizzata con i proiettili usati per uccidere l'agente di polizia Tippit. I bossoli rinvenuti accanto al cadavere dell'uomo infatti erano di un'automatica calibro 0,38. Quindi? Oswald aveva un'altra pistola di cui si era liberato? Oppure un altro uomo aveva sparato all'agente?

159. La descrizione dell'uccisore dell'agente Tippit creò non pochi problemi alla Commissione Warren, visto che fu descritto con i capelli neri e vestito in modo diverso da come fu poi arrestato Oswald, ma di tutto ciò la Commissione cercò di non darvi peso..tutto doveva riuscire perfettamente in linea con la versione già "pronta".

160. Lee Harvey Oswald dimostrò sempre una grande freddezza e compostezza, sia quando fu arrestato che quando venne fermato al cinema, al di là delle versioni fantasiose che vennero poi create ed ingigantite dai giornali, tv e film. Nel cinema dove se ne stava seduto, alzò le mani in segno di resa con grande tranquillità e consegnò tranquillamente l'arma al poliziotto McDonald. Fu perquisito, secondo ciò che riporta il verbale, addirittura due ore dopo l'arresto nel cinema, rinvenendo cinque cartucce per la rivoltella. Perché fu perquisito così tanto tempo dopo? Era forse stato segnalato come un agente ubbidiente? E visto che le munizioni per pistole si vendono a scatole e non a singoli colpi, come mai non furono mai cercate le scatole con i colpi rimanenti di Lee Harvey Oswald? Forse era meglio non indagare oltre su quell'arma e su da chi l'aveva ricevuta forse? Il Rapporto Warren decise di non parlarne del tutto e ignorando la cosa andò oltre.

161. La giustizia statunitense richiede prove, non indizi o supposizioni per emettere una condanna, se Oswald non fosse morto. Probabilmente in tribunale l'avrebbe avuta vinta perché all'interno del Rapporto Warren vi erano raccolte più domande senza risposta o senso, risposte vaghe e supposizioni, così come indizi vari senza collegamenti concreti. Insomma per condannare Oswald ed avere un colpevole per tutta quella storia, il suo destino era uno solo..

162. Tre pallottole recuperate dalla salma dell'agente Tippit erano di fabbricazione Winchester-Western, mentre la quarta era una Remington Peters..ma ciò non si spiega con l'arma ritrovata addosso a Oswald. Quindi? È forse vero come asserirono alcuni testimoni, che furono altri a sparare all'agente e non una figura somigliante a Lee Harvey Oswald?

163. Oswald fu interrogato per un totale di 12 ore a partire da poco dopo le 14:15 del 22 novembre 1963, ma non una singola parola di quei lunghi e serrati interrogatori viene poi trascritta o rimane di essa alcuna traccia. Sfido qualunque "*cervellone*" a giustificare una simile anomalia. La questione etico-legale inoltre è gravissima, poiché fu impedito ad Oswald di avere un avvocato, quindi una difesa legale che gli spettava di diritto. Solo alle 23:26 il capitano Fritz firmò un atto d'accusa che imputava ad Oswald l'uccisione di J.F.Kennedy, il Presidente degli Stati Uniti, quindi molte ore dopo. Ebbene dopo molto tempo trascorso, fu indetta dalla polizia di Dallas una conferenza stampa, molto breve, questa conferenza prese piede per due motivi. Il primo offrire il "*mostro*" Oswald alla stampa, ottenendo anche un occhio amico da parte di quest'ultima e il secondo motivo fu quello di dimostrare che la polizia non aveva picchiato il colpevole (*poiché già tale era considerato*) dell'assassinio di J.F.Kennedy. Quindi il tempo per un interrogatorio di ore e ore e il tempo per una conferenza stampa con i giornalisti c'era, ma il tempo per concedere un avvocato a Oswald come meritava di diritto e il tempo per registrare e trascrivere il contenuto dell'interrogatorio, non vi era stato. Semplicemente assurdo e inspiegabile. Di questo il Rapporto Warren non spiega molto, fa semplicemente un resoconto giornalistico dei fatti, a tratti dice una cosa, in un secondo momento ritratta. Una vaga confusione che si vedrà più volte nel testo.

164. Oswald si lamentò con la polizia di Dallas, con gli agenti dell'FBI, con il Servizio Segreto, continuamente per il trattamento subito senza il minimo rispetto di ogni basilare norma di legge da applicare nella tutela di un arrestato. Esigeva un avvocato e la possibilità di contattare persone a lui necessarie e care, cosa che non gli venne concessa se non molte, moltissime ore dopo e senza possibilità poi di darvi un seguito (trovò occupato il numero di un avvocato di New York che chiamò). Di queste lamentele il Rapporto accenna vagamente in un'occasione e smentisce l'attimo dopo, ma sono numerosi i testimoni che riportarono quanto detto in merito alle proteste e volontà di Oswald come prigioniero senza diritti. Per tutto il tempo in cui interrogato Oswald non ebbe alcuna rappresentanza legale, ovvero in palese violazione d'ogni diritto e legge.

165. Appena Lee Harvey Oswald iniziò a parlare ad i giornalisti confessando che non aveva idea di cosa stesse succedendo, che nessuno lo aveva accusato di aver ucciso il Presidente Kennedy, che non era stato tutelato il suo diritto d'avere un rappresentante legale e proprio mentre stava cercando di parlare con i giornalisti in modo più ampio, venne portato via. Poco dopo fu ucciso da un uomo che abitava nel suo stesso quartiere e che molti dicono che conoscesse, Jack Ruby. Oswald non riuscì più a dire la sua..e rimase il capro espiatorio di tutta la vicenda Kennedy-Dallas.

166. Oswald ebbe alcuni scontri verbali con l'agente dell'FBI Hosty, quest'ultimo venne accusato da Oswald di avere avuto atteggiamenti intimidatori nei confronti di sua moglie durante alcuni suoi interrogatori. Hosty ed altri agenti dell'FBI erano stati scortesi e villani nei confronti della donna e ciò non gli era andato giù.

167. L'agente capitano Fritz dichiarò che Oswald non aveva alcuna convinzione politica, cioè risultò evidente dall'interrogatorio a cui lo sottopose. Ma se non aveva nessuna convinzione politica, come mai si era costruita a tavolino l'immagine del fanatico comunista? Se Oswald non aveva alcuna convinzione politica, perché aveva ucciso il Presidente John Fritzgerald Kennedy? In relazione a Kennedy poi, incalzato dalle domande, specificò che non ne era scontento e non vi era nulla che lo irritava in lui. Quindi, il fanatico Oswald, odiatore di Kennedy, che dovrebbe con fierezza rivendicare l'attentato, incredibilmente non solo si dimostra assolutamente estraneo a convinzioni politiche di sorta ma in relazione al presidente Kennedy in specifico dichiara di non provare alcuna irritazione in lui e che non gli dà alcun scontento.

168. Mentre il Presidente Kennedy si trovava ricoverato in una sala d'ospedale circondato da dottori che tentavano di salvargli la vita, numerosi agenti del servizio segreto tentarono di rompere il cordone di sicurezza posto da altri agenti di polizia o dei servizi segreti. Molti di questi agenti che tentarono di fare irruzione nella zona dove il presidente era in una situazione disperata, in un primo momento

rifiutarono di farsi identificare, non mostrarono neanche
un documento di riconoscimento. Per quale motivo si trovavano lì e cosa dovevano verificare in una sala operatoria?
Uno di questi disse all'agente Johnsen, uno degli agenti
responsabili di non far passare nessuno in ambienti dove
solo i dottori dovevano accedere, che era giunto lì dopo che
l'ispettore Hoover lo aveva chiamato ed era accompagnato
da un uomo, che non si identificò mai, che era un dottore
amico suo. E vennero fatti passare entrambi. Lo stesso sergente Kellerman testimoniò che all'ospedale vi furono vari
episodi di agenti del servizio segreto che tentarono di ol-
trepassare determinati accessi per avvicinarsi al presidente, ma nella maggior parte delle volte furono bloccati. Cosa
stava succedendo? Cosa volevano verificare o creare o impedire? In quel contesto contavano solo i dottori in grado
di poter salvare la vita di Kennedy, cosa poteva servire un
agente del servizio segreto abituato a portare la morte in
mille modi diversi all'occorrenza in una sala operatoria?

169. Uno dei testimoni della morte dell'agente Tippit era
Domingo Benavides, ma l'uomo descrisse un uomo dalla carnagione scura ed i capelli ricci..Come poteva essere
scambiato per Lee Harvey Oswald? Il Rapporto Warren
non risolve questo mistero.

170. Dopo che Oswald era stato trattenuto dalla polizia
e considerato come l'assassino del Presidente Kennedy, la
situazione per Oswald precipitò, infatti giunsero nei suoi
confronti numerose minacce di morte da varie parti del paese. Arrivarono tramite telefonate ma anche tramite informatori della polizia venuti a conoscenza di potenziali assa-
litori. In questa situazione, secondo la cronaca, il telefono
del capo della polizia di Dallas, Curry, non rispose mai al
telefono (perché guasto o per quale motivo?) e fu così – al-

meno così si giustificò il Dipartimento – non poté venire a conoscenza di queste minacce. È credibile?

171. È inevitabile dover ammettere che Lee Harvey Oswald non poteva essere ucciso, essendo sotto la tutela delle forze di Polizia di Dallas, a meno che quest'ultima forza governativa di sicurezza rendesse fattibile tale possibilità. Lo stesso ricercatore H.Weisberg sottolineò tale evidente e palese responsabilità della Polizia di Dallas ed al contempo fece notare come nel Rapporto Warren si cercava piuttosto di sottolineare la responsabilità che portò alla morte di Oswald alla Stampa, ai giornalisti presenti che avevano creato un immensa confusione e mitizzato l'assassino del Presidente. Ma chi aveva fatto entrare un così folto numero di giornalisti nella Stazione di Polizia di Dallas (ben 300 giornalisti)? Chi aveva fatto avvicinare un uomo pregiudicato e armato come Ruby? Chi aveva ignorato numerose chiamate e avvisi di minacce di morte a Lee Harvey Oswald? Chi aveva annunciato agli stessi organi di stampa gli spostamenti, il trasferimento del prigioniero?

172. La polizia non ha mai avuto l'intenzione di far sostenere a Lee Harvey Oswald una vera conferenza stampa, vi era il rischio che un'immensa cospirazione che lo aveva usato come capro espiatorio, potesse crollare con le sue dichiarazioni. Fu esposto al pubblico il tempo sufficiente, pochi minuti, con poche domande selezionate, per dare in pasto ai media il "mostro" assassino del Presidente Kennedy. Oswald ebbe appena tempo per dichiararsi estraneo ai fatti e per far sapere che non gli era stata garantita alcuna rappresentanza legale di cui aveva diritto. Poi fu portato via. Perché tutta questa fretta? Perché farlo parlare per pochi secondi soltanto?

173. Nel Rapporto Warren la responsabilità della morte del prigioniero in custodia alla Polizia di Dallas non viene mai in ogni caso considerata come assegnabile alla stessa istituzione Governativa. Perché? Non erano forse stati loro ad ignorare telefonate, avvertimenti e protocolli di sicurezza minimi per impedire che ciò accadesse?

174. L'aiutante dello sceriffo Decker, quest'ultimo il vice del capo della polizia di Dallas Curry, C.C.McCoy verso le ore 02:15 segnalò che giunse una telefonata al Dipartimento di polizia che rivelò minacce particolarmente inquietanti. La persona non si identificò naturalmente, tuttavia dichiarò di far parte di un gruppo di 100 uomini che si erano decisi a togliere la vita a Lee Harvey Oswald con ogni mezzo e ad ogni costo. La persona dichiarò che il motivo per cui aveva chiamato era avvertire le autorità della Legge affinché non si frapponessero ad eventuali attentatori rimanendo così incautamente feriti oppure uccisi. Nonostante tale telefonata, fu deciso comunque, una volta avvertita la stampa nazionale ed internazionale e fatto stipare giornalisti in ogni dove nel Dipartimento, di trasferire Oswald. E fu proprio in quell'evento, in quel passaggio, che Lee Harvey Oswald fu colpito e morì. Si poteva evitare? Naturalmente, ma non furono prese minime precauzioni di alcun tipo. Perché?

175. Lee Harvey Oswald morì colpito dai colpi d'arma da fuoco di Jack Ruby, ma come ciò accadde? Accadde con la negligenza o colpevolezza (spesso le cose si equivalgono in termini di legge) dei poliziotti incaricati di proteggerlo, infatti durante il trasferimento nessuno si frappose all'attentatore. Le normali procedure, per evitare eventi simili o tentativi di fuga del soggetto (magari aiutato da complici in attacco alle forze di polizia), prevedono che il soggetto sia sempre circondato da un "muro" di corpi, quindi di poliziotti in divisa o in borghese. Tuttavia questo non si verificò assolutamente nel caso Oswald. Fu dato in pasto non solo ai giornalisti, ma anche ad un attentatore che si rivelò fatale. Jack Ruby infatti ebbe modo di colpire Oswald con una linea di tiro pulitissima, a distanza incredibilmente ravvicinata, in una modalità assolutamente vergognosa per chi doveva sentirsi in quel momento, rispettato nei suoi diritti e nella sua tutela. Ed invece fu colpito a morte..

176. Lo sceriffo Decker, vice del capo della polizia Curry, suggerì di trasferire il prigioniero Oswald, visto le numerose minacce di morte, di notte. Ma il capitano Fritz, un altro aiutante del capo della polizia Curry, si oppose. Senza naturalmente spiegarne il perché. Poi sempre Decker fece notare che non erano state studiate particolari misure di sicurezza, anzi nessuna. Sempre il capitano Fritz sembrò non curarsene, anzi si lamentò poi dell'idea, approvata successivamente, di far salire il prigioniero su un auto blindata. Perché il capitano Fritz si comportò così? Quale problemi c'erano a trasferire di notte il prigioniero? Perché non si potevano discutere strategie di sicurezza visto le pesanti e concrete minacce ricevute?

177. Diversi agenti di polizia, tra cui anche l'agente del Servizio Segreto Sorrels, invitarono il capitano Fritz a far partire Lee Harvey Oswald dal Dipartimento senza dare alcun preavviso, ma ciò non accadde. Tutto fu a conoscenza della stampa quindi ovviamente a conoscenza di tutti, attentatore compreso. Perché? Fritz dichiarò, cosa assolutamente incredibile, che Curry voleva rimanere in buoni rapporti con la stampa e non voleva negargli l'opportunità di notizie e scatti fotografici importanti. Sembra assurdo ma sono dichiarazioni reali, leggibili all'interno del Rapporto

Warren. Quali protocolli di sicurezza furono rispettati con tali comportamenti e modalità d'azione? Nessuno. Ed infatti Lee Harvey Oswald fu colpito a morte. Su tale rapporto con la stampa da parte di Curry, si alimentarono dopo la morte di Oswald delle critiche, polemiche e accuse che non cessarono mai più all'indirizzo de capo della polizia di Dallas. Quest'ultimo si difese sempre dicendo che era ciò che pensava al tempo fosse meglio, ma nonostante ciò rimane impossibile da giustificare un tale comportamento da un uomo di Legge, con responsabilità elevate, con in custodia un prigioniero.

178. Dopo la tragica morte di Oswald per mano dell'attentatore Ruby, naturalmente l'opinione pubblica si chiese come fosse stato possibile tutto ciò. Come fosse stato possibile far entrare un uomo armato, oltretutto appartenente ad un ambiente vicino a elementi malavitosi, all'interno del Dipartimento di Polizia. Ebbene gli stessi giornalisti confessarono che per accedere alla zona dove si recarono, proprio di fronte alla porta d'ingresso del Dipartimento, non gli vennero controllati neanche i loro tesserini. Qualsiasi credenziale detta a voce bastò alla polizia. È una cosa normale questa? E' una pratica consueta per tutti coloro che devo accedere ad un Dipartimento di Polizia, tribunale o altro istituto governativo di sicurezza? Decisamente no...ed infatti ebbe conseguenza gravissime, conseguenze probabilmente utili per qualcuno che fece in modo che Oswald fosse messo a tacere per sempre.

179. Perché Oswald fu esposto al pubblico, ad altre persone? Non vi era alcuna necessità, soprattutto con minacce concrete giunte al suo indirizzo. Eppure fu usato come un trofeo con i giornalisti e successivamente fatto passare di fronte ad una folla di persone, al di là che fossero giornalisti o meno, che non erano state perquisite, controllate ne racchiuse da linee di sicurezza, esposto quindi a qualsiasi tipo di attacco. Cosa che poi si verificò. Perché? Non fu mai spiegato. Né dalla Polizia di Dallas, né dal Rapporto Warren.

180. L'uccisione di Lee Harvey Oswald non viene definita mai omicidio all'interno del Rapporto Warren. Questo fatto grave ha preso piede anche nella stragrande maggioranza dei casi di libri-inchiesta, articoli di giornale, documentari, film, dove ci si concentra sull'esasperazione e l'esagerazione di punti chiave opportunamente santificati della versione ufficiale e mai si sottolinea o ammette che Oswald fu vittima di un palese omicidio e secondo le norme di legge, senza aver ricevuto un giudizio da parte di un tribunale dopo un regolare processo, morì da innocente.

181. La Commissione Warren era a conoscenza che Lee Harvey Oswald aveva detto all'ispettore Kelley del Servizio Segreto, quest'ultimo fu l'ultimo suo atto da vivo, di essere intenzionato a parlare con il Servizio Segreto naturalmente in presenza di un avvocato. Cosa sapeva Oswald? Cosa avrebbe potuto o voluto raccontare? Non si saprà mai, perché venne ucciso mentre si trovava nelle mani della polizia e rimase per la cronaca dei vari media – imbeccati e asserviti al Governo - l'assassino fanatico e solitario del Presidente Kennedy e dell'agente Tippit, pur non essendoci tuttavia alcuna concreta prova contro di lui.

182. Venne resa nota dai giornalisti come "prova" della colpevolezza di Oswald riguardo l'assassinio di Kennedy, una cartina, una mappa di Dallas. Si disse che aveva usato tale mappa per studiare il modo per uccidere Kennedy. Peccato che in realtà si trattava di un falso e i giornalisti avevano creato a tavolino questa notizia, che però non solo venne pubblicata e diffusa a livello nazionale ed internazionale – diventando come un fatto accertato – ma nessuno, governo in primis, si occupò di punire o sanzionare il giornale che l'aveva diffusa, nonostante si trattasse di un palese falso sensazionalistico. Questo episodio e molti altri simili, contribuirono a creare un'idea di colpevolezza attorno a Oswald nell'opinione generale della popolazione, ma nessuna reale prova resisté veramente ad un analisi più seria e accurata. Analisi che per fortuna negli anni molti agenti investigativi, giornalisti, poliziotti, scrittori, ecc..fecero, portando alla luce molte nascoste verità.

183. J. Edgar Hoover inviò un messaggio personale al capo della Polizia di Dallas Curry dove gli impose di non presentarsi più alla radio o in televisione fino a quando il caso non fosse stato risolto. Il messaggio glielo inviò esattamente la domenica dopo che Oswald fu ucciso. Aveva paura che dicesse cose sbagliate o erronee? Non era forse morto l'unico assassino responsabile della morte del Presidente Kennedy? Aveva forse timore che venissero alla luce le palesi violazioni di diritto di cui fu vittima Oswald insieme alla negligenza della polizia nel salvarlo dall'attentatore? Il procuratore distrettuale Wade, dopo la morte di Oswald, riunì domenica sera tutti i "pezzi grossi" sia del servizio segreto che di altre realtà che potevano in qualche modo avere un peso in questa vicenda, dire la loro, elaborare una strategia investigativa o comunicativa...tutti vennero chiamati, eccetto il capo della polizia di Dallas, Curry. Assurdo no? E di cosa parlarono in dettaglio con il Procuratore questi "pezzi grossi"? Cosa avevano deciso o scoperto? Nessuno ha mai saputo di tutto ciò niente.

184. Il capitano Fritz disse ai giornalisti che le prove contro Oswald erano ormai cosa fatta, erano stati raccolti fatti concreti. Peccato che di queste prove e fatti concreti non se ne ebbe mai testimonianza reale. Questo perché furono così tanti gli errori, le incongruenze, le inesattezze, le mancanze, le menzogne, riscontrabili nelle dichiarazioni ufficiali, nel Rapporto Warren, nelle testimonianze, che è ormai palese come la Polizia contro Oswald non avesse nulla di concreto e realistico. Ogni "prova", sarebbe stata semplice fumo in un tribunale..e Oswald sarebbe stato dichiarato innocente.

185. Perché il capitano Fritz, giunto al magazzino dei libri e rinvenuto il fucile, decise di maneggiare l'arma senza alcun rispetto delle procedure e delle leggi? Spostò l'arma, non si mise alcun guanto per non contaminare con le sue impronte il fucile, non decise di far perquisire in modo approfondito il luogo e di fotografare l'arma laddove si trovava? E perché nessuno prese provvedimenti in merito a queste gravi violazioni?

186. Perché le indagini della polizia riguardo la provenienza dei bossoli di fucile vuoti rinvenuti al magazzino dei libri non vennero rese note? Furono fatte? Non si scoprì mai come si era procurato tale munizionamento..

187. Perché al momento dell'uccisione del Presidente Kennedy il capo della squadra omicidi si diresse all'ospedale dove era prossimo a morire Kennedy e non invece sul luogo del delitto? Perché poi aspettò del tempo prima di far rintracciare Oswald visto che era uno dei pochi che si era allontanato dal luogo di lavoro?

188. Jack Ruby dichiarò di non aver mai conosciuto né Oswald né Tippit, si era semplicemente deciso ad uccidere l'assassino del Presidente per evitare a Jacqueline Kennedy il dolore di un processo. Peccato che tale copione teatrale fu smentito da testimoni che rivelarono come Ruby avesse già incontrato e conosciuto sia Oswald che l'agente Tippit.

189. La foto di Oswald con il fucile e la pistola in mano apparve sui giornali di tutto il mondo in ben quattro versioni diverse! Peccato che tutte e quattro erano versioni alterate. Per fare un esempio concreto, in una di queste versioni il supporto per la mira telescopica era stato eliminato, questo proprio per sostenere la versione che un armaiolo locale (poi mai identificato né rivelato) aveva montato ad Oswald tale congegno e guarda caso si era anche ricordato di quello specifico lavoro e cliente..Riguardo le foto sono infinite gli arrangiamenti e giustificazioni che elementi del Governo hanno cercato di dare per le palesi manipolazioni e modifiche, ma nulla può servire. Ad un occhio esperto sia di fotografia che di proporzioni umane, è assolutamente chiaro come tali foto siano un collage e che alcuni elementi, vedi la testa gigante in una di queste versioni, rivelino la falsità della rappresentazione. In ultimo, circa le foto, che dire riguardo il loro contenuto? Può un freddo e calcolatore assassino crearsi da solo la prova perfetta della sua colpevolezza con una tale ingenuità?

190. Un uomo che faceva il muratore di mestiere e si trovava nei pressi del magazzino dei libri, informò un agente di polizia di aver visto un uomo con un principio di calvizie fuggire dalla parte posteriore dell'edificio subito dopo il delitto nella Dealey Plaza. Tale testimonianza fu resa nota anche dal quindicenne Amos Lee Euins, presente quel giorno tragico a Dealey Plaza che insieme al muratore aveva dichiarato tale avvistamento ad un agente di polizia. Il ragazzo raccontò di quest'uomo con pochi capelli e raccontò ad un agente anche di quell'uomo in fuga. Né il muratore testimone, né l'uomo con il principio di calvizie in fuga dal magazzino dei libri furono mai tuttavia identificati.

191. Il testimone oculare quindicenne Amos Lee Euins disse aveva visto un fucile sporgersi dalla finestra (non riuscì a ricordare a quale piano) e sparare più volte. Quando gli fu chiesto se riusciva a identificare lo sparatore, riuscì solo a ricordare una sorta di macchia calva e bianca sulla testa. Quindi un uomo palesemente con pochi capelli bianchi, quasi pelato. Decisamente una figura non rassomigliante a Lee Harvey Oswald. Non solo. Testimoniò anche al sergente Harkness che alla finestra, insieme allo sparatore, aveva intravisto anche un altro soggetto e questo era un uomo di colore. Non solo i due non vennero mai individuati ma smontano completamente la teoria dello sparatore solitario Lee Harvey Oswald.

192. La signora Bledsoe, divorziata e malata di cuore, affittava i locali di casa sua per aggiungere qualche soldo al suo vivere, nel 1963 Oswald era stato pensionante da lei. Poco dopo lei lo invitò ad andarsene ma non spiegò il motivo né alla polizia né ai giornalisti, mai. Quando venne interrogata dalla polizia, si portò degli appunti scritti che sovente leggeva ogni volta che gli veniva posta una domanda. Quando gli chiesero in merito a tali appunti, rispose che li teneva di fronte per ricordarsi quello che doveva dire. E specificò che l'agente Sorrels, del Servizio Segreto, gli aveva suggerito di mettere tutto per iscritto al fine di non dimenticare nulla..strano no? Sembra più il cercare di creare un copione. Successivamente si tentò di fare delle pressioni sulla signora Bledsoe affinché ammettesse d'aver visto Oswald con un involucro contenente un oggetto simile ad un fucile, ma la donna negò più volte d'aver mai visto una simile cosa.

193. L'avvocato Mark Lane (autore poi di un importante testo sulla vicenda Kennedy) condusse una sua inchiesta indipendente sulla vicenda di Dallas, precisamente iniziando dalla cattura di Oswald. Gli errori, le manipolazioni e le anomalie erano decisamente troppe e quest'uomo si decise a fare luce su molti aspetti (aveva anche fatto parte del parlamento americano e sentì che indagare e chiarire cause e responsabilità di quella vicenda era certamente un modo per rendere giustizia ad un Presidente ucciso insieme ad un capro espiatorio caduto anch'egli e senza giustizia come il primo), ebbene egli fu incaricato direttamente da Marguerite Oswald, madre di Lee Harvey Oswald, di indagare sulla vicenda che coinvolgeva suo figlio per ristabilirne il buon nome. La Commissione Warren respinse la richiesta di Lane di rappresentare Oswald, non venne autorizzato. La motivazione? Solo la moglie di Oswald poteva decidere di far rappresentare il marito da un legale, non la madre. Un pretesto decisamente assurdo. Marina naturalmente come spiegato nei punti precedenti, veniva da un mondo dove le forze di polizia sono incontestabili e ciò che dicono e fanno è dogma. Non avrebbe mai tentato in alcun modo di dare vita ad indagini o mettere in dubbio ciò che le forze del Governo avevano deciso che fosse vero in relazione ad un evento, anche se avesse coinvolto suo marito come poi fu. Tuttavia Lane aveva raccolto decine di testimonianze, dati e prove sulle incongruenze e distorsioni operate dalla polizia e sulle inesattezze della versione ufficiale. Sfidò il Governo e presentò tale sua indagine alla Commissione Warren (l'organo ufficiale che all'epoca si occupava del caso). La Commissione diede udienza all'avvocato Lane in diverse occasioni affinché desse deposizione di ciò che intendeva condividere sul caso, ma in nessuna occasione ebbe mai il coraggio di contestare, respingere o discutere in merito alle sue critiche e rivelazioni. Nonostante queste rivelazioni fossero di una gravità assoluta.

194. Mark Lane, avvocato ed investigatore indipendente, sottolineò che l'affidavit riguardante l'attentato a Kennedy, redatto il giorno seguente, precisava che il fucile era un Mauser cal. 7,65. Come era possibile una svista del genere? Che significato poteva avere uno scritto simile? C'erano forse due fucili? Come mai si nominava un Mauser quando poi non si parlò altro che di Carcano? L'avvocato accusò inoltre la Commissione di non porre domande realmente pertinenti ma di violare la sacralità del rapporto tra cliente e avvocato, come nel caso della deposizione della Markham. Quest'ultima era la donna che era stata trasformata dalla Commissione nella super-testimone dell'assassinio di Tippit. Ebbene, quando Lane le parlò al telefono, intercettato dal Governo tra le altre cose, ecco la rabbia di Lane, la donna si rivelò decisamente confusa in merito a ciò che la Commissione era stata intenzionata a creare tramite le sue parole abilmente suggerite ed estrapolate dal contesto..

195. L'investigatore e avvocato Mark Lane tramite un informatore venne a sapere un incredibile fatto. Ruby (l'assassino di Oswald), Tippit (il poliziotto ucciso, secondo la versione ufficiale, da Oswald) e Weissman (un importantissimo e potente uomo d'affari di Dallas, grande nemico dei Kennedy) si erano incontrati nel locale notturno appartenente al primo. Non solo, ma avevano dimostrato di conoscersi bene tramite discorsi e rapporti informali. Quando la Commissione gli chiese il nome dell'informatore, Lane dichiarò che la sua fonte aveva paura di rappresaglie, di finire ucciso, ma non solo. Anche qualora fosse stato possibile far presentare la fonte di fronte alla Commissione, vi erano state troppe fughe di notizie che erano quindi ar-

rivate alla stampa, per rischiare di esporre ad un pericolo
mortale il soggetto..

196. Sia la CIA che l'FBI smentirono sempre che Lee
Harvey Oswald fosse un loro agente, ovviamente tali dichiarazioni suonarono immediatamente – ad orecchi
esperti – come senza valore. Ovviamente non avrebbero
mai ammesso il legame di un individuo alla loro agenzia
in qualità di spia. Con il passare del tempo fu evidente che
Oswald ebbe numerosi rapporti con i Servizi Segreti.

197. Lungo tutta la narrazione del Rapporto Warren si
sottolinea l'appartenenza ferrea e fanatica di Oswald al
Comunismo. Nulla di tutto ciò ha qualche realistica base
oggettiva. Non è mai stata riscontrata alcuna appartenenza
al Partito Comunista, nessuna concreta azione a supporto
dell'ideologia comunista che non fosse sospetta nel caso di
un uomo che era esperto in un campo militare segreto (vedi
la sua esperienza militare con i radar e i velivoli spia) e che
semplicemente "interpretava" un ruolo a seconda del volere dell'Intelligence. Basti pensare come durante il primo
interrogatorio a cui fu sottoposto Oswald, fu presente James P. Hosty, un agente dell'FBI (con cui si scontrò anche
verbalmente a causa del suo atteggiamento minaccioso che
ebbe con sua moglie Marina) che si diceva fosse un "esperto di Oswald" ma come poteva esserlo se non perché sapeva che era una spia? Di sicuro non lo tenevano d'occhio
per le sue attività di propaganda comunista visto che sono
pressoché miserevoli o nulle oppure visto che sia la CIA
che l'FBI dichiararono immediatamente di non aver mai
avuto contatti o conosciuto l'uomo. Ebbene allora? Quale
versione è quella reale e giusta? Al momento dell'arresto
poi, Oswald aveva in un'agenda tre numeri di telefono appartenenti ad un agente dell'FBI di Dallas. Decisamente

strano per un fervente comunista che dovrebbe identificare il Governo statunitense come il male, eppure conserva gelosamente i numeri di telefono del nemico..

198. Il responsabile dei servizi segreti locali Forrest Sorrels che durante il passaggio del corteo a Dealey Plaza si trovava alla testa della marcia, testimoniò nella prima dichiarazione ai giornalisti che udì provenire gli spari dalla zona della collinetta erbosa, precisamente da dietro gli alberi, in alto, precisamente da quella direzione. Poi non se ne seppe più nulla di questa testimonianza, né fu indagata maggiormente tale possibilità...

199. All'età di sedici anni, Lee Harvey Oswald, si iscrive alla Lega Giovanile Socialista. Un carattere evidente e cristallino di questa associazione? Un feroce anticomunismo, talmente radicato da potersi definire come un dogma religioso. Ma nonostante ciò il Rapporto Warren prosegue la sua costruzione narrativa del fervente comunista dicendo che lesse avidamente Trotsky. Peccato che quest'ultimo fu il più popolare tra i primi comunisti russi ad aver avversato e combattuto contro il regime sovietico..

200. Sia i Paine che George Mohrendschildt, conoscenti di Lee Harvey Oswald e della sua famiglia, confessarono che parlando con lui si resero palesemente conto che egli neanche sapeva cosa fosse il marxismo. Né loro né nessun altro fu mai pronto a testimoniare che fosse un fervente comunista o filocomunista. Non i colleghi di lavoro, non in famiglia, non gli amici. Anzi, ogni studio e indagine riguardo la sua giovinezza ci rivela come fosse un acceso anticomunista. Come conciliare tutto ciò con la versione del Rapporto Warren? Con la versione ufficiale..

201. Lee Harvey Oswald inviò due lettere, poi ritrovate e registrate come documenti verificati autentici, a due associazioni politiche opposte, antagoniste tra loro. Inviò una lettera al Partito Comunista USA ed al contempo anche al Comitato Fair Play for Cuba. Poi nello stesso tempo al Partito Lavoratori Socialisti. Come è spiegabile questa cosa? Perché avrebbe dovuto mettersi in contatto con due partiti nemici tra loro? Una delle motivazioni più ovvie e semplici è che cercasse di entrare in una o nell'altra organizzazione (oppure in entrambe) in qualità di agente secreto sotto copertura.

202. Gli appunti di Lee Harvey Oswald trovati in casa sua e riportati nel Rapporto Warren come documentazione rilevante, dimostrano incredibilmente come egli fosse assolutamente un chiaro ed acceso antisovietico, come fosse avverso ai partiti comunisti verso cui provava sincero odio. Quindi, cosa significa tutto questo? Come è giustificabile tutto ciò con la versione poi data dalla Commissione Warren tramite il famoso Rapporto? Nessuna risposta è mai stata data in merito.

203. Lee Harvey Oswald venne congedato dal Corpo dei Marines in modo particolarmente strano. Gli rimanevano appena 43 giorni di ferma nei Fucilieri di Marina, quando venne congedato per "sopravvenuto disagio fisico". Un pretesto assurdo mai concepito né accettato né prima né dopo dal Corpo militare nella sua storia. Eppure così accadde per Oswald. Il Comando dei Marines specificò che il congedo era maturato nella consapevolezza che era fisicamente disagiato e necessitava di assistere la madre malata e sofferente. Un autentica barzelletta. Si legga la recente autobiografia di David Tell, "Io sono un arma" per renderci conto di che cosa sia quel corpo militare. Non vi sono sconti, regali, concessioni. I soldati non vanno a casa per inezie simili..Tuttavia così andò per Oswald. Ma il Corpo dei Marines andò ben oltre, poiché non solo gli procurò successivamente un passaporto ma per un soggetto che aveva più volte avuto problemi di natura disciplinare (per quanto strani, offese a ex militari e futili discussioni con un sottoufficiale) ed era stato sottoposto anche a Corte Marziale, si dimenticò di lui. Non fu sottoposto, una volta tornato in America, né a sorveglianza né ad indagini.

204. Nel gennaio del 1961 la madre di Lee Harvey Oswald disse al Dipartimento di Stato che secondo lei suo figlio era una spia. Non specificò di quale Governo. La dichiarazione venne anche riportata nel Rapporto Warren, vedi pag. 326 e 660. Quindi, non un pazzo fanatico o signor nessuno, ma esattamente la madre di Lee Harvey Oswald dichiarava che suo figlio era con molta probabilità una spia. Era anche lei preda di suggestioni ben due anni prima dell'attentato mortale al presidente Kennedy?

205. Il 24 giugno del 1963 Lee Harvey Oswald chiese a New Orleans un passaporto per visitare vari paesi, tra cui l'Unione Sovietica. Il passaporto gli venne consegnato rapidissimamente, esattamente il giorno seguente. Il Rapporto Warren insistè che gli era stato consegnato secondo "la normale prassi" ma nessun caso simile si è mai verificato prima né dopo, mai entro ventiquattr'ore soltanto un richiedente ha visto consegnarsi il suo passaporto. Nessuno, eccetto Lee Harvey Oswald. Ultima nota riguardo a tale richiesta e passaporto. Nel foglio dei richiedenti di un nuovo passaporto vi è un elenco di 25 nomi. Accanto al nome di Oswald, solo al suo, vi è stato scarabocchiato un simbolo di non facile né comprensibile forma. Che cosa significava? Nessuno indagò in merito né la Commissione pensò di evidenziare la cosa..

206. Marina Oswald non parlò mai dei delitti che attribuivano al marito, parlò sempre e solo del "caso di Lee". Aveva probabilmente capito il gioco mortale in cui il marito si era trovato e il ruolo che il potente governo degli Stati Uniti e le Agenzie d'intelligence gli avevano ritagliato. Vi era stata una cospirazione, potente, e ormai suo marito era stato posto al centro del mirino. Nonostante Marina avesse protestato per gli atteggiamenti intimidatori dei diversi agenti dell'FBI che l'avevano interrogata, alla fine mantenendo sempre un profilo basso e modesto nelle sue dichiarazioni, la sua vita prese un percorso decisamente in ascesa. Iniziarono a giungerle moltissimi soldi da vari americani che trovarono giusto darle sostegno in quanto donna rimasta vedova, impietositi perché forse veniva guardata con sospetto da molti, rimasta con una bimba piccola..

207. Marina Oswald inizialmente disse che riteneva suo marito assolutamente innocente in relazione ai delitti che gli venivano imputati. Poi, pressata dall'FBI in modo aggressivo – anche dopo la scomparsa tragica del marito – e dalla stampa mondiale, decise insieme al suo avvocato di "chiudersi" in una discreta solitudine, allontanandosi dal "caso di Lee". Ma ciò nonostante, estrapolando numerose sue dichiarazioni registrate durante gli interrogatori, riuscirono a trasformare la donna come la vera supertestimone accusatrice del marito. Lo stesso scrittore investigativo Harold Weisberg, che dedicò un importante e preciso lavoro contro-corrente alla vicenda Kennedy, riporta alcuni passaggi devastanti di questi interrogatori senza alcuna logica o testimonianza di valore, ma spesso mirati ad un processo manipolatorio dei concetti e dei giudizi.

208. Nessuna istituzione di Polizia, di Sicurezza, di organi riguardanti la Sicurezza Nazionale e Internazionale per l'America come la CIA e l'FBI valutarono, indagarono, investigarono in alcun modo piste che riguardassero il coinvolgimento di altri individui nell'omicidio del presidente Kennedy. Tutte indagini convergerono unicamente su Lee Harvey Oswald come solo e unico tiratore.

209. Nei primi minuti successivi all'attentato in Dealey Plaza le autopattuglie della polizia registrarono diverse segnalazioni date da testimoni presenti sulla scena in relazione ad individui sospetti o in fuga nei pressi del magazzino dei libri o nelle immediate vicinanze della collinetta erbosa. Di tali registrazioni eseguite dai radio-telefoni delle autopattuglie non si fece mai successiva analisi, né si riascoltarono. Una volta catturato Oswald, si ebbe il solo colpevole secondo la versione ufficiale, ed ogni altra pista si arrestò. Chi erano quei sospetti segnalati nella Dealey Plaza, vicino al magazzino dei libri o alla collinetta erbosa? Nessuno lo saprà mai.

210. Il Rapporto Warren dedica alla riflessione naturale di ogni persona di buon senso circa una cospirazione che diede l'organizzazione e lo sviluppo di una trappola mortale per Kennedy un capitolo intitolato "Indagini su un eventuale cospirazione". Ebbene con il suo consueto e vago ragionare, la Commissione riassume il suo pensiero in merito alla possibile esistenza di una cospirazione con l'escludere ogni possibile complotto. Il capitolo è decisamente prolisso e pieno di contenuti che appaiono sentenze più che frutto di accurate indagini e fatti riportati ed accertati. In un passo si asserisce che Jack Ruby e Lee Harvey Oswald non si conoscevano assolutamente..In questo capitolo di ben 131 pagine (basti pensare che quello dedicato all'uccisione del presidente riempie appena 31 pagine) si vuole far credere che una cospirazione è impensabile nel caso Kennedy. Ma cos'è una cospirazione, da chi può essere costituita? È una combinazione di persone mosse da fini malvagi e criminali ed è costituibile con appena due individui. Orbene, nel caso dell'uccisione di Kennedy vi erano sicuramente almeno due elementi coinvolti, anzi molti di più costituivano elementi sospetti e criminali avversi a Kennedy ed interessati alla sua dipartita..

211. La Commissione Warren pose il segreto di Stato per settantacinque anni sulle indagini, le testimonianze, i documenti raccolti riguardanti il caso Kennedy. Perché? E se tra quelle carte, se tra quelle informazioni segretate ci fosse documentata l'innocenza di Oswald? Se fosse provato il fatto che Oswald era un agente della CIA o dell'FBI? Se fosse accertato che vi era stata una massa di sospetti mai rintracciati né identificati presenti a Dealey Plaza?

212. La moglie di Oswald, Marina, riferì alla Commissione Warren che nell'agosto del 1962 suo marito fu interrogato da agenti federali e che il colloquio turbò molto Oswald anche se non le riferì nulla. Allora aveva avuto già contatti con i federali e non era così "sconosciuto" per il Governo! Ma soprattutto cosa volevano i federali da Oswald? Perché era rimasto turbato da quell'incontro? Di cosa avevano parlato?

213. Di tutti gli interrogatori fatti a Lee Harvey Oswald non sono rimaste o registrate alcune registrazioni audio o video né verbali stenografici. Una cosa assurda e ingiustificabile. Il Rapporto dice soltanto che il capitano della squadra omicidi Will Fritz non aveva preso appunti, non cerca di spiegare una tale follia procedurale e mancanza d'ogni senso.

214. Se durante il fermo di Oswald non furono registrati gli interrogatori né presi appunti, secondo la versione ufficiale data dal Rapporto Warren, perché nel suddetto Rapporto è citata una risposta di Oswald all'indirizzo dell'agente Holmes dove lo invita a rileggere i suoi appunti se vuole ricordarsi determinate cose dimenticate? Allora qualcuno prese appunti..

215. A quanto dice il Rapporto Warren, Lee Harvey Oswald si serviva di generalità diverse, questo per quanto supporta l'idea che fosse una spia e quindi mette in luce particolari e potenziali legami con il Governo, non è mai stato tuttavia confermato da alcun individuo. Nessuno ha mai testimoniato di aver conosciuto Oswald con un nome diverso, come può asserire quindi il Rapporto Warren il contrario? Il Rapporto Warren non riesce a citare una singola persona che ha conosciuto Oswald sotto falso nome o che gli abbia mostrato documenti d'identità falsi. Il voler asserire che usasse varie false generalità è stato un tentativo di gettare ombre su un uomo che, a detta del datore di lavoro e di tutti i colleghi interrogati del magazzino dei libri, era efficiente, educato, capace e riservato..e non aveva mai detto di chiamarsi in altro modo a nessuno.

216. Oswald era il sostenitore e il rappresentante del Comitato per il Fair Play for Cuba. Unico particolare, non diffuso né pubblicizzato dai giornali, era composto tale Comitato da uno solo: lui stesso. Perché?

217. Bill Newman, un ingegnere progettista di Dallas, si trovava con la sua famiglia sul marciapiede a pochi metri di distanza dalla palazzata della collinetta erbosa, stava osservando il corteo presidenziale passare. Testimoniò che i colpi che raggiunsero Kennedy venivano dal boschetto alle loro spalle. Non guardò mai in direzione del magazzino dei libri, ma piuttosto indietro, verso il boschetto. La stessa cosa testimoniò l'agente L.C.Smith dell'ufficio dello sceriffo di Dallas che si trovava proprio sulla Main Street e accorrendo con grande rapidità trovò una donna che gli indicò immediatamente la palizzata sulla collinetta erbosa come provenienza dei colpi letali sparati contro Kennedy. Newman inoltre testimoniò che vide Kennedy colpito alla fronte e che tale colpo lo fece andare violentemente all'indietro. Testimoniò questo in diretta televisiva, invitato in studio per commentare ciò che aveva visto poche ore prima.

218. In una dichiarazione di Marina Oswald, una delle ultime date prima di ritirarsi dalla vicenda del "caso Lee", la donna asserì che aveva visto il marito "allenarsi" con un'arma, mai identificata con chiarezza, nel cortile posteriore della loro casa a New Orleans una notte. Il Rapporto cerca di far credere che quello fosse uno dei tanti allenamenti per prepararsi a colpire il presidente. Come si spiega la follia logica per cui un uomo si "allena" con il suo fucile recante mirino telescopico (se mai fosse questa l'arma) di notte? Quale precisione e utilità può avere una simile cosa? È una totale follia!

219. Alcuni testimoni riferirono alla polizia di Dallas e al Servizio Segreto che avevano visto Lee Harvey Oswald al poligono di tiro "Sport Drome" di Dallas in più occasioni da settembre fino al novembre del 1963. Sull'identificazione però non tutti furono assolutamente certi, alcuni riferirono che gli sembrasse leggermente diverso, come un gemello o un sosia. Un unico fatto però riferirono tutti con certezza, il tiratore aveva una mira perfetta. Infallibile. Chi era quest'uomo, questo sosia di Lee Harvey Oswald? Forse una delle pedine che servì a costruire la colpevolezza del vero Oswald? Forse proprio uno dei tiratori presenti a Dealey Plaza che colpì a morte il Presidente Kennedy? Nessuno lo ha mai scoperto.

220. Lee Harvey Oswald, nonostante la propaganda affermi il contrario da anni e abbia creato un'idea assolutamente errata sull'uomo, è sempre stato anticomunista, ma non solo. Fu anche dichiaratamente antisovietico, cosa che si rivelò tramite amici e la moglie, proprio quando decise di lasciare la Russia e tornare negli Stati Uniti d'America. Perché allora tutti lo considerano un comunista convinto? Forse per creare l'idea del fanatico politicamente impegnato con l'ideologia comunista che aveva deciso di uccidere il "traditore" Kennedy? E tutti i Mass Media hanno sempre sostenuto questa menzogna..

221. Uno dei massimi esperti dell'FBI sulla situazione di Cuba era l'agente De Brueys. Fu trasferito a Dallas dopo che vi era arrivato a viverci Oswald. Riferì anche di un episodio particolare. Carlos Bringueir era un immigrato cubano, avvocato ed ex funzionario del governo Castrista, gestiva un negozio insieme al cognato. Era in rapporti evidenti e informali con l'FBI e con la polizia. Arrivando a New Orleans nel 1961 fu il rappresentante del "Consiglio Rivoluzionario Cubano" (e di altre rappresentazioni sempre a sostegno dei cubani presenti nel paese) sempre con un indirizzo politico anti-castrista. Ebbene fece la conoscenza del famoso "Comitato del Fair Play for Cuba", il cui unico rappresentante e membro era Lee Harvey Oswald ma questo pochissimi lo sapevano. Oswald si presentò da Bringuier chiedendogli qualche pubblicazione, presentandosi come un convinto anticomunista e anticastrista. Bringuier nonostante avesse qualche sospetto sull'uomo, visto come si era presentato e pensando alla sua appartenenza a quel Comitato apparentemente a sostegno di Cuba, si decise di dargli alcune pubblicazioni e si intrattenne con lui a parlare in più occasioni. Vi era stato presente anche il cognato a tali conversazioni. Quest'ultimo, di nome Pelaez, disse esplicitamente che Oswald era un individuo proprio in gamba e veramente motivato nel combattere il comunismo. Si era proposto Oswald per addestrare combattenti cubani contro Castro e gentilmente aveva fatto dopo all'uomo del suo manuale d'addestramento dei Marines. Disse addirittura che sarebbe stato pronto a combattere personalmente il dittatore Castro. La cosa però non andò in porto. Perché? Perché dopo soli tre giorni, Lee Harvey Oswald era in centro a New Orleans a distribuire volantini filo-castristi. In quell'occasione incontrò Carlos Bringuier con altri suoi amici e ne nacque una rissa. Vennero tutti portati dalla polizia in commissariato e schedati. Tutti dovettero depositare una cauzione di 25 dollari, tutti eccetto indovinate chi? Sì, esatto. Proprio lui. Lee Harvey Oswald. L'uomo che odiava i comunisti e poi distribuiva volantini filo-castristi, che non aveva contatti con i Servizi Segreti ma stranamente aveva i numeri privati telefonici di agenti dei Servizi Segreti nel portafoglio, lo scarso Marines che però aveva lavorato nella base di Atsugi a soli 19 anni, ottenendo il diploma di specialista radar e avendo accettato l'offerta della CIA per seguire durante la sua permanenza nella base militare, corsi di lingua russa e spagnola e corsi di dialettica marxista. Non era forse una preparazione base per una spia durante la guerra fredda? La sua partecipazione ai progetti Radar, per gli U2 gli aerei spia sulla Cina e l'accesso ad altre informazioni legate allo spionaggio segretissime, vedi per i servizi segreti militari, non erano cose di poco conto, quindi perché non lasciò neanche quella misera somma 25 dollari di cauzione dopo una simile "carriera" militare? Perché qualcuno si rese garante per lui, ma chi fosse non venne assolutamente indagato dalla

Commissione Warren. I cubani aggressori di Oswald testimoniarono che all'interno del Commissariato di Dallas inoltre, quando gli agenti decisero di interrogarli per capire meglio cosa era successo, presero soltanto Oswald per fargli delle domande e si trasferirono con lui in un'altra stanza. Tutti i restanti, rimasero nel locale ad esser interrogati. Il giornalista investivativo Weisberg chiama l'attività da attivista stratega militare contro Castro, da distributore di volantini filo-castristi e da "detenuto" speciale da parte della Polizia di Dallas, come un ruolo definibile con la terminologia in uso all'Intelligence di "organizzazione della copertura". Era quindi palesemente un agente del servizio segreto Lee Harvey Oswald. Si scoprì, grazie al procuratore Jim Garrison, che appena fu arrestato Lee chiese immediatamente di vedere un agente dell'FBI. Fu l'agente speciale John Quigley dell'ufficio locale dell'FBI che parlò con lui e successivamente distrusse gli appunti presi durante il colloquio privato (tale procedura è assolutamente contraria e anomala per quanto riguarda lo svolgimento del lavoro del Bureau in questi casi). Cosa significava? Non era forse Oswald un sostenitore di idee filo-castriste, quindi filo-comuniste, che distribuiva quei volantini sovversivi in città? Perché questo trattamento e perché il colloquio con l'agente dell'FBI? Forse perché Oswald lavorava per Guy Banister, un ex funzionario dell'FBI (era stato capo dell'ufficio FBI di Chicago) che si nascondeva sotto la veste di investigatore privato e lavorava proprio in città?

222. Le testimoni Jean Lollis Hill e l'amica che era con lei a Dealey Plaza, Mary Moorman, avevano rilasciato una dichiarazione giurata nel marzo del 1964 su ciò che avevano fatto, visto e udito quel giorno fatale per Kennedy. La Moorman aveva diverse foto Polaroid del passaggio fatale di JFK che consegnarono agli agenti immediatamente, non sapevano in quel momento che tali foto non gli sarebbero state mai più riconsegnate, né mai si poterono vedere più a livello giornalistico, documentale, processuale. Incredibile soprattutto in quest'ultimo caso..se la Commissione valutò inutili tali foto da non presentarle nel Rapporto, perché non vennero riconsegnate o eventualmente mostrate ai giornali? Entrambe le donne riferirono poi di aver udito da quattro a sei colpi d'arma da fuoco durante il passaggio fatale del Presidente. A quel punto vennero immediatamente trattenute per diverse ore contro la loro volontà e gli fu ripetutamente spiegato che secondo le loro accurate indagini i colpi sparati a Dealey Plaza furono unicamente tre e questa era la versione ufficiale e realistica di ciò che accadde (e lo stavamo spiegando a chi era stato presente sul posto!) e che inoltre non avrebbero potuto riavere indietro le loro foto. Le due si risentirono molto naturalmente per il trattamento subito, sia per la custodia forzata che per la negata restituzione delle foto.

223. Il numero dei colpi sparati a Dealey Plaza fu sin da subito un motivo di imbarazzo ed un problema da risolvere per gli autori della cospirazione che portò alla morte del presidente americano John Fitzgerald Kennedy. Ovviamente Kennedy fu raggiunto da ben più di tre colpi, ciò fu evidente, ma dire questo alla stampa e consegnare tale verità alla cronaca giudiziaria sarebbe stato un enorme problema. Perché? Perché sarebbe stato palese che Lee Harvey Oswald non avrebbe mai potuto agire da solo, né per direzione, cioè provenienza dei colpi, né per tempistiche fisiche e razionali (già con la versione ufficiale del Rapporto Warren non vi erano possibilità di riuscita cronometrica né per il tiro né per l'allontanamento di Oswald dalla finestra, fino all'uscita poi dall'edificio..)..quindi avrebbero dovuto ammettere che aveva avuto dei complici, ma chi? Dove erano questi complici? Nessuno gli aveva mai cercati e poi se fossero saltati fuori, allora sarebbe stato palese dover ammettere che in atto vi era stata una congiura, una vera e propria cospirazione di vari elementi..ma così non accadde. Con il solito "pazzo solitario" la vicenda Oswald-Kennedy venne conclusa così, senza giustizia e verità.

224. La Commissione Warren non ha mai spiegato come mai numerosi testimoni accorsero verso la zona Ovest del magazzino dei libri, verso la collinetta erbosa, perché da lì avevano visto sbuffi di fumo, provenire colpi d'arma da fuoco e individui sospetti in fuga. Sembra però che, secondo il rapporto Warren, fossero tutti suggestionati da fantasie e dall'adrenalina del momento..

225. Cinque schegge di proiettile (sicuramente di tipo blindato affinché fosse estremamente letale all'impatto) furono recuperate nell'auto presidenziale. Furono mandate in lavanderia e pulite. Alcune vennero smacchiate da polveri e detriti non meglio identificati. Alcune di queste schegge vennero totalmente ignorate e gettate. E tutto ciò avvenne mentre tali reperti erano nelle mani del Governo. E su tali procedure nessuno ebbe da obiettare o da evidenziare come fosse un comportamento procedurale allucinante sotto tutti i punti di vista. Inutile dire che le indagini su tali schegge non portò a nulla. La stessa limousine presidenziale fu pulita completamente al suo interno, con opportuna aspirazione di detriti relativi a schegge di proiettili che ovviamente così facendo si persero per sempre e questo su ordine del Servizio Segreto, perché? Nessuno diede spiegazione in merito.

226. Gli abiti del governatore Connally vennero lavati e puliti da una o più persone non meglio identificate subito dopo l'arrivo del governatore all'ospedale. L'infermiera Ruth J. Standridge disse che al Parkland Hospital diede tali indumenti personalmente a Cliff Carter, l'assistente addetto alla cura del governatore. In verità era l'addetto al presidente Johnson scoprì più tardi. Carter comunque non comparve comunque mai di fronte alla Commissione per spiegare di tale consegna e di ciò che fu poi il destino degli abiti. Perché poi vennero lavati e puliti? Forse perché un esperto forense avrebbe potuto ricostruire la direzione da cui erano giunti i proiettili tramite le direzioni degli schizzi di sangue e avrebbe poi potuto ricostruire come avevano impattato (altezza, direzione, profondità, distanza..) tali proiettili contro il corpo del governatore? Forse perché sempre tale esperto avrebbe potuto rafforzare la sua valutazione dallo stato materiale in cui il tessuto si trovava al momento del ferimento?

227. Darrels C. Tomlinson era un capo-meccanico che lavorava al Parkland Hospital e fu uno degli uomini incaricati di spingere le barelle sul montacarichi che scendeva al piano della sala operatoria, dove poi altri addetti prendevano in consegna i pazienti. Il suo collega R. J. Jimison che aiutò a spostare da una lettiga ad una barella il governatore Connally, non vi fu nulla di insolito quel giorno su alcuna barella e così Tomlinson. Entrambi una volta fatti passare i corpi da una lettiga ad una barella e spinti all'interno del montacarichi, si occupavano di altre faccende, lasciando quindi le lettighe nel corridoio incustodite, in mezzo al via vai di pazienti, infermieri e dottori. In quel giorno particolare anche di giornalisti, poliziotti, agenti dei servizi segreti e via dicendo. Ebbene il capo-meccanico serenamente disse che prima di notare il proiettile nascosto sotto il materassino, aveva fatto diversi viaggi e cose, non poteva essere certo che provenisse da quella specifica lettiga. Anzi, ammise che non conosceva neanche l'origine di quella stessa lettiga, visto che ve ne erano decine e decine nell'ospedale e che era stato preso da mille altre cose.

Tali dichiarazioni non piacquero molto, c'era bisogno di più chiarezza. Tomlinson venne pressato affinché fosse più chiaro e che sottolineasse come tale proiettile era su quella lettiga da quando avevano portato Connally al Parkland Hospital. L'uomo non voleva dichiarare nulla che non fosse la pura verità, perciò si limitò a confessare la sua onestà nel non voler affermare cose che non erano sincere. Tuttavia il Rapporto Warren scrisse che tale pallottola era stata rinvenuta sulla lettiga del Governatore Connally, mentre per Timlinson era giustamente soltanto un'ipotesi che fosse stata trovata lì al momento dell'arrivo del governatore. Almeno lui non l'aveva vista in tale contesto, se ne era accorto solo successivamente. Rimarrà inoltre un mistero la stessa posizione del proiettile, sotto il materassino. Come arrivò lì? Nessuno si preoccupò di darne spiegazione, sicuramente era un facile posto affinché non si perdesse in giro e venisse ritrovata. E così accadde.

228. La pallottola rinvenuta al Parkland Hospital venne presa dall'FBI e ripulita. Perché? Quando mai è eseguita una tale procedura? Nessuno ha mai dato una spiegazione di tale agire, sta di fatto che sia un caso unico e mai ripetuto nella scena forense e nella pratica investigativa. Sicuramente pulendola furono tolte eventuali impronte o tracce di sorta di chi aveva maneggiato il proiettile stesso, ciò è cristallino.

229. Inizialmente sia i dottori che le infermiere confermarono che la ferita anteriore sul collo di Kennedy era una ferita di ingresso, ed era stata provocata da un colpo sparato frontalmente al presidente. Inutile dire che ben presto la narrazione e comunicazione medica fu in mano al governo tramite servizi segreti e alti profili militari e tutto ciò cambiò. Non si parlò più di ingresso frontale a Kennedy, fori d'ingressi anteriori, mai più. Perché? Ovviamente perché ciò avrebbe evidenziato come vi era un altro sparatore oltre ad Oswald e quindi l'esistenza di una vera e propria cospirazione.

230. L'autopsia del presidente Kennedy non venne eseguita in Texas nel rispetto della Legge e agendo in modo assolutamente razionale verso quei dottori che per primi avevano lottato per salvare la vita del presidente e del governatore, coloro che fin da subito dopo l'attentato avuto il corpo del presidente sotto gli occhi, ma fu trasferito nel Centro Nazionale Medico Navale a Bethesda nel Maryland. Perché questa scelta di trasferimento illegale? Perché nessun rispetto per quei dottori? Perché evitare che l'autopsia venisse eseguita al Parkland Hospital? Cosa si doveva nascondere? Cosa non mostrare, evidenziare, raccontare? Stando alla legge del Texas il corpo non avrebbe mai dovuto essere tolto dalla città in cui era stato compiuto il delitto. Gli stessi dottori del Parkland Hospital, negli immediati minuti iniziali in cui avevano lottato per salvare la vita al presidente, avevano riferito poi che la ferita sul collo di Kennedy era una ferita con entrata anteriore, una ferita d'ingresso. E questo non era accettabile con la versione già scritta dai cospiratori per cui vi era solo Oswald alla finestra a sparare alle spalle del presidente. Il Rapporto Warren non sembra comunque preoccuparsi di tali atti e violazioni sul trasferimento illegale del corpo. Per motivi mai spiegati poi, il referto dell'autopsia eseguita sul presidente Kennedy, non venne reso pubblico se non dopo la comparsa del Rapporto Warren, ovvero più di dieci mesi dopo l'assassinio del presidente. Perché così tanto tempo?

231. Il dottore Charles J. Carrico, il primo medico che visitò Kennedy, descrisse la ferita del collo come "anteriore" e rilevò che era evidente l'ingresso frontale a Kennedy del proiettile. Fu proprio tale ferita ad esser allargata dai medici (tracheotomia) per tentare di salvare la vita al presidente. Della dichiarazione di Carrico non si fece pubblicità e venne dimenticata.

232. Il dottore Robert N.McClelland nel suo referto dichiarò che la morte del presidente Kennedy fu generata da un estesa ferita al capo proveniente da un colpo d'arma da fuoco che aveva raggiunto la tempia sinistra. Come era possibile dalla finestra del magazzino dei libri cogliere la tempia sinistra del presidente se dobbiamo far fede al video di Zapruder? Non vi è angolazione fisica possibile perché ciò sia accaduto. È invece molto facile capire come sia stato colpito alla tempia sinistra se valutiamo il tiratore posto dietro la staccionata sulla collinetta erbosa. La Commissione Warren non chiese altro al dottor R. N. McClelland, che confermò nuovamente tale valutazione medica.

233. Il dottor Shires, colui che si era occupato delle cure post-operatore del governatore Connally, dichiarò che erano stati realizzati dei falsi gravissimi in merito ad analisi mediche fatte sui due feriti, Kennedy e il governatore, da parte di due uomini del servizio segreto. I due uomini avevano preso i referti medici e riportati qualche tempo dopo con grafici studiati e disegnati da loro affinché, in sostanza, la valutazione del Governo su come fossero andate le cose coincidesse con l'analisi medica dei dottori del Parkland Hospital. La Commissione non lo convocò stranamente insieme a Connally e non diede seguito alle sue dichiarazioni indagando sui due misteriosi uomini del servizio segreto e su ciò che il dottore asseriva avessero fatto.

234. Riguardo l'autopsia fatta a Lee Harvey Oswald, non

mancano annotazioni minuziose e valutazioni precisissime. Ma così non fu per l'autopsia del presidente Kennedy. L'autopsia di quest'ultimo fu oggetto di dichiarazioni, smentite, pressioni dei servizi segreti, fino al trasferimento illegale e irrispettoso in un ospedale del Maryland per un'autopsia che venne gestita dagli alti vertici militari e non fu pubblica se non dopo dieci mesi la morte del presidente Kennedy. Non è forse una follia? Sempre riguardo le autopsie che dire della mancata presenza dell'autopsia dell'agente Tippit da parte della Commissione Warren? Inoltre nel Rapporto manca addirittura il certificato di morte, cioè il certificato ufficiale che attesti la morte dell'agente!

235. Perché il tiratore posto al quinto piano, considerato Oswald, avrebbe dovuto sparare a Kennedy nel momento più difficile, ovvero mentre si trovava in allontanamento, mentre per tutto il tempo precedente era considerabile come un bersaglio decisamente più facile, cioè mentre era in avvicinamento ed in posizione pressoché frontale?

236. Perché le fotografie, radiografie e le spettografie del cadavere di Kennedy non si trovano nei ventisei volumi dell'appendice al rapporto Warren e neanche agli atti della Commissione? Perché alcuni documenti furono rimossi dall'ospedale Bethesda e perché altri furono irrimediabilmente distrutti con il fuoco e certificati nella loro scomparsa, visto che essa stessa rivelava una gravissima violazione procedurale ed un'assoluta anomalia nella storia della medicina legale ed illogicità palese?

237. L'agente dell'FBI Robert M. Barrett accorso sul luogo del delitto Tippit si vide consegnare dal capitano Ralph Westbrook un portafoglio di pelle. Tale portafoglio lo aveva trovato accanto al cadavere del poliziotto. Dentro vi erano due carte d'identità, una di Lee Harvey Oswald e una di Alek Hidell, il falso nome dell'acquirente del fucile Carcano..la prova che serviva per incastrare Oswald! Quante probabilità c'erano che il killer lasciasse cadere il suo portafoglio sul luogo di uno dei suoi delitti affinché potesse essere legato a due omicidi contemporaneamente ed in modo inequivacabile? Nessuna sorpresa comunque, il caso Kennedy fu risolto dal Governo in 75 minuti circa, un vero record! Come se fosse stato tutto organizzato come un film.

238. La polizia di Dallas in brevissimo tempo chiuse il caso della morte del presidente Kennedy dichiarando colpevole Lee Harvey Oswald, morto sotto la loro tutela e custodia, senza che vi fosse stato neanche un processo.

239. Cinque giorni prima della morte di Kennedy a Dallas, l'FBI di New Orleans ricevette un telex dove si metteva in allerta la polizia di Dallas per un possibile attentato alla vita del presidente durante la visita nella città. L'FBI di New Orleans non inviò il telex né alla polizia di Dallas, né al servizio segreto nazionale né personale del presidente Kennedy. Tale telex risultò poi scomparso dallo schedario dell'ufficio FBI di New Orleans alla morte di Kennedy.

240. Il giorno in cui Oswald fu arrestato la polizia gli fece il test del nitrato il quale dimostrò che non aveva sparato con un fucile nelle precedenti ventiquattro ore. Questo dato fu tenuto segreto sia dal governo federale che dalla polizia di Dallas e dai servizi segreti. Già solo questo test avrebbe dimostrato a tutti come Oswald era innocente ed i colpevoli erano ancora là fuori, liberi e sconosciuti.

241. Per oltre dieci anni il filmato di Abraham Zapruder venne nascosto al pubblico, rimase chiuso in una cassaforte della redazione del settimanale Life, perché? Una testimonianza così importante, un filmato di cronaca così potente, perché non fu mostrato? Forse perché era un'immagine così evidente che la versione data dal Rapporto Warren non era possibile? Occorrevano opportune manipolazioni al filmato prima di mandarlo in onda? Nessuno ha mai risposto concretamente a questo fatto.

242. Un'ora prima che il corteo di Kennedy giungesse a Dealey Plaza, Jack Ruby fu visto vicino alla collinetta erbosa mentre scaricava un individuo con una carabina tenuta dentro una custodia. La testimone Julia Ann Mercer confermò più volte questo fatto, ma l'FBI tramite pressioni e ritrattazioni riuscì ad alterare la sua valutazione per concludere che non era affidabile nel poter identificare con chiarezza Ruby.

243. Il cervello di Kennedy, dopo l'autopsia eseguita all'ospedale militare, sparì. Il cervello era stato immerso nella formalina per indurirlo e mantenerlo studiabile, ma poi? Dissolto, non ve ne era stata più traccia. Avrebbe naturalmente potuto dimostrare da quali direzioni erano giunti i colpi fatali.

244. Il medico James J. Humes, colui che era stato incaricato di fare l'autopsia a Kennedy presso il Bethesda Naval Hospital confessò serenamente d'aver bruciato nel camino di casa sua la prima bozza della relazione in merito all'autopsia. Tutto normale? Il governo inoltre ha sempre negato la possibilità di accedere foto, esami ai raggi x o altri dati sensibili in relazione allo stato medico di Kennedy al momento della morte, perché? Gli stessi disegni e documenti fatti dai medici del Parkland Hospital che vennero in parte pubblicamente offerti al pubblico, furono palesemente modificati e riscritti. Quando Garrison portò in tribunale anche tale questione, coinvolse il tenente colonnello Dottor Finck. Quest'ultimo era l'autore dell'autopsia che aveva concluso che la ferita su Kennedy al collo aveva la sua origine dalle spalle, era un ingresso posteriore. Quindi il tiratore era alle sue spalle e la sceneggiatura Oswald era assolutamente coerente..Quando in tribunale il procuratore lo mise alle strette interrogandolo, Finck disse che durante l'autopsia era arrivato un generale dell'esercito e aveva detto che ogni valutazione sarebbe stata presa con la sua responsabilità di dare assenso o dissenso ad i risultati ottenuti; a quel punto gli fu chiesto da Garrison chi fosse questo generale che aveva preteso di decidere cosa dire o non dire in merito all'autopsia, ma Finck rispose che non poteva rispondere perché semplicemente non si ricordava il suo nome. Una situazione semplicemente assurda. Caso strano ma il dottor Finck fu lo stesso scelto dalla difesa per l'autopsia del giovane Robert Kennedy quando il 4 giugno 1968 fu ucciso.

245. Il procuratore Jim Garrison che decise di indagare in modo più profondo e corretto riguardo l'attentato e la morte di Kennedy, fu accusato e offeso dalla stampa che lo definì come un ciarlatano, un politicante alla ricerca di pubblicità, un comunista. L'uomo ottenne importanti e nuovi dati sulla vicenda, portò alla luce nuovi fatti, attaccò duramente la superficialità e l'assenza di giudizio da parte della maggior parte degli esponenti delle forze di polizia e dei servizi segreti, scrisse infine un libro da titolo "JFK, Sulle tracce degli assassini" che riscosse un successo immenso.

246. Quarantotto ore prima dell'assassinio di Kennedy,

David Ferrie, avventuriero dai molti lati oscuri e collegamenti con i servizi segreti e pilota militare esperto, si precipitò da New Orleans a Dallas, in Texas. Perché un viaggio simile? A chi doveva dare supporto? Qual era il suo ruolo? E perché dopo poco che venne interrogato dal procuratore Jim Garrison fu trovato morto?

247. Il deputato Charles Goodell propose di creare un comitato congiunto delle due camere al fine di dar vita ad un'approfondita indagine sulla fine di Kennedy. Propose un comitato di sette deputati e altrettanti senatori. Due giorni prima che la cosa fosse discussa, il presidente Johnson disse che aveva già costituito una commissione d'inchiesta e già scelto sette membri. Per evitare critiche sull'estraneità dei membri scelti in relazione al Congresso, aggiunse anche due rappresentanti per ciascuna camera. Ma da chi era composta la Commissione Warren? Da individui distanti dai vertici militari e dalle logiche di potere che avevano contribuito e partecipato a schiacciare Kennedy? Decisamente no. Allen Dulles, era stato direttore della CIA per nove anni, Gerald Ford era considerato il miglior amico della CIA da sempre al Congresso, il senatore Richard Russell era a capo di un comitato al senato per le Forze Armate e di un sottocomitato per i Servizi d'Informazione (servizi segreti impegnati nella gestione propagandistica e valutativa dei media), John J. McCloy era stato vicesegretario alla Difesa e alto commissario della Germania occupata..

248. La signora Jean Hill, presente a Dealey Plaza, riuscì incredibilmente a raggiungere la collinetta erbosa, sfuggire al controllo di misteriosi agenti segreti (mai identificati e su cui il Governo negò alcun collegamento) accorsi per non far scoprire lo sparatore (o gli sparatori) appostato dietro la staccionata ed in fuga, e correre nel parcheggio. Qui testimoniò che vide allontanarsi di gran corsa un uomo verso i binari in direzione ovest. Non si scoprì mai l'identità dell'uomo, ma neanche si diede peso in fase investigativa alla sua incredibile testimonianza dopo aver registrato la sua esperienza. La donna confesso che mentre stava gridando a Kennedy di fermarsi per farsi una foto con lei, il presidente fu raggiunto dai colpi di arma da fuoco. La donna testimoniò di averne sentiti da quattro a sei, i primi tre in rapida successione, poi una breve pausa e ancora gli altri. Quando corse verso la direzione degli spari, verso la collinetta erbosa, fu una delle prime a "conquistare" la zona, vide l'uomo in fuga ma secondo la sua testimonianza non portava con sé un'arma. Gli fu chiesto a chi potesse assomigliare quell'uomo, a quel punto la donna disse: "A Jack Ruby, sia per aspetto che per altezza..". Sentii molte persone gridare che l'uomo che aveva sparato dalla collinetta era scappato.

249. Sui volantini distribuiti da Lee Harvey Oswald, raccolti negli allegati del Rapporto della Commissione Warren, vi era un indirizzo, il numero 544 di Camp Street. Questo indirizzo apparve una sola volta sui volantini di Oswald, non apparve più nei successivi distribuiti. Ebbene tale indirizzo corrispondeva all'ufficio di un detective privato di nome Guy Banister. Chi era quest'uomo? Un agente dell'FBI coinvolto in operazioni anticomuniste e infiltrazioni dei servizi nelle organizzazioni associative, nei campus e via dicendo. Sicuramente non fu felice che il suo indirizzo era apparso nei volantini pro-castro di Oswald, la cosa infatti non accadde più. Dall'altra parte della strada del palazzo dove si trovava l'ufficio di Banister si trovava un altro palazzo che ospitava la sede di cosa? La sede del New Orleans Secret Service, in altre parole di CIA e FBI congiunte. Tutte casualità? Non finiscono qui. Oswald secondo la versione ufficiale data dal Governo, aveva lavorato come meccanico al Crescent City

Garage della città di New Orleans. Secondo le affermazioni del meccanico Adrian Alba, più che lavorare parlava molto Oswald. Era interessato a riviste di armi, la cosa tuttavia non doveva sorprendere visto che quel parcheggio era il parcheggio ufficiale del quartier generale dell'FBI in città, questo anche se gli uffici del servizio segreto si erano spostati. Era comunque il parcheggio-garage più vicino all'Ufficio del Servizio Segreto Navale e del Servizio Segreto (CIA e FBI). Ora sorge una domanda spontanea, ma Lee Harvey Oswald per essere un uomo che si preparava a sparare al presidente Kennedy, non frequentava un po' troppo da vicino gli ambienti dei servizi segreti degli Stati Uniti d'America?

250. Appena Oswald arrivò nella città di Dallas, l'FBI trasferì nella stessa città anche l'agente speciale Quigley. Era ovvio che si conoscessero bene, eppure il Rapporto Warren non ammise mai nessun tipo di contatto di Oswald con l'intelligence.

251. Il meccanico Alba, lavoratore di un garage dove aveva lavorato anche Oswald e sempre da lui frequentato anche per chiacchere a quanto raccontato, riferì che aveva visto spesso Oswald mangiare al ristorante Mancuso. Fu accertato poi successivamente che anche il pilota militare e mercenario (o avventuriero, come meglio si voglia definire) David Ferrie e l'ex agente FBI Guy Banister erano clienti abituali di tale ristorante.

252. L'investigatore Guy Banister, ex agente dell'FBI, in verità non aveva mai smesso di lavorare per il Governo e l'Intelligence. Quando il procuratore Jim Garrison cercò di indagare sul destino delle carte e dei documenti dell'investigatore gli fu detto che il Governo Federale quando Banister nel 1963 morì, entro un'ora avevano portato via i mobili dell'ufficio e tutto quanto vi era dentro. Il procuratore dopo varie peripezie riuscì soltanto a recuperare pochi fogli con un indice di argomenti che Banister gestiva. L'elenco era assolutamente chiaro nel dimostrare che non era un investigatore comune, ma piuttosto un uomo dei Servizi. Tra i temi elencati che riguardavano il suo lavoro vi era: la CIA, Munizioni e Armi, Movimenti antisovietici clandestini, Programma diritti civili di J.F.K., Bombardieri, Fair Play for Cuba Committee, Italia Basi USA smantellate in Assemblea Generale ONU,ecc.. Banister era l'ennesima vittima morta per un improvviso attacco cardiaco.

253. I documenti citati nel rapporto della Commissione Warren dal titolo "Accesso di Oswald alle informazioni riguardanti l'U2" e "Dossier ufficiale della CIA su Oswald" sono tuttora inaccessibili al pubblico, alla stampa, ai politici del Congresso, alle forze di polizia e alla maggior parte dei facenti parte del Servizio Segreto. Cosa contengano non è dato sapere..forse smentiscono tante menzogne raccontate finora su Oswald e riguardo i suoi rapporti, compiti e azioni per il Governo degli Stati Uniti?

254. James A.Wilcott un ex funzionario del settore finanziario della CIA dichiarò che Lee Harvey Oswald era stato assoldato dall'esercito per conto della CIA con l'intenzione di farne un agente doppiogiochista in URSS. Perché la Commissione Warren non indagò ulteriormente questa strada e non considerò importante una simile dichiarazione espressa da un esponente di alto profilo della CIA? Wilcott aveva testimoniato sotto giuramento inoltre che era l'incaricato della gestione dei fondi economici relativi al progetto a cui Oswald era stato assegnato. Lo stesso agente Wilcott citò vari altri colleghi e agenti testimoni di ciò, ma naturalmente ogni persona citata negò qualsiasi coinvolgimento o conferma nelle sue affermazioni.

255. Ci sono decine di dossier riguardanti Lee Harvey Oswald protetti dal più alto livello governativo di segretezza-riservatezza, scoperti da uno dei vice del procuratore Jim Garrison, perché? In fondo secondo la versione ufficiale del Rapporto Warren, Lee Harvey Oswald non è mai stato un agente del Servizio Segreto, né mai ha ricevuto incarichi dal Governo oppure è stato in contatto con esponenti dell'Intelligence, ma piuttosto non è stato altro che uno strampalato simpatizzante comunista dalla vita alquanto frustrante e complicata..ma allora, perché così tanti documenti classificati con il massimo grado di riservatezza, ovvero TOP SECRET da parte del Governo?

256. Quando Oswald tornò dalla Russia fu accolto al molo di New York da Spas T.Raikin. Chi era quest'uomo? Il segretario generale dell'associazione "Amici Americani delle Nazioni Antibolsceviche", ovvero un'associazione privata anticomunista con molteplici rapporti con i servizi segreti..strano no? Ancora realtà vicine ai servizi segreti e realtà anti-comuniste che ruotano intorno ad Oswald..eppure la giustificazione o il comportamento del Governo è sempre il solito, nascondere il fatto o minimizzarlo, dicendo che è complottismo o che non vi è alcun interesse in tale coincidenza e legame..

257. Il barone George de Mohrenschildt era un importante membro del Dallas Petroleum Club, e quando Oswald e Marina si trovavano a Fort Worth, fu invitato per una serata nel modesto appartamento di Lee. Passarono la serata insieme, con la compagnia delle rispettive mogli, parlando del più e del meno. Il giorno successivo Oswald fece i bagagli e si trasferì vicino Dallas, città dove trovò rapidamente lavoro. Era ovvio che i due avessero dei comuni interessi o legami che non vennero rivelati ad altri (mogli, amici, vicini di casa, ecc..), interessante è soprattutto analizzare il fatto che il barone era una figura di alto profilo non solo dal lato economico ma anche di potere, mentre Lee era un disoccupato, apparentemente senza un futuro, con un tenore di vita modestissimo. A Dallas fu proprio il barone l'individuo più frequentato da Lee. Il padre del barone, un certo Sergius de Mohrenschildt, era statom un importante governatore sotto lo Zar, finché con la famiglia era scappato dal regime comunista dopo la rivoluzione. Durante la seconda guerra mondiale aveva lavorato per i servizi segreti francesi. George, seguendo le orme paterne, anch'egli aveva poi stretto importanti legami con i servizi segreti (la CIA in primis), soprattutto quando era diventato membro e consulente dell'esclusivo Dallas Petroleum Club di Dallas e forniva appoggio economico e logistico per risorse e propaganda al fine di una possibile invasione di Cuba e politica anti-comunista. E Lee Harvey Oswald era intimo amico di George...ma Lee non era un feroce marxista comunista secondo la versione governativa del famigerato rapporto Warren? Come si spiegano questi legami?

258. Oswald trovò lavoro vicino a Dallas nella Jagger-Stavall-Chiles. L'azienda aveva un contratto con il Pentagono per realizzare delle carte geografiche dettagliate per usi militari. Decisamente strano che un uomo che era andato a vivere nel paese nemico degli Stati Uniti d'America, in piena Guerra Fredda, l'URSS, che era ritornato con una moglie russa, che aveva tentato di rinunciare alla sua cittadinanza americana in più occasioni, che si "vestiva" da comunista e da anticomunista (cosa che avrebbe dovuto insospettire il Governo circa la sua dualità..), trovasse lavoro in azienda legata al Pentagono per svolgere una mansione così segreta e delicata..Tale lavoro richiedeva un livello di segretezza estremamente alto per poter essere svolto (come sottolineò in merito più volte il giornalista Henry Hurt) quindi Lee Harvey Oswald aveva il potere di accedere ad un tale livello di segretezza e svolgere determinati lavori per il Governo delicatissimi e coperti dalla massima riservatezza.

259. Secondo le indagini portate avanti dal procuratore Jim Garrison, un sosia di Lee Harvey Oswald fu utilizzato per creare un capro espiatorio perfetto successivamente con il vero Lee. Occorreva che qualcuno impersonasse Oswald e facesse determinate cose, da sostenere un colloquio di lavoro a presentarsi in un'ambasciata comportandosi in modo sospetto e strano (in modo da essere ricordato) e via dicendo..e così accadde. I dati, le testimonianze e i documenti riportati nel lavoro del procuratore non lasciano dubbi sulla veridicità delle sue affermazioni. Chi era quel sosia? Dov'è finito? Chi gli aveva dato l'ordine di presentarsi come Oswald? E perché? Silvia Duran, una donna messicana che lavorava presso l'ambasciata cubana, rilasciò a tal proposito dichiarazioni particolari. Disse di aver visto un uomo che assomigliava molto ad Oswald, ma non era lui. Ne era certa. Oltre a presentarsi come Lee Harvey Oswald, non era comunque lui quello stesso volto ormai su ogni rivista al mondo indicato come l'assassino folle di Kennedy. Non era lo stesso uomo per al Duran. La CIA ordinò l'incarcerazione della donna, cosa che accadde incredibilmente. Venne rilasciata una volta che cambiò la sua versione e dichiarò che si era confusa e l'uomo che aveva visto era proprio Lee Harvey Oswald. Peccato che nel 1978, molti anni dopo, rivelò ad un giornalista che l'uomo che vide lei era biondo ed era molto più alto di Oswald..

260. Di fronte a decine di casi in cui agenti del Servizio Segreto si erano dimostrati confusionari, reticenti o indifferenti alle domande di investigatori, giornalisti e giudici, il direttore della CIA Allen Dulles ammise che gli agenti dei Servizi Segreti avrebbero mentito piuttosto che dire determinate verità in cui erano coinvolti, avrebbero mentito – specificò in modo lapidario – anche sotto giuramento. A confermare tale serietà in questa volontà menzognera, occorre ricordare come nel 1977 lo stesso Richard Helms, ex direttore della CIA fu giudicato colpevole per non aver risposto in modo esauriente e onesto mentre era sotto giuramento di fronte al comitato senatoriale. Lo stesso Helms che fu nominato direttore della CIA da Lyndon B. Johnson subito dopo la morte di Kennedy.

261. Quando Oswald fu coinvolto in una rissa con Carlos Bringuier durante la sua distribuzione di volantini (vedi punto 223), fu difeso da una sorta di guardia del corpo con una vistosa cicatrice sul viso. Solitamente ogni agente dei servizi segreti operativi, ha sempre una sorta di "gorilla" che lo difende o compre le sue spalle all'occorrenza, come poi accadde in questa occasione. Quando arrivò però la polizia, il "gorilla" però era sparito. Fu visto di nuovo insieme ad Oswald tuttavia in altre occasioni, purtroppo però la sua identità rimane tuttora sconosciuta e non furono fatte ulteriori indagini per scoprire chi fosse. Quante cose avrebbe potuto dire su Oswald questo individuo? Perché non si indagò sulla sua identità e rapporto con Lee?

262. George de Mohrenschildt fecero conoscere a Lee ed a sua moglie Marina, la signora Ruth Paine e suo marito Michael Paine. Quest'ultimo era un ingegnere progettista che svolgeva un lavoro con un livello di segretezza altissimo, perché lavorava per un'azienda che si occupava di costruzione di elicotteri, la Bell Helicopter, su mandato diretto del Dipartimento della Difesa americana. Il padre di Ruth Paine aveva lavorato per un'agenzia fittizia, copertura per un distaccamento della CIA. Suo cognato lavorava sempre per quest'ultima agenzia. Mentre la moglie di Oswald andò a vivere momentaneamente a Irving a casa della signora Paine, lui affittò diverse modeste stanze a Dallas. Perché? Che significato aveva? Chi gli aveva suggerito un simile comportamento? I documenti burocratici sulla tassazione sui redditi dei coniugi Paine sono stati segretati, classificati come segreti per la sicurezza nazionale. Perché? Neanche i Rockefeller o i Morgan hanno un tale livello di sicurezza per la loro tassazione, ma i Paine sì. Cosa dimostrava l'esposizione di tali documenti? Chi pagava i Paine? Ruth Paine fu la donna che aiutò Lee Harvey Oswald a trovare lavoro presso il Magazzino dei libri..

263. Il marine Kerry Thornley si era allontanato da Dallas, lasciando la città, subito dopo l'assassinio di Kennedy. Il procuratore Jim Garrison lo aveva rintracciato ed aveva notato subito che faceva parte della rete di Guy Banister (quindi era legato ai Servizi Segreti) e che stava scrivendo un romanzo ispirato alla figura di Lee Harvey Oswald, peccato però che avesse finito di scrivere quel suo romanzo nel febbraio del 1963, esattamente nove mesi prima dell'assassinio del Presidente. Ma, un ultimo elemento interessante di Thornley era il seguente, assomigliava in modo incredibile a Oswald. Sia per la sua altezza, che per la corporatura, i capelli e i tratti somatici generali. Il procuratore Garrison rifletté sulla possibilità che Kerry Thornley, uguale a Oswald per altezza, peso, corporatura, ecc..fosse andato in uno degli appartamenti di Oswald, di fronte al garage, durante la sua assenza, e si fosse fatto scattare quelle foto compromettenti con il fucile e la copia del quotidiano comunista The Daily Worker e una con una carabina e un altro giornale di estrema sinistra The Militant. Poi il viso era da ritoccare e il gioco era fatto. Perché ormai è stato confermato e comprovato in ogni modo che quelle foto vennero ritoccate, non vi sono né le proporzioni rispettate tra la testa e il corpo, né le ombre esatte in corrispondenza della luce..e in tutte e due le foto Oswald ha la stessa identica espressione! E come non ricordare poi dove furono trovate queste foto compromettenti? Nel garage di Ruth Paine a Irving.

264. John Rosselli era uno degli esponenti della malavita mafiosa di Dallas tramite cui la CIA aveva stabilito collaborazioni per potenziali invasioni e supporto logistico contro Cuba. Rosselli tuttavia quando scoppiò il caso Kennedy non tacque, anzi. Apparve di fronte al comitato senatoriale che indagava sui casi di omicidio attribuiti alla CIA riguardanti i testimoni scomodi che erano stati uccisi durante le indagini sulla vicenda della morte di John Fitzgerald Kennedy e disse che aveva informazioni dettagliate e chiare sul progetto di omicidio che avrebbe colpito anche lui, essendo un testimone scomodo e a conoscenza di troppe informazioni. Non passò molto tempo e John Rosselli fu ritrovato strangolato e fatto a pezzi in mezzo alla Dumfounding Bay, chiuso in un bidone galleggiante, al largo delle coste della Florida. L'omicidio venne attribuito alla criminalità organizzata, non venne mai trovato un colpevole. Il caso fu chiuso. Un altro mafioso che aveva fornito collaborazione e supporto alla CIA per la questione cubana era Sam Giancana, egli dopo che venne ascoltato davanti al comitato senatoriale sulla morte del Presidente Kennedy probabilmente si rivelò un testimone scomodo o tradì qualcuno con le sue dichiarazioni (i documenti in merito sono segretati) e così fu ucciso poco dopo. Fu ammazzato e anche questo crimine fu considerato opera dell'opera malavitosa del mondo a cui apparteneva. I responsabili non furono mai identificati, il caso fu chiuso senza colpevoli precisi. I legami con la politica e i servizi segreti tuttavia, palesi, rimasero non sufficientemente indagati e forse la CIA fu la diretta responsabile ed esecutrice della sua dipartita..

265. Arnold Rowland, un giovane studente, e sua moglie Barbara si trovavano su Houston Street, esattamente a fianco della Dealey Plaza. L'uomo diede uno sguardo al deposito dei libri e vide affacciato un uomo dalla pelle scura, un individuo che descrisse come anziano, accucciato di fronte alla finestra. Poi scorse anche un uomo, questa volta di pelle bianca, con in mano un fucile. Chi erano quei due uomini? Perché non vennero mai identificati? Solo questa testimonianza farebbe crollare l'intera sceneggiatura di Lee Harvey Oswald "tiratore solitario". Barbara Rowland prima di dare ascolto al marito che gli indicava quei due uomini alla finestra, il marito pensava fossero del Servizio Segreto e voleva indicargli quegli individui per dimostrarle l'importante dispiegamento di forze organizzato dal Governo, era stata distratta da un uomo che dalla parte opposta, nella piazza, era stato colto da una crisi epilettica. Decine di persone guardarono infatti l'uomo contorcersi e dimenarsi, finché non giunse un'ambulanza e lo portò via, di lui non si seppe più nulla. Era forse un diversivo di qualche tipo quell'uomo epilettico? L'ambulanza che portò via l'uomo poi non fu più disponibile sul luogo casomai il presidente Kennedy avesse avuto bisogno di un soccorso immediato. L'ambulanza precedeva sempre il corteo presidenziale. Era inoltre, come vogliamo ricordare, un modo per distogliere l'attenzione da un'altra zona o da altre zone? Lo stesso agente di polizia Joe Smith lasciò la sua postazione all'angolo del magazzino dei libri per raggiungere l'epilettico. In ogni caso Barbara anch'egli vide i due uomini osservati dal marito e confermò la sua testimonianza. Quando Arnold testimoniò ciò che aveva visto con il Servizio Segreto, gli agenti dell'FBI gli dissero che non aveva nessuna attinenza con il caso in questione e di dimenticarsi tutto ciò. Rowland fu interrogato da agenti dell'FBI ma nessun rapporto dell'FBI con la testimonianza di Rowland fu presentato alla Commissione Warren.

266. Toney Henderson era presente durante il passaggio del corteo presidenziale a Dallas. Si trovava ad est di Elm Street, all'angolo con Houston Strett. Osservò varie persone affacciate alle finestre del magazzino dei libri, ma fu incuriosito da due in particolare, perché stavano un po' più ritratte, come nascoste. Uno di loro era un uomo con i capelli scuri e una camicia bianca, la pelle scura. Dichiarò questo alla polizia, ma dal verbale di quest'ultima non venne indicato il piano in cui il testimone li vide. Inoltre tale verbale non fu ritenuto interessante o degno di ulteriori approfondimenti e indagini né dal servizio segreto né dalla Commissione Warren.

267. Robert Craig, vicesceriffo decorato nel 1960 per il suo lavoro, era presente a Dealey Plaza. Testimoniò che aveva visto la polizia di Dallas interrogare un latino americano sospetto che si mostrava reticente in merito alle domande degli agenti di polizia. Poco dopo vide lo stesso uomo alla guida di un'auto station wagon e immediatamente dopo un uomo, identificato come Lee Harvey Oswald, uscì dal magazzino dei libri e salì sull'auto che partì a gran velocità. Tutta questa sequenza non durò che qualche minuto ma risulta estremamente preziosa. Craig descrisse l'uomo latino americano come un uomo dalla pelle scura. Non fu più possibile identificare l'uomo né risalire a quell'auto..

268. Sempre l'agente Craig fu testimone, scomodo per la versione ufficiale del Governo e della Commissione Warren, del ritrovamento del fucile nel magazzino dei libri. Sia Seymour Weitzman, un funzionario del gruppo di indagine della polizia di Dallas che il vicesceriffo decorato Robert Craig, rinvennero il fucile nel magazzino e lo identificarono immediatamente come un'arma tedesca d'alta precisione, con un evidente scritta sul fianco del corpo centrale, impressa direttamente sul metallo: Mauser. Lo stesso vicesceriffo Eugene Boone dichiarò, anche in forma scritta, che il fucile rinvenuto era un Mauser. A mezzanotte circa del 22 novembre Henry Wade, giudice istruttore di Dallas, dichiarò ai media che l'arma era un Mauser. Quando il fucile arrivò nelle mani del capitano Fritz, tutto cambiò. Sparì il fucile di prima categoria Mauser e si parlò solo di un Mannlicher-Carcano, un modesto ed economico fucile di fabbricazione italiana. E quest'ultimo fucile divenne l'unica arma, secondo la Commissione Warren, rinvenuta nel magazzino dei libri e la sola responsabile per la morte del presidente Kennedy.

269. Oswald era stato visto in sala mensa, al secondo piano, solo meno di due minuti dopo la sparatoria. Era calmo e sereno, stava bevendosi una Coca-Cola. Eppure secondo la favola della Commissione Warren aveva appena causato otto ferite a due uomini in meno di sei secondi, poi aveva nascosto il fucile sotto casse di libri, sceso alla velocità della luce quattro piani di scale e tutto questo in meno di due minuti. Senza riprendere fiato, mostrandosi tranquillo e rilassato. Senza lasciare impronte sul fucile e risultando negativo al test del nitrato. Come era possibile tutto ciò? Perché la Commissione Warren non lavorò su questi elementi per dichiarare innocente Oswald e cercare altri responsabili? Ricercatori indipendenti come Weisberg o Garrison che sottolinearono questi dati furono contrastati, attaccati tramite i Media e osteggiati in ogni modo dal Governo. Perché?

270. All'ultimo momento il percorso del corteo presidenziale di John Fitzgerald Kennedy, di sua moglie Jacqueline, del Procuratore Connally e di sua moglie, fu cambiato. Perché? Nel nuovo percorso, svoltando a sinistra accanto al magazzino dei libri di centoventi gradi, l'auto ridusse la velocità in modo incredibile, proseguendo la marcia a meno di venti chilometri all'ora. Una follia nel caso di un attacco.. cosa che poi accadde con successo. A cambiare il percorso, che nella pianificazione originale proseguiva a diritto, non passando per Dealey Plaza a bassa velocità dopo una curva stretta, chi fu? La responsabilità amministrativa era del sindaco di Dallas, Earl Cabell. Era stato lui a decidere tale variazione. Il perché? Non è mai stato chiesto dalla Commissione Warren ne spiegato dal diretto interessato. Tuttavia indagando cosa si viene a sapere? Chi era il fratello di Earl? Si chiamava Charles Cabell, generale e vicedirettore della CIA. Charles Cabell era stato letteralmente licenziato dal Presidente J.F.Kennedy dalla sua posizione di numero due della CIA. Perché? Era stato il responsabile della disastrosa e fallimentare invasione della Baia dei Porci. Il Presidente Kennedy chiese e ottenne le dimissioni di Cabell. Nell'ambiente militare e dell'intelligence fu palese a tutti che da quel momento, Charles Cabell non poté più vedere né sopportare in alcun modo Kennedy. Nonostante la sua posizione al vertice del potere militare e d'Intelligence, nonostante il suo astio verso Kennedy, una volta morto quest'ultimo in modo tragico, nella città amministrata dal fratello Earl, lo stesso che aveva cambiato il percorso in modo autonomo dalle volontà del servizio di sicurezza del presidente appena il giorno prima...non venne mai indagato o interrogato dalla Commissione Warren.

271. Allen Dulles, direttore della CIA, licenziato dal presidente Kennedy per la gestione prevaricatrice nel processo democratico tramite propaganda e intimidazione, per l'ingerenza e sostegno a colpi di stato esteri (*e per molti altri lati oscuri gestiti dallo stesso Dulles e mai del tutto chiariti*) incredibilmente divenne uno dei membri della Commissione Warren, cioè quella che si occupò direttamente di indagare sulla morte del Presidente. Non sorprende forse sapere che durante i suoi nove anni come direttore della CIA, Dulles ebbe come vice capo un certo Generale di nome Charles Cabell, fratello del sindaco di Dallas, Earl.

272. La morte di Kennedy fu vista anche dagli occupanti della prigione in Houston Street. Alcuni detenuti, affacciati alle finestre per vedere il corteo, riferirono a parenti e amici (la cosa poi si venne a sapere anche fuori dalla prigione quindi) riportarono che scorsero due uomini che imbracciavano un fucile al sesto piano del magazzino dei libri e che facevano fuoco. Uno di loro fu identificato come un uomo di carnagione scura. A lasciare questa testimonianza fu il detenuto John Powell che non volle tuttavia testimoniare mai in merito a ciò che vide per paura di ritorsioni, la sua famiglia tuttavia ne parlò con i media e si venne a sapere. Anche in questo caso la polizia di Dallas e la stessa Commissione non fu interessata ad indagare ulteriormente.

273. La polizia di Dallas annunciò ai media che era stata trovata un'impronta del palmo di Oswald sul fucile. Alla Commissione Warren fu fornita una documentazione scritta ma non basata su prove scientifiche di ciò, quindi? Dov'erano le prove di tale impronta? Perché era stata annunciata una notizia senza fondamento ai media? Forse per creare in modo propagandistico ed emozionale l'idea che prove certe confermavano la colpevolezza della vittima Oswald? Nel 1984 qualcuno volle indagare ulteriormente su questa fantomatica prova del palmo della mano di Oswald sull'arma. L'agente Vincent Drain che aveva esaminato il fucile per conto dell'FBI dichiarò che non credeva ci fosse mai stata un'impronta del genere, cioè chiaro e colpevolizzante, sul fucile.

274. I vertici della rivista americana Life si convinsero assolutamente che l'assassinio di Kennedy era il risultato di un evidente complotto e supportarono in privato il lavoro indipendente del procuratore Jim Garrison.

275. Lee Harvey Oswald era stato visto in compagnia di David Ferrie e Clay Shaw, tutti uomini importanti e con legami evidenti con i servizi segreti, partecipanti a operazioni segrete nel paese ed all'estero. Tutti coloro che avevano avuto a che fare con Oswald, poco dopo la fine di Kennedy e la morte di Oswald, lasciarono l'azienda dove avevano condiviso con Lee il lavoro. Dante Marachini, collega di Oswald, lasciò la Reily Company e fu assunto alla divisione aereospaziale nazionale (NASA) a New Orleans. Alfred Claude, John Branyn, Emmett Barbee, altri colleghi e responsabili nel luogo di lavoro condiviso con Oswald, andarono tutti a lavorare alla NASA. Perché? Lavorando alla NASA, ad uno dei massimi livelli di segretezza, erano difficilmente raggiungibili da indagini, media o inchieste. Erano a tutti gli effetti facenti parte dell'Intelligence e quindi come intoccabili e non tenuti a riferire nulla sul loro lavoro e soprattutto sul loro passato.

276. L'ex agente (ma si può davvero mai essere ex in certi ambienti?) David Ferrie, compagno nei marine di Lee Harvey Oswald e suo amico, nei momenti di ubriachezza rivelò particolari incredibili ad un suo vecchio amico di nome Raymond Broshears. David Ferrie aveva rivelato al suo amico che il suo ruolo nella cospirazione che portò alla morte del Presidente Kennedy fu marginale. Disse solo che il suo ruolo era stato quello di tassista e tuttofare all'incirca, infatti si era diretto a Houston, in Texas, nel pomeriggio dell'assassinio e aveva aspettato l'arrivo di due assassini professionisti giunti da Dallas. Aveva inoltre eseguito altri compiti logicisti ma non aveva materialmente premuto alcun grilletto e non si trovava, secondo la sua versione, in Dealey Plaza quando scoppiò l'inferno. Quindi ci fu davvero una cospirazione contro il Presidente Kennedy! Naturalmente Ferrie, prima di essere ucciso (su la cosa si ebbero pochi dubbi..) perché era divenuto un testimone scomodo e non era più in grado di resistere alla pressione delle domande del procuratore e all'attenzione dei media, disse molte bugie nel tentativo di sviare le indagini e l'attenzione su di sé, ma confessò anche molte verità. Le bugie furono perlopiù tutte scoperte da Garrison, perciò Ferrie presto si arrese e smise di indossare una maschera...sicuramente il suo coinvolgimento con la morte di Kennedy fu più vasto e profondo che quello inizialmente descritto dove aveva avuto "solo" la funzione di tassista..era stato piuttosto uno dei protagonisti della cospirazione mortale contro Kennedy, anche se probabilmente non avrebbe mai saputo chi altri manovrava i suoi fili.

277. David Ferrie confessò a Edward Whalen, criminale di professione che aveva passato gran parte della vita come carcerato, che Lee Harvey Oswald era un agente della Central Intelligence Agency (CIA) e che era stato ucciso solo perché era impazzito e non aveva saputo recitare quella parte che gli era stata assegnata. Volle forse suggerire Ferrie che se Oswald avesse recitato la parte del fanatico tiratore poi la CIA lo avrebbe condannato all'ergastolo in una prigione di massima sicurezza per rasserenare l'opinione pubblica, ma in verità lontano dagli occhi di tutti, gli avrebbe forse dato una nuova identità e vita chissà dove?

278. David Ferrie e Clay Shaw, secondo le indagini portate avanti dal procuratore Jim Garrison, presero contatto con Edward Whalen, criminale di lunga data, per offrirgli l'opportunità di guadagnarsi diecimila dollari, supporto economico che l'avrebbe aiutato nel fuggire con più facilità dalla polizia che lo stava cercando. La vittima da uccidere chi era? Proprio il procuratore Jim Garrison. L'uomo rifiutò categoricamente, allora misero di mezzo la figlia di Whalen, malata di poliomelite. Avrebbero aiutato la giovane con le cure. Whalen si rifiutò ancora. Nella discussione apparve allora un uomo che si identificò come Dean Andrews e rivelò che il procuratore andava assolutamente eliminato perché stava iniziando un'indagine sull'assassinio del presidente Kennedy e questo non andava assolutamente bene. Inizialmente lo stesso Ferrie aveva tentato di sviare il procuratore con false piste, ma l'uomo era troppo sveglio e abile per cadere troppo a lungo in tali tranelli e adesso era diventato decisamente scomodo..

279. In tutto il mondo la consapevolezza popolare che la versione data dalla Commissione Warren e dalla maggior parte dei media era assolutamente distorta, parziale o totalmente falsa era tale che il lavoro investigativo indipendente del procuratore Jim Garrison fu accolto da grande entusiasmo e celebrato da decine di migliaia di lettere di supporto e sostegno da tutto il mondo. Ma non vi furono lettere solo di sostegno dallo spirito sano, anzi. Un certo John Miller, che si definiva un petroliere di Denver, si dichiarò disponibile a sostenere finanziariamente l'indagine di Garrison per far chiara luce sulla morte di Kennedy. Il procuratore volle incontrarlo. Nell'occasione l'uomo disse, senza tanti giri di parole, che avrebbe potuto fare in modo che diventasse giudice federale, glielo garantiva. A quel punto il procuratore chiese cosa avesse dovuto fare in cambio. L'uomo rispose che avrebbe dovuto cessare immediatamente la sua indagine sulla morte di Kennedy e presto, molto presto, molto più velocemente di quanto la legge di solito consente, sarebbe stato nominato giudice federale, avrebbe avuto il suo seggio e nuovi e più grandi poteri. Miller ammirava la sua indagine e il suo impegno, ma era giunta l'ora di fermarsi e non andare oltre. Inutile dire che il procuratore non proseguì la conversazione e fece accompagnare da un suo collaboratore, Miller all'uscita. Quest'ultimo rimase colpito e teso, ma si allontanò. Chi era veramente questo Miller? Per conto di chi parlava? Come poteva avere i poteri per fare diventare Garrison un giudice federale? Perché era interessato a far finire il lavoro e l'indagine sulla morte di Kennedy?

280. David Ferrie, l'aviatore collaboratore della CIA e uomo che prese parte per sua stessa ammissione alla cospirazione che portò alla morte di Kennedy, incalzato dal procuratore Garrison, durante un interrogatorio rivelò che la sua indagine non era così segreta come lui pensava. Alludeva a microfoni della CIA nascosti nell'ufficio del procuratore? A doppiogiochisti? Ai telefoni che venivano ascoltati? Perché la CIA ascoltava un procuratore del Governo americano il cui unico scopo con quell'indagine era assegnare alla giustizia i veri e unici responsabili della morte della massima carica dello Stato? Non stavano forse lavorando per lo stesso fronte? Forse c'era da nascondere un palese coinvolgimento dei servizi d'intelligence nella morte di Kennedy? C'era sicuramente una fuga di notizie a causa di qualche infiltrato..

281. David Ferrie poco dopo aver parlato con Louis Ivon, assistente di Jim Garrison e aver confessato al telefono, ormai esausto dall'incalzante serie di loro domande e dalla situazione generale di cose che non poteva rivelare e che gli pesavano, che sentiva che presto sarebbe stato ucciso, fu trovato morto nella sua casa. Fu dichiarato morto per cause naturali. Il procuratore Garrison volle indagare però in modo più approfondito e scoprì delle pillole accanto al corpo di Ferrie, disteso morto sul divano che usava come letto. Il farmaco in pillole si chiamava Proloid e serviva per aumentare il metabolismo del corpo. Ferrie non aveva problemi di tal genere, soffriva piuttosto di ipertensione. Il procuratore contattò uno dei patologi di medicina legale di un altro stato che gli confessò che chiunque soffrisse di ipertensione e assumesse anche una sola pasticca di Proloid, sarebbe andato incontro ad un attacco di cuore o ad un aneurisma cerebrale sicuramente. Ricontrollando il referto del medico legale, sotto l'esito" Morte naturale", in dettaglio il medico aveva evidenziato infatti la rottura di un vaso sanguigno nel cervello, evento questo che lo aveva portato certamente alla morte.

282. Il ricercatore e giornalista David Icke scrisse, a motivo di attenta riflessione, che dopo la morte del Presidente Kennedy a Dealey Plaza nel 1963, la Massoneria fece erigere proprio nella piazza dove trovò la morte JFK, un obelisco sormontato da una torcia accesa, simbolo massonico per eccellenza. Quando Kennedy venne poi sepolto nel cimitero di Arlginton a Washington D.C., fu creata una struttura affinché ardesse una fiamma eterna esattamente sulla sua tomba. Secondo Icke, tali simboli non sono propri solo della Massoneria ma anche di un ramo deviato di essa, riferibile ai cosiddetti Illuminati, ovvero coloro che presero parte attiva alla cospirazione che portò alla morte del presidente John Fitzgerald Kennedy e alla disinformazione successiva per evitare che si facesse giustizia e luce sui veri mandanti, veri esecutori e colpevoli della fine del presidente.

283. Il procuratore Garrison identificò in Clay Shaw un elemento coinvolto nella cospirazione che portò alla morte del presidente Kennedy. Era un ex militare e sicuramente un agente segreto al soldo della CIA, era stato inoltre amico di David Ferrie e probabilmente anche di Lee Harvey Oswald ma presentandosi a quest'ultimo con un falso nome. La United States House Select Committee on Assassinations disse di essere incline a credere che Oswald si trovasse a Clinton (*Louisiana*), tra l'agosto e il settembre del 1963 e che vari testimoni avevano descritto un certo tipo di legame e connessione di non specificata natura tra Ferrie, Shaw e Oswald, questo di tre mesi prima del verificarsi dell'omicidio di Kennedy. Clay Shaw portato a processo da Garrison tramite testimonianze e indagini, negò sempre qualsiasi rapporto o coinvolgimento con la CIA o una cospirazione ai danni del presidente Kennedy. Tuttavia nel 1979, il direttore della CIA Richard Helms, testimoniò sotto giuramento che proprio Clay Shaw era stato per molto tempo al servizio di una sezione della CIA come informatore e non solo, era impegnato anche in altre attività di cui non gli era consentito divulgare informazioni. Nel 1996 la CIA ammise che Shaw era stato reclutato dall'agenzia come agente di quinto livello (*cioè capace di diverse abilità pratiche, in grado di accedere a determinati segreti documentali, d'archivio e con i pieni poteri per agire in determinati modi preclusi per agenti di minor livello*) nel 1949. Dagli anni duemila, giunsero molteplici conferme al lavoro investigativo e documentale di Garrison riguardo i rapporti di Shaw con i servizi segreti e con frange deviate di essi, grazie al lavoro del ricercatore canadese Maurice Philipps, che riuscì a prendere visione di documenti privati consegnati come lascito testamentario da Louis Bloomfield, fondatore della Permindex (azienda per cui lavorò Clay Shwa a Roma), all'Archivio di Stato del Canada.

284. Quando Garrison fece arrestare Clay Shaw all'apparenza un semplice dipendente di un'azienda che negava ogni contatto e coinvolgimento con agenzie d'intelligence ed esponenti di spicco di governi, fu rinvenuta e analizzata anche la sua agenda personale. All'interno furono trovati numeri, indirizzi e nomi delle più alte personalità dell'aristocrazia europea. Il marchese Giuseppe Rey, il barone Raffaello de Banfield, la principessa Jacqueline Chimay, Lady Margaret D'Ary, Lady Hulse, Sir Stephen Runciman,ecc..come poteva non avere un immenso potere e una rete di contatti di così alto livello se non faceva parte di un organizzazione segreta e di alto profilo in seno al Governo degli Stati Uniti d'America? Forse un governo ombra, forse servizi segreti deviati, forse semplicemente la CIA (come fu poi confermato) ma sicuramente Clay Shaw stava mentendo al procuratore quando voleva presentarsi come un modesto e innocuo impiegato.

285. Dall'analisi dell'agenda di Clay Shaw venne fuori un altro elemento incredibile. Vi era scritto un recapito con tale dicitura: "Lee Odom P.O. 19106, Dallas, Texas". Lo stesso indirizzo era stato trovato su un'agenda personale di Lee Harvey Oswald. Tuttavia l'indirizzo non portava a niente, non vi era una numerazione così alta a Dallas, quindi cosa significava? Era una scrittura in codice? Gli avvocati di Shaw dichiararono che era l'indirizzo di una cassetta postale che aveva aperto Shaw per mantenersi in contatto con un uomo di nome Lee Odom che si occupava di carni per barbecue, al fine (difficile poi spiegare la logica in merito) di poter organizzare delle corride a New Orleans. Tale assurdità era decisamente illogica, ma gli avvocati ne vollero ragionare come qualcosa di serio e potenzialmente fattibile..inutile dire che un uomo come Clay Shaw non era decisamente credibile nella veste di imprenditore di corride, tantomeno in una città come New Orleans! Sempre nella stessa agenda vi erano tra parole scritte vicine su cui Clay Shaw si rifiutò di chiarire il senso, giustificandosi che non ricordava perché le aveva scritte: "Ott. Nov.". E scarabocchiata la parola: "Dallas".

286. Nel lussuoso appartamento di Shaw situato nel quartiere francese vi furono trovati questi inquietanti oggetti: lunghe catene di ferro, cinque fruste, un mantello nero e un cappello dello stesso colore. Sopra le fruste fu rinvenuto del sangue incrostato. Vicino alla camera da letto c'erano due ganci avvitati al soffitto. Decisamente un insieme di elementi inquietanti per un uomo che continuava a ripetere che non aveva nulla da nascondere..

287. Quando Clay Shaw fu arrestato, scoppiò un immenso caso mediatico e politico. Il Governo degli Stati Uniti protestò in ogni modo. A Washington sembrava che fosse scoppiata la terza guerra mondiale, con senatori e giudici che inviavano lettere di protesta. Il ministro della Giustizia degli Stati Uniti Ramsey Clark sentenziò che il governo federale aveva già appurato l'estraneità e l'innocenza di Clay Shaw in merito alla morte del Presidente Kennedy. I media avevano iniziato a martellare con l'idea che il procuratore Garrison avesse dato vita ad una battaglia personale contro Shaw, non fondata su dati e indagini, ma piuttosto su un'antipatia personale e dominato dalla voglia di apparire in televisione e farsi un nome grazie alla tragedia di Dallas. Insomma i media arrivarono a banalizzare e rendere puerile come una rissa tra ragazzini delle scuole medie, un'indagine sull'assassinio del presidente degli Stati Uniti! Articoli, reportage ed editoriali di quotidiani come New York Times, NewsWeek, New York Post, Time, ecc... erano assolutamente uguali in ogni loro parola quasi nel giudicare Garrison uno showman in cerca di fama personale e l'intero processo, non ancora iniziato, come una montatura assurda. A nessuno sembrava minimamente interessare il reale lavoro di dati, testimoni e collegamenti che aveva fatto. Fu decisamente un giorno triste per il mondo un simile spettacolo, dove una delle poche persone che si stavano impegnando per assicurare alla giustizia degli uomini coinvolti nell'assassinio della massima autorità della Nazione, era dipinto come un vile pagliaccio in cerca di visibilità! La NBC arrivò addirittura a realizzare uno speciale intitolato "Il caso Jim Garrison" su rete nazionale dove tre testimoni, certi John Cancler (ladro e sfruttatore della prostituzione), Miguel Torres (ladro ancora detenuto) e Fred Leemans (un signor nessuno mai conosciuto da Garrison) cercarono tramite varie loro "veritiere testimonianze" di smontare il lavoro di Garrison, asserendo che il complotto per uccidere Kennedy era un invenzione, che avevano parlato con quello e quell'altro e sapeva che Oswald era colpevole. L'unico colpevole. Tale trasmissione fu un atto gravissimo di manipolazione dell'opinione pubblica, di processo mediatico e aggressione massmediale nei confronti di un diretto interessato non presente. Garrison scrisse una furiosa lettera alla Federal Communications Commission in merito, gli fu concessa una replica di mezz'ora che sarebbe stata mandata in onda sulla stessa rete. Peccato che della mezz'ora di registrazione a Garrison furono trasmessi solo trenta secondi. Ovvero un semplice riassunto con una, due frasi..in confronto all'intera trasmissione che lo aveva accusato d'ogni cosa senza rispetto né fonti attendibili. Perché la NBC poi aveva così attaccato Garrison? Forse perché faceva parte della RCA (Radio Corporation of America) che era parte integrante della Difesa americana e ancora una volta il Governo stava ostacolando il suo lavoro? Arrivarono a scrivere anche che il suo staff investigativo avesse drogato uno dei testimoni più incisivi nel processo a Shaw, Perry Russo, per fargli dire cose impensabili e convincerlo di una fantomatica teoria del complotto.

288. Un funzionario della previdenza sociale, probabilmente un agente della CIA a contratto, di nome Perry Russo dichiarò che nell'appartamento di David Ferrie, si era discusso e ragionato in merito alla pianificazione dell'assassinio di John Fitzgerald Kennedy. Tra i presenti, Russo individuò in aula di tribunale, Clay Shaw, anche se rivelò che l'uomo era stato presentato da Ferrie come un certo Clem Bertrand. La sua testimonianza aveva dell'incredibile perché dimostrava: 1) L'esistenza di una cospirazione omicida pianificata nei confronti del Presidente Kennedy, allontanando l'idea del pazzo solitario Lee Harvey Oswald 2) Collegava in modo palese David Ferrie e Clay Shaw 3) Sapendo che i due facevano parte o collaboravano con la CIA, rendeva chiaro a tutti che nella morte di Kennedy fossero coinvolti i Servizi Segreti.

289. Tra i cospiratori riuniti nell'appartamento di Ferrie, oltre a Russo e Clem Bertrand (Clay Shaw) vi era anche un certo Leon Oswald. Quest'ultimo non riuscì il testimone Russo a collegarlo con assoluta certezza a Lee Harvey Oswald, semplicemente perché venne soltanto due volte da Ferrie e non gli fu possibile identificarlo in modo certo. Rimane il fatto che parlando con gli altri, gli era stato detto che anche questo Oswald avrebbe in qualche modo fatto parte del piano per uccidere Kennedy, quindi Russo se ne ricordò il nome.

290. Il presidente Kennedy arrivò a New Orleans per l'inaugurazione di un molo in Nashville Street e in quell'occasione Russo aveva notato un uomo che si comportava diversamente da tutti gli altri, poiché invece di guardare il presidente Kennedy, era direzionato nella posizione opposta. Da tale osservazione, Russo pensò che si trattava di un agente del Servizio segreto. Era la prima volta che guardava Clay Shaw, con la sua alta statura e i capelli bianchi, inconfondibile. Cosa ci faceva lì Shaw? Stava valutando il funzionamento del servizio di sicurezza di Kennedy? Stava pensando su come si sarebbe potuto realizzare un attacco mortale?

291. Clem Bertrand (Clay Shaw) confessò durante una delle riunioni a casa di Ferrie, che il vero problema per eliminare Kennedy era trovare il modo di raggiungerlo, sfuggendo quindi al "cerchio" di sicurezza di agenti e poliziotti, il tutto senza naturalmente essere presi.

292. David Ferrie disse che era possibile colpire Kennedy ed al contempo accusare di tale morte il presidente Castro, scatenando quindi l'opinione pubblica e l'apparato militare a sostegno di un'invasione militare dell'isola. Per realizzare il suo piano, Ferrie, specificò che avrebbero dovuto adottare una triangolazione di fuoco incrociato, sparando al presidente Kennedy da tre punti differenti, sicuramente uno o due colpi si sarebbero rivelati fatali, non gli avrebbero lasciato scampo.

293. Il presidente della Corte Suprema Earl Warren nel settembre del 1967, dichiarò ai giornalisti che il procuratore Garrison non aveva presentato assolutamente alcun dato che contraddicesse il lavoro della Commissione Warren, che non aveva riportato neanche un singolo fatto che potesse negare il fatto che Lee Harvey Oswald era stato l'unico colpevole e responsabile della morte di Kennedy. Per il procuratore fu decisamente un comportamento anomalo quello di Warren. Il massimo rappresentante della giustizia negli Stati Uniti si esprimeva così quando il processo contro Clay Shaw non era ancora iniziato, quando un solo membro della giuria non era ancora stato scelto..eppure il magistrato più alto in grado e potente del paese si concedeva già di dare giudizi di tal fatta come fosse il primo testimone del processo. Quale stranezza! Qualcuno aveva forse paura o volontà d'intimidazione nei confronti del lavoro di Garrison?

294. La politica estera degli Stati Uniti per un decennio di Guerra Fredda era stata gestita da John Foster Dulles, segretario di Stato sotto la presidenza Eisenhower e dal fratello Allen Dulles, direttore della CIA. Insieme a loro, l'apparato militare industriale aveva realizzato ingenti, enormi, incredibili capitali in armi ed operazioni militari al fine di contrastare con molteplici azioni di varia natura, l'influenza sovietica in diversi paesi. Con l'arrivo del presidente J.F.Kennedy la loro politica e i loro guadagni, erano destinati a cambiare. Il presidente Kennedy infatti era intenzionato a ritirare tutto il personale militare dalla guerra del Vietnam e di interrompere quanto più possibile tutte le ingerenze militari, terroristiche e d'infiltrazione propagandistica e destabilizzatrice dell'apparato d'intelligence della CIA nel mondo. Era un rinascimento per cui l'America avrebbe spesso di fare il giudice supremo del mondo, avrebbe lavorato sul benessere dei propri cittadini, rinnovato la sua immagine politica e sociale in una nuova e più sana luce, avrebbe soprattutto frenato l'indipendenza e la potenza di un'agenzia e di poteri che sembravano ormai aver preso il controllo del paese, senza alcun controllo da parte del Governo e rispetto nei confronti della popolazione. Kennedy si era così fatto nemici decisamente potenti, dai vertici della CIA (sostenitori della Guerra Fredda in primis e poi di altre dinamiche sopracitate) vedi Allan Dulles, poi il generale Charles Cabell e naturalmente Richard Helms, il direttore incaricato delle operazioni di copertura, fino naturalmente ai profughi cubani fuggiti dall'isola del dittatore Castro che avevano nutrito speranze di ritorno in patria con l'appoggio americano ed ora si sentivano da Kennedy profondamente traditi. Lo stesso Allen Dulles venne citato da Garrison affinché si presentasse in tribunale per rispondere a determinate domande, ma il ministro della giustizia degli Stati Uniti rispose al procuratore che il signor Dulles era esentato dal presentarsi. Ma se non aveva nulla da nascondere e Lee Harvey Oswald era l'unico colpevole ed era pure stato ucciso - quindi non avrebbe potuto difendersi in alcun modo da tale accusa che ormai il Governo aveva trasformato in dogma - perché non si presentò?

295. Richard Case Nagell, un agente di un'agenzia federale che non volle mai rivelare, contattò il procuratore Garrison. Gli confessò che verso la metà del 1963 scoprì, tramite varie fonti e indagini, che si stava organizzando un'ampia operazione per uccidere il presidente Kennedy. La diretta persona e più potente nella gerarchia dell'intelligence a cui Nagell aveva inviato le sue valutazioni e informazioni era stato il direttore dell'FBI Edgar Hoover. Durante il suo lavoro di copertura, era entrato in contatto con Lee Harvey Oswald e altri, e si era subito reso conto che gli altri attorno a Oswald lo stavano usando, manipolando, sicuramente muovendolo in una precisa direzione voluta senza che egli si rendesse conto che avrebbe pagato quelle scelte impostegli. Quando Garrison gli chiese il nome di questi amici di Oswald, egli rispose con i nomi di Guy Banister, David Ferrie e Clay Shaw. Era l'estate del 1963 e l'agente Nagell avvertì un pericolo imminente, qualcosa che avrebbe potuto trascinarlo giù insieme alla vittima sacrificale Oswald. Il Governo, l'FBI in primis, non sembrava aver gradito la sua segnalazione, anzi. Forse Nagell aveva dimostrato di saperne troppo di quell'operazione omicida e di aver anche contattato le persone sbagliate, probabilmente sostenitrici

ed implicate ad alti livelli nella cospirazione, quindi, dispe-
rato, fece una mossa folle per non essere collegato all'attentato di Kennedy a Dallas, come? Si creò un alibi eclatan-
te. Entrò nella banca federale di El Paso, poco tempo prima
che fosse realizzato l'attentato al presidente J.F.Kennedy,
e sparò un paio di colpi di pistola sul soffitto, poi uscì e
attese l'arrivo della polizia. Il governò lo accusò di rapina
a mano armata e lo condannò a dieci anni di prigione (poi
ne fece soltanto tre). Si era così "salvato" dall'essere collegato in qualche modo alla vicenda Oswald, ma la sua carriera sembrava distrutta e il suo alibi per quanto solido, lo
rendeva una figura folle agli occhi di potenziali inquirenti
sulla sua credibilità in merito alla cospirazione. Garrison
gli chiese a che agenzia era collegato, per chi lavorava, ma
Nagell disse che non poteva parlare di nessuna agenzia governativa, né nominarla. Ovvero la dichiarazione che potrebbe dare soltanto una vera spia, probabilmente appartenente ad una compagnia super segreta (quanto deviata non
è dato sapere) che poteva avere informazioni importantissime e coperte dal massimo segreto come quelle relative
allo svolgimento e alla pianificazione di un'operazione il
cui obiettivo era la morte del presidente. Rifiutò sempre
di rivelare il nome dell'agenzia per cui lavorava, disse solo
che l'FBI aveva ignorato la sua richiesta di indagini ufficiali in merito a tale operazione in corso.

296. Bill Boxey fu un agente del governo federale che si
infiltrò nell'ufficio del procuratore Jim Garrison per carpire informazioni. Fotocopiò ogni foglio dell'archivio del
gruppo d'indagine del procuratore e lo passò ai suoi superiori. Aveva tentato anche più volte di incastrare o spa-
ventare Garrison con finte prove, sviamenti e avvertimenti
su possibili attentati mortali imminenti alla sua persona.
Aveva mosso contro il procuratore una guerra paranoi-
de e manipolatoria ma non ebbe successo. Un avvocato

di Filadelfia, Vincent Salandria, uno dei maggiori avversari della versione data dalla Commissione Warren sulla vicenda Kennedy che collaborava con il procuratore, suggerì di tenere d'occhio Boxey perché sosteneva che il suo comportamento e parlare fosse sospetto, ed aveva ragione. Boxey probabilmente si sentì scoperto e un bel giorno, improvvisamente, sparì dall'ufficio senza più farsi vedere né sentire direttamente. Si ebbero sue notizie quando, usando uno pseudonimo, inviò un telegramma ad un quotidiano e a varie stazioni radio locali, dicendo che si era allontanato dall'ufficio di Garrison quando aveva scoperto che il procuratore era dipendente dall'uso di droga, un'accusa assurda ovviamente, priva di qualsiasi fondamento. La vera domanda da farsi era: Per chi lavorava Boxey? A chi faceva paura l'inchiesta di Garrison? Perché i continui tentativi di infangare il nome di Garrison, di comprarlo, di mettergli i cosiddetti bastoni tra le ruote?

297. L'agente di polizia di Dallas, Tom Tilson, era alla guida della sua auto anche se quel giorno non era in servizio, quando sentì alla radio della sparatoria dove era stato coinvolto il presidente. Raggiunse in tutta fretta la zona del cavalcavia, vide accelerare a grande velocità l'auto del presidente allontanandosi dalla Dealey Plaza, ma soprattutto osservò un individuo sospetto lungo il pendio ad ovest del cavalcavia., cioè dalla parte opposta dal magazzino dei libri. Tilson disse che l'uomo aveva proprio l'atteggiamento di uno che se la sta svignando, era l'unico in tutta quella situazione incredibile, che si stava allontanando dal centro della sparatoria. Disse di averlo visto giungere ad un'auto parcheggiata, aver gettato qualcosa sui sedili posteriori e poi di essere partito a grande velocità, allontanandosi dalla zona. Essendo in auto, non ci pensò due volte, e si gettò all'inseguimento. Fu una corsa incredibile, dove riuscì anche a prendere la targa dell'auto in fuga a folle velocità.

Purtroppo non riuscì a fare di più e il conducente sospetto si dileguò. Fece presente l'episodio alla squadra omicidi di Dallas e comunicò la targa. Non ebbe più notizie in merito, non sentì mai più parlare di quell'auto e di quel conducente che era fuggito a grande velocità in auto dalla scena del crimine dove era morto il presidente Kennedy.

298. Furono fotografati numerosi individui sospetti intorno al magazzino dei libri. Queste foto tuttavia non vennero mai mostrate o divulgate, perché? Ma se il Rapporto Warren aveva espresso con certezza che l'unico responsabile per la morte del presidente era Oswald (e quest'ultimo era anche stato ucciso, quindi era impossibile potesse avere la possibilità di difendersi), qual era il problema di far pubblicare quelle foto? Perché quelle foto non vennero rese mai pubbliche, magari per aiutare investigatori indipendenti nella loro ricerca sui potenziali complici di Oswald o nell'individuazione di diretti responsabili coinvolti nella morte del presidente?

299. Alcune foto scattate a Dealey Plaza gli attimi dopo la sparatoria sono rimaste nella storia. Quelle poche foto che sono state pubblicate e rese note. Due di queste, scattate da Jim Murray e William Allen (rispettivamente fotografi del BlackStar Photo Service e del Dallas Times Herald) mostrano il vicesceriffo Buddy Walthers mentre guarda con attenzione un proiettile, affiancato da un uomo biondo vestito molto elegantemente che si piega a raccoglierlo dal terreno. Quest'ultimo uomo ha un auricolare inserito nell'orecchio. Il proiettile non venne mai più rinvenuto, citato, ritrovato. Scomparve. Lo stesso dicasi sull'identità dell'uomo biondo e sul suo ruolo. La Commissione Warren e lo stesso vicesceriffo Walthers, giudicarono assolutamente normale non dichiarare mai alcunché in merito.

Nel caso dello sceriffo, forse è giusto dire che non fece in tempo se mai ci ripensò a quel proiettile e alla sua sparizione (per non parlare dell'individuo biondo che lo raccolse..) visto che pochi anni dopo fu tragicamente ucciso. Attirato in una trappola, con una falsa segnalazione in una stanza d'albergo dove si sarebbe dovuto trovare un evaso, il collega di Walthers fu tramortito ed il vicesceriffo ucciso con un colpo di pistola alla testa. Quando il collega si rinvenne, Walthers giaceva a terra morto e dell'evaso, nessuna traccia. Un ennesimo caso sfortunato capitato ad un testimone chiave all'interno della vicenda dell'attentato e della cospirazione ordita contro il presidente Kennedy?

300. Che vi fosse in atto una cospirazione contro il presidente e che un'immensa e deliberata falla nel sistema di sicurezza e protezione della massima autorità di governo fosse stata generata è dato dal fatto che a Dallas, città ostile al presidente, furono evidenti errori difficilmente spiegabili. Vennero lasciate decine di migliaia di finestre aperte e non controllate lungo il tragitto fatto dal corteo presidenziale, fosse stata utilizzata una limousine decapottata, scoperta, esponendo il presidente a fare da bersaglio e che il percorso venne cambiato in un modo assurdo e fatale.

301. Nel 1964, Waggoner Carr, procuratore generale del Texas, dichiarò alla Commissione Warren, nel corso di una riunione segreta svoltasi in data 22 gennaio 1964 che Allan Sweatt , capo della divisione criminale dell'ufficio dello sceriffo di Dallas, aveva raccolto informazioni certe che indicavano come Lee Harvey Oswald fosse un informatore, opportunamente provvisto di copertura, al servizio dell'F-BI. Era l'agente confidenziale numero centosettantanove. Riceveva duecento dollari al mese. Ricevette tali soldi fino all'ultimo giorno in cui morì Kennedy. Queste dichiarazioni di Carr vennero fuori tramite un articolo del giornalista Joe Goulden che le pubblicò sul Philadelphia Inquirer e altri tre colleghi su giornali diversi. La Commissione, pressata dai Media, disse che avrebbe chiamato a deporre al più presto i giornalisti e avrebbe richiesto di avere il nome della fonte che gli aveva comunicato tali rivelazioni. La Commissione Warren non chiamò mai i giornalisti, non interrogò Carr o Sweatt. Tutto fu lasciato da parte, dimenticato.

302. Perché era stato ucciso Lee Harvey Oswald? Secondo il procuratore Garrison perché era a conoscenza di più informazioni di quante, gli artefici dell'assassinio del presidente e i burattini della cospirazione, potessero accettare. Lee divenne la vittima sacrificale di un gioco mortale immenso. Il problema per Garrison fu risolvere un interrogativo pesantissimo, cioè a quale realtà di Legge e amministrazione della tutela e giustizia poteva rivolgersi visto che la polizia di Dallas, l'ufficio dello sceriffo della città texana, i Servizi Segreti (CIA e FBI) e chissà quali altre agenzie a lui ignote, sembravano decisamente tutte coinvolte nella cospirazione che portò alla morte di Kennedy?

303. È molto probabile che Jack Ruby fosse un informatore dell'ufficio FBI di Dallas. In tale ufficio FBI, si era recato ben nove volte solo nel 1959 per parlare con uno degli agenti lì presenti e sempre nello stesso anno si recò due volte a Cuba, come aveva fatto lo stesso Oswald per un mai spiegato reale motivo. Jack Ruby, un'ennesima figura sospetta, con collegamenti con servizi segreti.

304. L'FBI pose sotto controllo il telefono privato di casa del procuratore Jim Garrison. Quest'ultimo non ne era a conoscenza finché l'ex agente FBI William Walter non glielo rivelò. Perché mettere sotto controllo il telefono del procuratore? Nessun esponente dell'agenzia FBI seppe dare spiegazioni in merito, ma non solo. Successivamente all'approvazione del Freedom of Information Act, l'avvocato Mark Lane chiese tutto il materiale d'archivio FBI raccolto in relazione al procuratore Garrison. Il materiale che venne fornito a Lane era minimo e parziale, il restante materiale (pedinamenti, fotografie, rapporti, intercettazioni private, registrazioni tramite microfoni nei suoi uffici, ecc..di cui era venuto a conoscenza più volte Garrison tramite fonti certe) era stato cancellato.

305. Il filmato di Zapruder fu mostrato al pubblico soltanto cinque anni dopo la morte del Presidente Kennedy. Perché? Forse perché era visibile come la testa di Kennedy rimbalzasse all'indietro e quindi era assolutamente impossibile affermare che il colpo provenisse da dietro? Forse perché era palese che uno dei colpi lo avesse preso alla tempia e quindi era logico dedurre che la presenza di un tiratore sulla collinetta erbosa fosse decisamente credibile?

306. Secondo la Commissione Warren furono realizzate sette ferite in entrata e in uscita sul corpo del presidente Kennedy e sul governatore del Texas John Connolly da un solo proiettile. Il famoso "proiettile magico". E la sparatoria si era conclusa, facendo fede al filmato di Zapruder, era durata 5,6 secondi. Tutto questo è semplicemente assurdo ed è stato dimostrato da tecnici balistici, dal fucile considerato quello usato da Oswald, dalle ferite rinvenute sul corpo del presidente e del governatore, dal proiettile rinvenuto sul marciapiede e poi sparito e così via..

307. L'analisi minuziosa dei fotogrammi del famoso video di Zapruder rivelò che vi era stata fatta una palese modifica, erano stati infatti invertiti due fotogrammi per mostrare la testa di Kennedy che rimbalzava in avanti, al fine di supportare lo sparatore alle sue spalle, invece che indietro. Fu così palese che lo stesso Warren dovette ammettere che vi era stata sì, certamente una modifica e si riservò di chiedere all'FBI chiarimenti. J.Edgar Hoover si giustificò dicendo che si era semplicemente verificato inavvertitamente un errore..che strano questo errore. Un errore non facile da eseguire a livello tecnico, visto che richiede passaggi complessi, ma un errore che risulta utilissimo per supportare una narrazione precisa e guarda caso favorevole al Governo e protettiva nei confronti dei servizi segreti.

308. Il medico James J. Humes, colui che era stato incaricato di fare l'autopsia a Kennedy presso il Bethesda Naval Hospital, non riferì nel suo rapporto definitivo che aveva trovato un altro proiettile nel corpo di Kennedy, dell'esistenza di questo proiettile si fa menzione in un testo ufficiale degli agenti dell'FBI dietro compilazione dei medici del Bethesda Naval Hospital. La scoperta di tale documento ufficiale ma non citato dalla Commissione Warren né dal suo Rapporto, fu fatta dall'avvocato e investigatore indipendente Mark lane. Perché non fu citato quel proiettile? Perché nella relazione definitiva non si parlò più di quel proiettile trovato?

309. La vicenda Kennedy ha visto testimoni manipolati nelle loro dichiarazioni, intimiditi ed in alcuni casi uccisi. Altri sono spariti e mai più sono stati trovati, altri perseguitati. Ma furono anche "incastrate" molte vittime che non avevano compreso il "gioco" che si stava facendo. Una di queste vittime fu sicuramente Lee Harvey Oswald. Un'altra, di ben altro ruolo e mestiere, fu Jim Garrison. Il 30 giugno del 1971 venne arrestato, con la polizia che entrò in casa sua di mattina e di fronte alla sua famiglia gli mise le manette e lo portò via come un terrorista. Fu accusato di complicità con il crimine organizzato, di aver ricevuto bustarelle dall'ambiente del gioco d'azzardo. L'indagine che lo aveva visto protagonista aveva coinvolto oltre quaranta agenti ed era durata anni. L'immensa struttura mass mediale del paese si lanciò all'attacco di Garrison rappresentando il suo caso come un trionfo dello squallore e della corruzione del potere e dell'arroganza. Furono estrapolate da conversazioni registrate del procuratore frasi e dialoghi per renderli ambigui, soggetti a interpretazioni devianti. Vennero chiamati a testimoniare individui non credibili ma bravi a recitare una parte. L'intero processo, basato sul nulla ma creato per screditare il procuratore e il suo lavoro di indagine sulla cospirazione che vide colpire a morte il presidente Kennedy, nato per farlo desistere dall'investigare sulla vicenda di Dallas, si concluse con una piena assoluzione.

310. L'amico di lee Harvey Oswald, il barone George de Mohrenschild fu trovato morto, colpito da un colpo di pistola alla testa, appena poche ore dopo essere stato interrogato dalla Commissione Warren. Venne registrato come suicidio.

311. Il vicescriffo Robert Craig, testimone scomodo presente a Dealey Plaza quel fatidico giorno, dopo aver rilasciato le sue testimonianze ai suoi superiori e alla televisione, decise di lasciare Dallas e si trasferì a New Orleans. Perché? Aveva subito un grave attentato alla sua vita. Era stato contattato da una persona che gli aveva confidato di volergli comunicare alcune informazioni preziose...si era presentato all'appuntamento ma non si era presentato nessuno. Una volta tornato alla sua auto, il veicolo era esploso appena aveva girato la chiave. Per fortuna sopravvisse, ma non senza gravi lesioni. A New Orleans venne convocato dal procuratore Garrison, andò dall'uomo e alle sue domande risposte serenamente, rilasciando dichiarazioni su ciò che aveva visto e sentito in merito alla vicenda Kennedy. Appena giunto in strada, dopo alcuni passi a piedi, fu vittima di uno sparatore che gli sparò dalle spalle, fortunatamente senza colpirlo ma per pura casualità. Infatti Robert Craig era sceso dal marciapiede in quello stesso istante. Riuscì a raggiungere la sua auto e ad allontanarsi, salvandosi per un vero miracolo. Venne poi trovato morto di lì a breve in casa, ucciso da un colpo di fucile. Un colpo di un fucile che non era il suo fucile, non aveva mai avuto una tale arma. Qualche mese prima della sua morte inoltre era stato derubato delle sue armi da un ladro mai scoperto. La sua morte venne comunque registrata come suicidio.

312. Quando Clay Shaw presumibilmente il 14 agosto del 1974 morì, la sua casa venne svuotata da ogni oggetto, documento, traccia del suo passaggio. Quello stesso giorno, alcuni uomini, mai identificati, con una barella portarono fuori da casa sua un corpo coperto da un telo. Il vicino intimorito da quella visione, chiamò l'ufficio del coroner della città, che non essendo a conoscenza di un tale intervento, mandò i suoi uomini a controllare..ma non trovò più nessuno. Chi aveva trasferito il corpo di Shaw? Poco dopo la casa fu svuotata. Ai giornali fu detto che la morte di Shaw era stata una morte naturale, ma quando fu chiesta un'autopsia dal coroner di New Orleans Frank Mnyard, viste le circostanze e la rapidità della sepoltura, i mass media incredibilmente si sollevarono, accusando i "nemici" di Shaw, d'esser implacabili nel loro perseguire un uomo innocente ed estraneo alla vicenda Kennedy (anche se ovviamente così non era decisamente), quindi fu negata l'autopsia per verificare le vere cause della morte. Ma se era morto di cause naturali, qual era il problema di fare un'autopsia? Solo anni dopo si seppe che era stato seppellito a Kentwood, dove era nato.

313. Uno dei moventi più importanti dietro la morte di Kennedy è sicuramente quello relativo al potere che doveva riconquistare l'intelligence (CIA) e l'apparato industrial-militare. Ciò fu evidente considerando il radicale cambiamento della politica estera dopo Kennedy. Immediatamente dopo quel fatidico 22 novembre 1964, infatti, subentrò Lyndon Johnson, grande sostenitore della guerra fredda e promotore di azioni militari brutali e d'intelligence d'ogni sorta, soprattutto all'estero (Johnson era definito come un *"senatore del Pentagono"* per la sua fedeltà ai voleri dei Servizi Segreti e dell'apparato militare ad esso collegato). L'ordine di rientro dal pantano del Vietnam di Kennedy, venne immediatamente annullato. Nel 1964 si verificò l'incidente nel Golfo del Tonchino (*sicuramente un casus belli opportunamente creato dall'intelligence USA*), che offrì la giusta occasione per Johnson di infiammare il popolo americano d'un fanatico bisogno di rispondere a tale ingiustificata aggressione. Solo un anno prima Kennedy aveva tenuto all'American University un commovente discorso a sostegno della pace..Nel 1965 oltre duecentomila soldati americani arrivarono nel Vietnam del Sud, gli anni successivi ne giunsero altri trecentomila. Quando nel 1973 furono siglati a Parigi gli accordi di pace, più di cinquantacinquemila americani erano morti e con loro milioni di vietnamiti. Con la morte di Kennedy l'apparato militare prese il sopravvento sulle decisioni di Governo e la CIA iniziò a gestire con esso la politica estera senza alcun vero controllo né da parte del Congresso né da parte del presidente che fungeva piuttosto da burattino rappresentativo.

314. Il libro-inchiesta del procuratore Jim Garrison fu pubblicato senza essere revisionato, censurato o approvato né dalla CIA né dall'FBI. Un notevole traguardo (*fu un libro che ebbe un successo clamoroso nonostante le difficoltà per esser pubblicato*) in un mercato di libri controllati nel loro contenuto dalle agenzie di Intelligence in merito alle vicende su Kennedy. Nonostante ciò, anche se non operarono alcuna modifica, nello stesso tempo rilasciarono un comunicato alla stampa che non garantivano in nessun modo l'autenticità degli scritti contenuti nell'opera né si assumevano le responsabilità per i punti di vista espressi. Il lavoro di Garrison conobbe rallentamenti, depistaggi, minacce, accuse e arresti. Anche in relazione al libro non ebbe vita facile, ad esempio gli fu sottratto un intero schedario di documenti dal suo ufficio che non venne più rinvenuto proprio durante la prima stesura del suo libro, fortunatamente il procuratore aveva fatto molteplici copie delle sue indagini.

315. Secondo un sondaggio della società Harris, nel 1967 il sessantasei per cento del popolo americano era assolutamente certo che il presidente Kennedy fosse caduto vittima di una cospirazione. Nel 1981, anche grazie a molti ricercatori indipendenti che lavorarono sul caso Kennedy, gettando nuova luce su aspetti nascosti o ignorati dalla Commissione Warren, l'ottanta percento degli americani erano convinti della cospirazione.

316. Quando J.F.Kennedy fu eletto, non ebbe rapporti decisamente sereni con i maggiori poteri d'intelligence degli Stati Uniti. Anzi. Riguardo il capo dell'FBI Edgar Hoover, seppe decisamente tenergli assolutamente testa. Hoover, non abituato a dialogare e fanatico del suo ruolo di capo di una delle agenzie di spionaggio più potenti al mondo, decise allora di iniziare ad investigare e schedare i Kennedy, non solo John che era diventato presidente. A questo punto era arrivato il potere di un'agenzia di intelligence e del suo rappresentante massimo? Di considerarsi più potente del Presidente della Nazione eletto da milioni di cittadini americani? Kennedy ebbe anche fortissimi contrasti con il capo della CIA, Allen Dulles, che in modo assolutamente indipendente e sconsiderato portò avanti progetti dal peso internazionale come lo sbarco nella baia dei porci e i delitti di capi di stato stranieri non favorevoli alla politica USA, al punto da vedersi costretto a licenziarlo, dopo essersi preso coraggiosamente la responsabilità di quegli atti non da lui avviati.

317. I motociclisti che seguivano l'auto del presidente Kennedy, investiti dalla materia celebrale del presidente colpito, furono assolutamente convinti che, nonostante si fossero avvertiti molteplici colpi rieccheggiare nella piazza al loro passaggio, sicuramente si era sparato dalla collina erbosa. Peccato che dopo il caso "Oswald unico sparatore" non vennero più interrogati, considerati, citati nel Rapporto Warren. Ma alcuni di loro, nonostante gli anni trascorsi, continuarono a rilasciare dichiarazioni sulla direzione da cui avevano sentito giungere gli spari all'indirizzo di Kennedy.

318. Sette mesi dopo la morte di John Fitzgerald Kennedy a Dallas, il 20 giugno 1964 il fratello minore del presidente, Edward Kennedy, il più giovane senatore degli Stati Uniti a soli 32 anni, precipita con il suo aereo privato in circostanze misteriose mai chiarite. Non sarà l'ultimo Kennedy perseguitato da morti tragiche, improvvise, avvolte da ombre misteriose..I nemici potenti di Kennedy continuavano a combatteree mietere vittime nella loro famiglia, ennesima riprova che Oswald era solo un burattino ed in ogni caso, una volta morto, i reali nemici di Kennedy avevano continuato a vedere il loro cognome come un simbolo da abbattere, un nemico da non dimenticare.

319. Secondo varie fonti di agenti segreti e di giornalisti d'inchiesta, la CIA (con a capo Allen Dulles) e l'FBI (con a capo Edgar Hoover) ignorarono decine di segnalazioni, tra cui alcune gravissime, sulle minacce di morte e sulle cospirazioni in atto contro la vita del presidente Kennedy. Perché?

320. Ogni commissione indipendente sulla morte di J.F.K (ma anche sulla morte di Martin Luther King) fu ignorata, frenata oppure osteggiata dal Governo, perché? Nel caso di Kennedy in special modo furono osteggiate investigazioni e commissioni indipendenti dal vecchio nemico di Kennedy, il presidente Johnson. Perché? Si temeva forse che si collegasse la cospirazione mortale di Dallas con le più alte autorità degli Stati Uniti? Forse si sarebbe portato alla luce qualche elemento devastante per chi aveva preso il posto di Kennedy e stravolto la sua linea politica?

321. Quando il vicesceriffo Robert Craig, agente decorato e di grande valore, presente sulla scena dell'assassinio di Kennedy testimoniò di aver visto Lee Harvey Oswald salire sopra un'auto stationwagon Rambler in compagnia di un complice che si allontanò velocemente, mise in crisi l'intera ricostruzione fatta dall'FBI sia dei movimenti di Oswald che del suo ipotetico attacco solitario. Sempre il vicesceriffo Craig fu colui che identificò il fucile rinvenuto nel magazzino come un Mauser, anche se dopo la versione governativa parlò soltanto di Mannlicher – Carcano. Craig su ogni dichiarazione e testimonianza rilasciata non ritrattò mai. Il Rapporto Warren dichiarò le testimonianze di Robert Craig non attendibili. Il vicesceriffo Robert Craig subì vari attentati, finché fu trovato morto nella sua casa, il caso fu chiuso come un suicidio. Lo studioso e documentarista italiano Massimo Mazzucco ha dedicato a Robert Craig un video speciale.

322. Al giornalista Gianni Bisiach presente a Dallas per indagare sulla vicenda Kennedy, gli fu riferito da più voci che l'agente Tippit e Lee Harvey Oswald si conoscevano, erano amici. Qualcuno arrivò a dire che probabilmente fu l'agente Tippit a sparare dalla finestra del magazzino dei libri.

323. Tom Howard, avvocato di Jack Ruby, dopo che aveva preso incarico per il suo cliente, morì di infarto due giorni dopo a causa di gravi minacce di cui fu bersaglio. Non si riuscì mai a capire chi lo avesse minacciato, ma le persone vicine all'avvocato lo descrissero in uno stato di agitazione e terrore assoluto. Non fu disposta l'autopsia.

324. William Whaley era l'autista del taxi preso, secondo la versione della polizia di Dallas e successivamente del rapporto Warren, da Oswald. Purtroppo Whaley dichiarò che in verità una volta messo di fronte a Oswald, non lo riconobbe nel suo passeggero. Ciò contribuì forse alla sua morte? Probabilmente, visto che Whaley morì di lì a poco in un incidente automobilistico. Un'ennesima vittima che cadeva per una strana e oscura mano del Fato. La fine di Kennedy continuava a far vittime.

325. Il gangster Eugene Brading, un boss della malavita californiana con legami con James Frantianno e Mickey Cohen, fu fotografato a Dallas, pochi istanti dopo l'uccisione di Kennedy in Dealey Plaza in mezzo alla folla sul

prato. Il giorno prima aveva fatto visita al petroliere Lamar
Hunt. Tutto questo fu documentato dall'FBI. L'investigatore privato Al Chapman, trovò un testimone presente a
Dealey Plaza che gli fornì una dichiarazione incredibile. Il
testimone, un certo Gary Campbell, testimoniò d'aver visto un agente del servizio segreto, in abiti civili e armato
di carabina, all'interno del parcheggio sulla sommità della
collina, subito dopo gli spari. Quando Chapman gli fece
vedere una foto di Eugene Brading, Campbell identificò
subito l'uomo che aveva visto e scambiato per un uomo del
servizio segreto..

326. Raymond Cumming era un autista di taxi che disse
di aver trasportato diverse volte Lee Harvey Oswald. Una
volta lo lasciò al night club Carousel di proprietà di Jack
Ruby, un'altra volta caricò Ruby, Oswald, Ferrie e una terza
persona di cui non seppe dare un volto o un'identità, in
questa occasione dove erano tutti loro assieme, gli chiesero
di essere lasciati in una zona periferica di Dallas. Il taxista,
seguito dal procuratore Garrison, depose la sua testimonianza diretta in tribunale. Quindi Ruby, Oswald e Ferrie
già si conoscevano, non era forse questa l'ennesima conferma una frequentazione palese tra i tre?

327. Durante il processo portato avanti dal procuratore
Garrison, fu chiamato a deporre Perry Russo. Il ragazzo era
un giovane studente di 25 anni di origine italiana. Quando
il procuratore gli chiese se vedeva nell'aula il responsabile della morte di Kennedy, il ragazzo disse di sì e indicò
Clay Shaw ma non solo. Il giovane rivelò che Oswald era
in rapporti molto confidenziali con Ferrie, aveva passato
l'estate e l'autunno con lui a New Orleans nel 1963. Mentre
di Ferrie disse che era ossessionato dall'uccidere Kennedy,
come se avesse ricevuto un ordine, un compito da portare a

termine il prima possibile, pena la morte. Russo aveva visto varie volte Oswald a casa di Ferrie, una di queste volte lo aveva visto pulire un fucile identico al primo ritrovato, il famoso Mauser.

328. Quando la Commissione Church chiamò a testimoniare i boss della malavita Giancana, Hoffa e Roselli, tutti e tre vennero uccisi prima di riuscire ad arrivare a Washington. Qualcuno temeva che non avrebbero saputo gestire le domande incalzanti della Commissione Church e rivelare aspetti ancora oscuri e nascosti che portarono alla morte del presidente John Fitzgerald Kennedy a Dealey Plaza?

329. La CIA aveva pianificato una speciale operazione, denominata Northwood, già nel 1962 (considerata come una False Flag) con un casus belli da creare ad arte al fine di attribuire a Cuba la responsabilità di tale attacco. L'obbiettivo? Istigare la popolazione americana ad una reazione forte, alla guerra, affinché sostenesse un serio impegno militare contro tale nemico. I documenti desecretati nel 1997 relativi a tale operazione indicavano il massiccio uso di forza brutale per colpire vittime innocenti sul suolo americano e successivamente i nemici cubani con la maggior forza dirompente possibile..ma chi fermò l'attuazione di tale piano? Il presidente John F. Kennedy.

330. In data 8 novembre il servizio segreto impegnato nella sicurezza del presidente Kennedy aveva pianificato il percorso del corteo presidenziale a Dallas. Il 19 novembre i due giornali locali di Dallas (Dallas Times Herald e Morning News) pubblicano a tutta pagina, l'itinerario del percorso presidenziale, illustrandolo con cartine dettagliate, orari, ogni particolare informativo possibile. E naturalmente con la modifica che gli farà attraversare Dealey

Plaza, rallentando in modo assolutamente folle e fatale. Perché fu modificato il percorso? E chi giudicò normale pubblicare in dettaglio il percorso di Kennedy in una città che aveva dimostrato d'essergli ostile in più occasioni, in modo evidente e aperto? Come era accettabile per il servizio segreto che il percorso fatto dal corteo fosse così conosciuto in ogni aspetto?

331. L'avvocato e investigatore indipendente (oltre che autore di un saggio divenuto famoso a livello mondiale sul caso Kennedy)Mark Lane, dopo decine di informazioni raccolte, dopo aver analizzato la vicenda della morte del presidente Kennedy a Dallas, dopo aver letto l'intero Rapporto Warren, affermò con profonda critica che il lavoro della Commissione era stato vergognoso, era partito da idee preconcette ed era stata la responsabile di manipolazioni allucinanti. Secondo Lane vi furono almeno due assassini, la morte di Kennedy fu il risultato di un complotto ampio, i colpi fatali giunsero dalla collinetta erbosa (a sostegno di questa tesi, Lane cita testimoni che erano presenti quel giorno fatale e videro giungere i colpi da quella direzione e molto altro, quali uomini in fuga e custodie di armi) e soprattutto il filmato di Zapruder fu manomesso per riuscire – un po' come tutta la storia intorno a Oswald – a far coincidere la versione ufficiale diffusa dal Governo agli organi di stampa, con quel filmato. In particolare i fotograffi 314 e 415 mostravano come Kennedy veniva scagliato indietro e a sinistra dal colpo, mentre nel Rapporto Warren questi due fotogrammi lo mostrano proiettato in avanti per sostenere la tesi del colpo alle spalle, sparato dalla finestra del magazzino dei libri da Le Harvey Oswald. Nel suo libro *L'America Ricorre In Appello, Il Rapporto Warren ha sbagliato?* Naturalmente aggiunge altri dettagli, informazioni e situazioni che non sono stati chiariti e spesso, piuttosto, manipolati. Mark Lane non ebbe vita facile per avere scritto questo libro e sostenuto le sue tesi, ma non si tirò mai indietro, trovando anche sostegno dal procuratore Jim Garrison che si confrontò con interesse in merito al suo lavoro più volte.

332. Il ricercatore indipendente Thomas Buchanan indagò sulla cosiddetta "pallottola magica" che sembrava sfidare ogni legge logica e della fisica, sul fatto che il fucile ritrovato al sesto piano del magazzino dei libri avesse diverse impronte ma nessuna di Lee Harvey Oswald (evidenziò tra le altre cose, un dettaglio gravissimo a livello procedurale, alcune impronte infatti non erano state collegate a nessuno in specifico ma l'FBI sentenziò – senza far menzione a quale criterio si era affidato per un tale giudizio – che erano senza importanza. Ricordò nei suoi scritti, Buchanan, che Oswald sembrava aver avuto un perenne rapporto avverso contro il governo degli Stati Uniti (anche durante la sua permanenza nell'esercito secondo la versione del Governo, vi erano stati atti di insubordinazione e lo stesso Oswald chiese più volte che gli fosse revocata la cittadinanza americana) ma ciò nonostante, in un periodo storico critico come quello della guerra fredda, gli enti governativi ebbero sempre un trattamento privilegiato nei rapporti con lui, infine nessuno seppe mai giustificare con alcun dato e logica, come poté permettersi il povero Oswald i continui viaggi che fece. Il lavoro di Buchanan è stato un lavoro dettagliato e pieno di interrogativi importanti, tuttavia a tali interrogativi alcun esponente del Governo ha mai dato risposta..

333. Durante il processo istituito da Jim Garrison, Vernon Bundy, un 29enne ex drogato, confessò di aver visto con i suoi occhi nell'estate del 1963, Clay Shaw consegnare una busta con dei soldi a Lee Harvey Oswald, sulle rive del fiume Pontchartrain. Shaw si rifiutò di rispondere in merito. Come poteva giustificare che conosceva Lee Harvey Oswald? Come poteva spiegare il motivo per cui aveva dato quei soldi a Oswald?

334. L'avvocato di New Orleans, Dean Andrews, testimoniò di fronte alla Commissione Warren che pochi mesi prima della fine tragica di Kennedy a Dallas, ricevette nel suo ufficio Lee Harvey Oswald. Quest'ultimo si era presentato insieme ad alcuni esiliati cubani per cercare di ottenere, tramite una richiesta legale di qualche tipo, una dicitura diversa sul congedo dal servizio militare, invece che "congedo disonorevole". Poi non sentì più Oswald, almeno finché un certo Clay Bertrand lo chiamò al telefono invitandolo a correre a Dallas per difendere proprio Oswald, ma non fece in tempo a difenderlo perché venne ucciso (e non ebbe neanche la possibilità di essere tutelato da un rappresentante legale durante il suo fermo di polizia..). Nel 1964, quando l'avvocato Mark Lane lo contattò per parlarci, Andrews era spaventato a morte. Confessò senza mezzi termini a Lane che se avesse parlato, avrebbe ottenuto una pallottola in testa. A Washington erano stati chiari. Edward Whalen, un testimone della cospirazione ordita da Ferrie e Shaw, citò il nome di Dean Andrews come uno degli uomini che intendevano uccidere il procuratore Garrison, ma non vi sono prove che l'avvocto Dean Andrews fosse lo stesso uomo visto da Whalen, anzi. Forse è più probabile che fosse un ennesimo falso nome per creare ancora più caos a possibili investigatori indipendenti.

335. L'agente della CIA J. Garrett Underhill dopo qualche giorno che il presidente Kennedy era stato ucciso a Dallas, fece accuse dirette e precise a vari amici a New Jersey affermando che vi era stata una vera e propria congiura ordita dalla CIA per uccidere il presidente. Underhill era un eccellente agente, esperto in geopolitica, armi, spionaggio e svolgeva le missioni più segrete di cui il governo necessitava l'attuazione, se affermava quanto detto, significava che aveva dati, testimonianze, prove d'ogni sorta per supportare ciò. Agli amici aggiunse che probabilmente per i fatti di cui era venuto a conoscenza in merito alla vicenda Kennedy, la sua stessa vita era in assoluto pericolo. Dopo pochi giorni fu trovato morto nel suo appartamento a Washington, il magistrato ritenne opportuno chiudere il caso come suicidio. Peccato che il colpo di pistola fatale che lo aveva abbattuto era dietro l'orecchio sinistro e la pistola fu trovata al suolo lungo il suo lato sinistro. E l'agente J. Garrett Underhill, non era mancino. E non aveva mai dimostrato minime volontà suicide prima di allora. Un'altra misteriosa vittima intorno alla fine di Kennedy.

336. Secondo lo scrittore e giornalista Raymond Tournoux, autore del libro La tragedia del generale, Charles De Gaulle sarebbe stato immediatamente consapevole, una volta venuto a conoscenza dell'attentato e delle molteplici zone d'ombra ad esso correlate, che era stato un lavoro organizzato, supportato e raggiunto con l'ausilio delle forze di polizia e d'intelligence. Nel suo libro Tournoux cita più volte alcune frasi sconcertanti che De Gaulle in merito a tale tragica morte avrebbe detto ad amici, colleghi e interlocutori in forma privata o nei riservati palazzi del potere.

337. Jack Ruby, l'assassino di Lee Harvey Oswald, conosceva più della metà dei poliziotti di Dallas (erano 1200 gli agenti totali del Dipartimento di Dallas) e la stessa Nancy Perrin Rich, barista del suo locale, confermò che i tutori della legge erano molto a loro agio con Ruby, nel suo locale. Lei stessa era stata assunta lì grazie ad una raccomandazione di un poliziotto. Lo stesso Ruby gli aveva spiegato che era importante offrire agli agenti sbronze, donne e gioco, ovviamente a pagamento, mentre per caffè e succhi poteva darne gratis. Le decine di migliaia di violazioni (gioco d'azzardo, risse, scarsi servizi, poco igiene, favoreggiamento della prostituzione, ecc...) che il suo locale Carousel accumulava da anni avrebbero dovuto fargli chiudere i battenti da tempo, eppure per "magia" ogni segnalazione o denuncia che arrivava alla centrale di polizia di Dallas, opportunamente e dopo poco spariva.

338. In data 2 settembre 1961 l'agenzia di stampa Reuters diffuse la notizia che la polizia del Massachusetts stava ricercando un uomo, definito pericoloso e armato, che aveva dichiarato di voler uccidere il presidente Kennedy. L'uomo era giunto nel Massachusetts con un aereo proveniente dal Texas. Era in possesso di un fucile automatico e di una pistola. Di lui non si ebbero più notizie né da parte della polizia né dai media. Chi era quell'uomo? Fu catturato?

339. Il presidente J.F.Kennedy avrebbe dovuto essere assassinato il 2 novembre del 1963, quindi venti giorni prima dell'attentato da Dallas, mentre si svolgeva una partita di calcio tra le squadre dell'esercito e dell'aeronautica nella città di Chicago. L'operazione era astata affidata a cinque elementi. Tale attentato, nella sua logistica e nei dettagli di luogo, data e ora, fu confessato da uno specialista di ricerche giudiziarie di nome Sherman Skolnick. A supporto della veridicità della sua deposizione in merito a tale attentato, meno di un'ora prima che Kennedy giungesse a Chicago, fu arrestato un uomo, certo Thomas Arthur Vallee, per una semplice (a quanto pare) violazione del codice della strada. L'uomo disse che doveva andare ad assistere alla partita tra le due squadre, la partita dove sarebbe stato presente Kennedy. Durante la perquisizione dell'auto, fu rinvenuto un fucile che era stato opportunamente nascosto. L'uomo fu trattenuto. Dopo Dallas, sia Skolnick che altri giornalisti evidenziarono la somiglianza fisica tra Vallee e Oswald. Era forse la "riserva", un altro sosia?

340. L'agenzia di Stampa sovietica Tass una volta venuta a conoscenza della tragica morte di Kennedy e della fine di Lee Harvey Oswald, rilasciò pesanti dichiarazioni dove sottolineava come la polizia di Dallas non aveva mostrato alcune prove concrete contro Oswald, come quest'ultimo si era sempre dichiarato innocente, che la polizia di Dallas non stava cercando realmente gli assassini, che avevano isolato e fatto tacere la moglie di Oswald, Marina, e la madre di lui e si chiedeva il perché di questa serie di assurdità, negligenze, mancanze, manipolazioni..Altre accuse, sempre pesanti, in relazione al trattamento di cui fu vittima Oswald, incredibilmente, furono rivolte anche dal New York Times (almeno finché Johnson non prese concretamente il potere e non fu istituita la Commissione Warren con i massimi poteri e una narrazione unica da far diffondere tramite tutti i media).

341. Il ricercatore e scrittore David Icke riguardo la fine di J.F.Kennedy fa un paragone con la fine del presidente Abramo Lincoln. Quest'ultimo venne ucciso, secondo Icke, perché creò le banconote "greenbacks", denaro stampato dal Governo senza imposizione di interesse alcuno da parte di alcuna banca o ente. Lincoln fu ucciso da John Wilkes Booth, un presunto agente della casa Rothschild. Accadde la stessa cosa a Kennedy quando mise alcune banconote prive di interesse in circolazione (alcune sono tuttora trovabili..), così fu deciso dal sistema di potere bancario privato, dal Matrix, dai detentori dell'emissione della moneta-debito, di ucciderlo. Ma Icke prosegue con le sue analisi e rivelazioni. Chiarisce fin da subito che ritiene un lavoro corale, di più elementi, la fine di Kennedy a Dallas. Un lavoro di più professionisti addestrati, probabilmente provenienti da servizi segreti (CIA o esteri). Ricorda che Kennedy voleva assolutamente ritirarsi dal Vietnam e mettere fine alla guerra (e quindi a visioni geopolitiche imperialiste e aggressive e guadagni delle industrie militari immensi), lo stesso McNamara ammise questa volontà di Kennedy. McNamara era colui che aveva usato l'agente Orange nella giungla vietnamita per avvelenare il nemico con armi batteriologiche. Lo stesso autista dell'auto presidenziale William Greer, secondo Icke, era coinvolto visto che frenò l'auto udendo gli spari, tre, quattro colpi d'arma in sequenza e lui frenò con l'auto invece di accelerare! Sottolinea inoltre che i membri dello staff di Kennedy, Dean rusk, George W.Ball, McGeorge Bundy, Arthur Dean, Walter Roscow, George McGhee, Robert McNamara e Paul Nitze facevano parte dell'esclusivo gruppo Bilderberg, avendo quindi una doppia fedeltà, da una parte al presidente Kennedy e dall'altra a gruppi di potere paralleli. Così come il suo vicesegretario e sottosegretario di Stato Averell Harriman (uno dei principali ideatori della guerra in Vietnam) era un appartenente al Bilderberg. Molti dello staff provenivano inoltre anche dalla Fondazione Rockefeller. Ma Icke sottolinea anche la pericolosità del presidente che sostituì Kennedy. Quando Lyndon Johnson, i cui rapporti con esponenti della malavita organizzata non furono mai negati né smentiti, prese il potere presidenziale una volta morto Kennedy, la guerra al crimine organizzato fu immediatamente ridimensionata ed in molte occasioni letteralmente sospesa. La guerra del Vietnam, accentuata e supportata da Johnson con nuove truppe e impiego di mezzi e propaganda, contribuì anche grazie al supporto della CIA al traffico di droga nell'asia sudorientale. L'emissione di moneta priva di debito creata e in via di diffusione a livello nazionale di J.F.Kennedy, fu immediatamente bloccata da Johnson. Analizzando inoltre i componenti della Commissione Warren, con il lavoro investigativo di Icke, si viene a conoscenza di dati molto importanti. Il primo giudice Earl Warren era un massone di 33°esimo grado, era molto vicino al giornalista Drew Pearson che contribuiva a scrivere storie riguardanti la morte di Kennedy a Dallas che servivano a distogliere l'attenzione dai reali mandanti e potenziali assassini, inoltre si parlò sempre molto dei rapporti collaborativi tra Warren e gli ambienti della malavita, questo senza che nessuno abbia categoricamente smentito tali dichiarazioni. Allen Dulles, capo della CIA, era stato licenziato da Kennedy, fu a capo dell'agenzia durante la pianificazione e la realizzazione del progetto di controllo mentale chiamato MKUltra, fu membro del Consiglio sulle Relazioni Estere ed anche del gruppo Bilderberg. John J.McCoy, presidente del Consiglio sulle Relazioni Estere, anche presidente Fondazione Ford e della Chase Manhattan Bank di Rockefeller, delegato americano per la Fondazione delle Nazioni Unite, membro del comitato dei 300, contribuì a creare la Comunità Europa. Durante il secondo conflitto mondiale si oppose alla possibilità di accettare la resa proposta dal Giappone per aver l'opportunità di utilizzare le due bombe atomiche. J. Edgar Hoover, massone di 33°esimo grado, odiava Kennedy, era legato ad importanti esponenti della malavita organizzata. Gerald Ford, massone di 33°grado, membro del CFR, gruppo Bilderberg, amico dei Rockefeller, vicepresidente di Nixon durante il Watergate. Diventato presidente una volta destituito Nixon, Nelson Rockfeller lo nominò capo di una sorta di commissione di controllo sui servizi segreti. Durante la sua presidenza, scrisse al senatore Frank Church, presidente della Commissione del senato sui servizi segreti, affinchè venissero tenuti segreti ed a lui consegnati i rapporti riguardanti gli omicidi frutto di complotti negli Stati Uniti, compreso quello di J.F.K. Quindi tali uomini

erano coloro che decisero che Kennedy era stato ucciso da
Oswald e che non vi era stata alcuna cospirazione contro la
vita del presidente a Dallas.

342. Nel 1977 un documento riservato della CIA il cui
contenuto fu pubblicato e diffuso dalla ricercatrice Mary
Ferrell, rivelò che i servizi segreti francesi stavano cercando di localizzare un terrorista di nome Soutre, considerato
un possibile, pericoloso, attentatore alla vita di Charles De
Gaulle. Il documento CIA datato 1 aprile 1964 rivela che
la mattina del 22 novembre 1963 si trovava a Dallas, cioè
quell'esatto pomeriggio quando Kennedy fu ucciso a colpì
d'arma da fuoco da mani esperte. Soutre di lì a poco venne
catturato ed espulso dagli Stati Uniti. E di lui non si seppe
più niente. Era forse uno degli assassini di Kennedy? Cosa
ci faceva a Dallas proprio quel giorno?

343. L'agente dei servizi segreti della polizia criminale
di Los Angeles, Gary Wean, rivelò che tramite lo sceriffo
di Dallas Bill Decker, venne a conoscenza di un informatore, che chiamò "John", che diceva di aver informazioni
importantissime, ma quest'ultimo era spaventato a morte
e non avrebbe mai deposto in tribunale in merito a ciò che
sapeva. Confidò all'agente Wean, una volta che questo riuscì ad incontrarlo, che a Dealey Plaza erano presenti vari
individui diversi, alcuni con compiti marginali, altri veri e
propri esecutori della pianificata morte del presidente. Le
agenzie dei servizi segreti operano sempre su più livelli,
dando parti di informazioni e conoscenze diverse a seconda del ruolo e degli individui, in tal modo solo pochissimi
possono avere un quadro più ampio di ogni operazione. A
Lee Harvey Oswald gli era stato promesso che lo avrebbero
fatto fuggire dopo il "finto" assassinio, gli avevano infatti fatto credere che avrebbero solo ferito Kennedy ma tale

ferimento e attentato sarebbe stato sufficiente a far scatenare una guerra contro Cuba e Fidel Castro. Quando però Oswald si rese conto che Kennedy era stato realmente ucciso, iniziò a preoccuparsi e si rende conto che probabilmente era stato usato come capro espiatorio. L'agente Gary Wean non rivelò mai l'identità di "John" almeno finché questi non morì. Dopo il 1991, data di morte di "John", l'agente Gary Wean rivelò che l'uomo che gli aveva confidato tali informazioni era il senatore John Tower che nel 1961 era diventato il primo repubblicano a vincere le elezioni al Senato in Texas. Durante tutta la sua carriera politica aveva sostenuto e supportato il lavoro della CIA e non mancarono ombre sul suo operato, vedi casi in cui traffici d'armi e droga con coinvolgimenti dell'agenzia vennero insabbiati (operazione Iran-Contra sostenuta da George Bush), tuttavia sulla vicenda Kennedy rimase assolutamente sconvolto e le notizie che ebbe, essendo molto vicino ad ambienti dei servizi segreti, lo traumatizzò. Il 5 aprile del 1991, John Tower trovò la morte nell'esplosione del suo aereo privato..

344. L'ispettore federale Rodney Stich, nel suo libro "Frodando l'America", raccolse prove sul coinvolgimento della CIA nell'assassinio di Kennedy e dell'insabbiamento che prese vita subito dopo la tragica morte del presidente a Dallas. Grazie a conoscenza e informatori nei servizi segreti, Stich riuscì a portare alla luce collegamenti e manipolazioni evidenti e significativi di un lavoro occulto e corrotto dietro la questione Kennedy-Dallas-Oswald. Uno di questi informatori e amici era il Colonnello Trenton Parker che rivelò a Stich un fatto veramente incredibile, il seguente: le conversazioni tra i vari congiurati (*Allen Dulles, Johnson, Hoover e altri*) mossi dalla volontà di uccidere Kennedy, furono registrate tramite microfoni negli ambienti e intercettazioni telefoniche. Parker disse inoltre che tali registrazioni e le trascrizioni cartacee di essi, furono consegnati al deputato McDonald (insieme ad altri fascicoli sulle attività sospette o criminali della CIA tra il 1976 e il 1982). Lo stesso deputato rivelò al Congresso che una volta tornato da un viaggio in Medio Oriente, avrebbe rivelato informazioni inimmaginabili sul ruolo della CIA e sulla corruzione governativa. Il volo 007 della Korean Airlines dopo McDonald si trovava, fu abbattuto. L'abbattimento fu attribuito all'Unione Sovietica. Dall'analisi della scatola nera si scoprì che il computer di bordo era stato modificato per far deviare l'aereo sulla Russia, quest'ultima non aveva potuto fare altro che abbattere quell'aereo non autorizzato e non in grado di deviare il proprio tragitto mentre entrava nel paese, altre fonti suggeriscono che vi sia stata un'esplosione all'interno dell'aereo e che non sia stata l'Unione Sovietica ad abbatterlo. In ogni caso McDonald non poté più riferire nulla sulla vicenda CIA, cospiratori contro Kennedy e altro..

345. Il ricercatore e scrittore Edward Jay Epstein rivelò nel suo libro "Inchiesta, La ricerca della verità sull'assassinio di Kennedy", che il giornalista Alonzo Hudkins scrisse sul giornale di Houston che alcuni funzionari texani gli avevano confidato che Oswald lavorava per l'FBI come informatore dal settembre del 1962, ottenendo 200 dollari al mese e avendo come numero identificativo di matricola il numero 179. Questa pista non venne seguita né considerata, si era relegata a pura fantasia inizialmente, anche perché il giornalista non volle dire alla polizia (che aveva chiamato il giornale per avere informazioni in merito) chi fossero questi funzionari o la fonte di tale informazione. Tuttavia a sostegno del suo dire, il servizio segreto presentò alla Commissione Warren, trenta rapporti investigativi, uno di questi, il numero 767, conteneva un'intervista con Hudkins che confidava agli agenti che la sua fonte era Allan Sweatt, cioè il capo della divisione criminale dell'ufficio dello sceriffo di Dallas. Era stato lui, secondo Hudkins a dichiarare che Oswald era pagato 200 dollari al mese, che lavorava come informatore per l'FBI ecc..Incredibilmente Allan Sweatt non venne mai interrogato dalla Commissione Warren, non si tentò mai di accertare la veridicità di questa dichiarazione, non ci fu interesse a valutare la sincerità di Hudkins né di seguire una simile informazione.

346. Dopo due settimane circa l'assassinio di Kennedy, l'FBI interrogò la testimone oculare Eric Walther. La donna disse di essersi trovata, subito dopo l'assassinio, sul alto della strada opposto al magazzino dei libri e di aver visto un uomo imbracciare un fucile alla finestra di uno dei piani superiori del magazzino. L'uomo indossava una camicia bianca e aveva i capelli biondi. Imbracciava un fucile e puntava l'arma verso sud. Un altro uomo era accanto a lui, anch'egli con un fucile in braccio e una giacca marrone. Non riuscì a vedere bene in viso quest'ultimo. Osservò con attenzione i due perché il corteo presidenziale non era ancora arrivato. La testimone rivelò che era assolutamente certa che non si trovavano al sesto piano dell'edificio e che il fucile che imbracciava l'uomo dai capelli chiari era molto grosso, senza alcun mirino telescopico tuttavia. Non seppe descriverlo meglio, disse solo che sembrava quasi una mitragliatrice. La testimonianza di Eric Walther venne presentata come un importante aspetto da presentare alla Commissione Warren, tuttavia ciò non accadde mai. E la testimone non venne mai chiamata a rilasciare e confermare la sua dichiarazione.

347. I testimoni in Dealey Plaza che riferirono di aver sentito provenire gli spari dalla collinetta erbosa furono circa una decina (almeno quelli che la polizia e l'FBI volle ascoltare e considerare), ebbene di tutti loro soltanto uno

cioè Abraham Zapruder – autore del celebre filmato – fu
interrogato dallo staff dello sceriffo di Dallas. Dichiararono tutti che i colpi erano giunti dalla collinetta, eppure
di ciò la Commissione non si interessò più di tanto e nel
suo rapporto definitivo non si diede alcun peso o valore a
tali testimonianze dirette di tutte quelle persone. A sparare, secondo la Commissione, era stato unicamente Oswald
dalla finestra del magazzino dei libri...quindi tutti quei testimoni civili e poliziotti accorsi in direzione della collinetta furono dei visionari?

348. Il corrispondente per l'Europeo, Jerry O'Brien, presente a Dallas nei giorni immediatamente successivi alla
morte di Kennedy, riuscì a trarre una serie incredibile di
informazioni e scrivere un resoconto scioccante di ciò di
cui venne a conoscenza. Secondo il giornalista, il Presidente Kennedy fu vittima di una vasta congiura supportata con
evidenza, con la complicità criminale, di vari esponenti
della polizia di Dallas. Il suo resoconto pone alcuni interrogativi e riporta determinati fatti che non possono essere
ignorati. Conferma innanzitutto che il magazzino dei libri
fu sì circondato, ma non vi fu alcun immediato blocco e
fermo di coloro che si trovavano all'interno e questo per
diverse ore. Com'era possibile una cosa simile? Altra stranezza fu quella di identificare con ottusità e immediatezza
sospetta il magazzino dei libri come l'unica fonte e origine degli spari contro il Presidente Kennedy, perché? Perché non fu condotta una perizia balistica sui proiettili che
uccisero il Presidente Kennedy e ferirono il governatore
Connally cercando di collegarli così rapidamente, all'arma
rinvenuta al magazzino dei libri? Come fu possibile che
l'identikit di Lee Harvey Oswald fu diramato con fotografie e ampia biografia praticamente già dai primi minuti in
cui era stato fermato? Già si conosceva chi fosse? Non era
forse questa un'ennesima prova di un piano ben studiato

in precedenza? Come fu possibile sostenere che l'agente Tippit morì a causa del suo tentativo di arrestare Oswald come sospetto assassino del Presidente Kennedy, quando il suo identikit fu diramato un'ora dopo la morte dello stesso agente Tippit? Fu Tippit a sparare, era un ottimo tiratore, dalla finestra del magazzino dei libri e poi fu sempre lui a trovare la morte per mano di colui che gli aveva promesso una ricompensa per il suo lavoro, Jack Ruby? Perché la polizia di Dallas parlò di un vecchio fucile Mannlicher – Carcano da attribuire ad Oswald? Perché nel piano iniziale Lee Harvey Oswald avrebbe dovuto essere subito ucciso, mentre così non accadde visto che si rifugiò in un luogo pubblico e si fece arrestare..

349. Il termine "complotto","complottismo" o "cospirazione" e "cospirazionismo" è stato "forgiato" e largamente diffuso dalla CIA proprio dalla morte di Kennedy in poi. Quando non si è potuto più trattenere lo scetticismo e il sano interrogarsi di fronte alla vicenda oscura e piena di manipolazioni della fine di Kennedy e delle indagini su cosa accadde a Dallas, allora si decise di far "bombardare" i media (giornali, libri, articoli, servizi televisivi, ecc..) con i termini sopra citati, al fine di rendere paranoica e dietrologica qualsiasi idea che si discostasse dalla versione ufficiale governativa. Quella messa in atto dalla CIA fu l'ennesima guerra psicologica di cui fece esperienza il popolo americano e non solo. Anche in Europa, salvo rari casi, si poté ragionare per un po' in modo serio sulla vicenda Kennedy, almeno finché il "virus" dell'etichetta di "complottista" non fu assegnata a tutti coloro che muovevano dubbi e portavano avanti inchieste in modo indipendente e diverso dal volere governativo Made in USA.

350. Il fascicolo completo e approfondito relativo a Lee

Harvey Oswald ed al suo reale coinvolgimento circa la fine
di Kennedy a Dallas nel 1963, è rinchiuso nell'archivio nazionale americano in una sezione inaccessibile (livello Top
Secret) fino all'anno 2039 quando potrà essere consultabile,
questo per volontà del Presidente Johnson. Qualcuno protestò in merito, vedi l'avvocato Mark Lane, ma dal governo
la risposta fu che si intendeva tutelare la famiglia Oswald..
ma era proprio Marina Oswald e Marguerite Oswald (la
madre di Lee) che avrebbero voluto chiarezza e giustizia in
merito al loro marito e figlio ucciso e accusato d'un delitto
di tale gravità.

351. Un individuo assolutamente importante da conoscere e da studiare è, James E. Files. Da ragazzo visse come
un delinquente, segnalato più volte dalla polizia. A sedici
anni uccise a Saint Louis, l'uomo responsabile della morte
di sua sorella, sparandogli con un fucile da caccia al volto. Nel 1959 entrò nell'esercito degli Stati Uniti, divisione paracadutisti. La sua prima missione si svolse nel Laos
(operazione White Star) dove venne immediatamente trasformato in un agente dell'intelligence. Fu uno dei primi
soldati all'interno delle truppe da combattimento segrete
inviate in Vietnam per studiare, destabilizzare, registrare
con ricognizioni, determinati aspetti della successiva guerra in pianificazione. Quando le sue dichiarazioni vennero rese pubbliche (tramite vari giornalisti investigativi ed
anche tramite i tentati contatti con il regista Oliver Stone che tentò più volte di intervistarlo mentre stava realiz-
zando il film JFK) l'FBI smentì alcun esperienza militare
ed in ambito di Intelligence di Files, quest'ultimo rispose
tranquillamente che i dati in merito al suo servizio nell'e-
sercito e nell'intelligence erano stati cancellati dalla CIA
in modo assoluto e non sarebbe stato possibile verificare
alcun dato in merito, soprattutto per le missioni segrete e
tanto più nel coinvolgimento con l'assassinio di John Fitz-

gerald Kennedy a Dallas. Tuttavia, nel 1995, John C. Grady, lo storico ufficiale della divisione 82esima Airbone e del 505esimo reggimento fanteria paracadutisti, affermò d'aver individuato sia il suo numero di matricola (in un file nascosto, quasi abbandonato) e un fascicolo nello schedario militare dell'esercito che confermava il suo arruolamento nell'82esimo reggimento Airbone e la sua presenza nel Laos. Lo storico consulto tali fascicolo ma non ne fece copie. Quando tentò di visionargli nuovamente, non ci fu possibile. Non esistevano più, erano stati come cancellati. Di fronte alle sue richieste, ricevette via mail e tramite contatto diretto con il responsabile dell'archivio dell'esercito americano la seguente affermazione: "Non disponibili ulteriori informazioni in merito". Dopo oltre un anno di servizio militare, Files disse che era stato portato di fronte alla corte marziale nel Maryland per aver ucciso due dei suoi uomini nel Laos. In quell'occasione ebbe la protezione della CIA per salvarsi da una condanna certa e venne reclutato come agente della stessa agenzia. Il suo reclutatore fu David Atlee Philips, l'uomo che secondo Files, era il responsabile dell'altro agente CIA, Lee Harvey Oswald. Philips consegnò a Files la pistola Remington XP-100 "Fireball", munita di proiettili speciali dirompenti, direttamente nelle sue mani per la missione fatale di Dallas, quella dove avrebbe dovuto uccidere il presidente. Cosa che, secondo le sue affermazioni, fece, esattamente posizionato dietro la staccionata, sulla collinetta erbosa. Tramite un incredibile intervista registrata nel 2003, James Files, rilasciò questa e una lunga serie di dichiarazioni che fecero sicuramente scalpore. L'ex agente della Cia James Files disse che si trovava a Chicago nel 1963 quando il malavitoso Charles Nicoletti (era stato amico e collaboratore della famiglia mafiosa) gli si avvicinò mentre si trovava in un locale e lo invitò a fare un giro in auto. Durante il percorso in auto gli rivelò di un piano per uccidere il presidente John Fitzgerald Kennedy a breve, l'operazione era stata pianificata dalla CIA, supportata dalla malavita e parte del reclutamento uomini era stato affidato a lui stesso. Il criminale gli confidò che si era pensato a Chicago come luogo dell'attacco, ma alla fine fu deciso di farlo a Dallas. Files non era l'unico attentatore ingaggiato, nel magazzino dei libri ad esempio vi era lo stesso Nicoletti con un fucile automatico per sparare i primi colpi. Quando decise di partecipare all'attentato si trasferì a Dallas una settimana prima della visita di JFK, dove si incontrò successivamente sia con Nicoletti che con David Atlee Philips. Incontrò anche Lee Harvey Oswald, andarono spesso insieme al poligono per provare armi ma non parlarono mai tra loro del progetto di assassinare il presidente, Files è convinto che Oswald non sapesse nulla di ciò. Appena due giorni prima della morte di Kennedy, Nicoletti giunse a Dallas e disse a Files che Johnny Rosselli, un altro affiliato alla malavita di Chicago, era arrivato in aereo con una squadra di assassini e agenti speciali della CIA per portare a termine la missione, ma ciò nonostante sia lui che Files dovevano fare la loro parte. A Files furono date brevi ma chiare direttive, doveva sparare solo se Nicoletti, che avrebbe sparato dal Dal-Tex Building (palazzo dalla parte opposta del magazzino dei libri), avesse mancato il bersaglio o lo avesse solo ferito ed era assolutamente fondamentale che nessuno colpisse la first lady Jacqueline Kennedy. Dopo tali direttive, Files decise di usare, con il fucile datogli da Atlee, proiettili con la punta limata e iniettati con mercurio (tramite contagocce) e sigillate con la cera, per far sì che esplodessero all'impatto in modo letale e dirompente. Si posizionò dietro la collinetta erbosa ed indosso una giacca doubleface da ferroviere, mentre nascose l'arma in una piccola valigia. Quando vide arrivare il corteo di Kennedy iniziò a mirare al suo occhio destro, poi iniziò a sentire i colpi sparati da Nicoletti e iniziò a contarli. Un colpo non andò a segno, così decise di entrare in gioco. Sparò alla testa di Kennedy, fu il suo il colpo fatale per il presidente. Subito dopo ripose l'arma e si allontanò indisturbato, anche protetto probabilmente da uomini della CIA giunti su quell'aereo che fermarono le persone che erano corse verso dove si trovava lui. Giunse a piedi verso un'autorimessa, lì trovò sia Nicoletti che Rosselli, con loro ritornò a Chicago. Secondo Files, Lee Harvey Oswald non ha mai sparato un colpo quel giorno a Dallas, Jack Ruby era presente a Dealey Plaza, Oswald non uccise J.D.Tippit.. James Files rilasciò la prima intervista nel 1994, rivelando preziose informazioni sul suo legame con l'ambiente malavitoso, la CIA e qualche informazione sulla vicenda Kennedy, la successiva come precedentemente detto, fu rilasciata nel 2003 e fu in quest'ultima, dove approfondì il suo incredibile coinvolgimento con la cospirazione mortale contro Kennedy. Tale dichiarazione-confessione, la rilasciò unicamente perché la stessa FBI fece il suo nome alla stampa. Non aveva quindi rivelato tali cose volontariamente, ma solo in risposta e difesa dalla fuga di informazioni attuata dall'agenzia di intelligence. A supporto del racconto di Files vi sono vari elementi, i dati raccolti sulla sua esperienza in Laos, i rapporti con Nicoletti (era divenuto un suo autista e guardia del corpo, cioè un braccio destro di una figura di spicco della mafia di Chicago), aveva per questo criminale fatto vari "lavori" e guadagnato la sua fiducia, soprattutto per la sua freddezza e abilità nell'uso delle armi da fuoco. Molti testimoni hanno confermato di aver visto James Files e Charles Nicoletti insieme in più occasioni. Ricercatori indipendenti hanno confermato l'associazione alla mafia di Chicago di Files, un ex agente della CIA ha confermato che vi fosse un fascicolo con il suo nome nella sede della CIA a Miami nel 1960, il pilota d'aereo William Robert Plumlee, agente CIA, conferma il "curriculum" criminale di Files e i suoi legami forti con la CIA, il proprietario del parcheggio dove Nicoletti e i vari boss parcheggiavano le auto, ricorda che proprio Files era l'uomo di fiducia che poteva avvicinarsi alle auto, solo lui. Insomma ci sono elementi che possono rendere credibile la confessione di Files..fu davvero lui lo sparatore dietro la collinetta erbosa? Colui che diede il colpo fatale a Kennedy?

352. Un informatore dell'FBI poco dopo la morte dell'agente J.D.Tippit rivelò che proprio tale agente della polizia di Dallas, era il vero assassino di John F. Kennedy. Questo rivelano gli ultimi documenti de-secretati e accessibili sulla vicenda Kennedy. L'informatore non sa se Oswald ha ucciso Tippit, ma afferma con certezza che l'agente fu uno degli assassini di Kennedy e forse per questo morì esattamente 45 minuti dopo aver compiuto la sua missione, ucciso da coloro che non volevano che vi fossero testimoni scomodi. Secondo la nota inviata all'FBI, l'informatore ricevette tale informazione da un certo H. Theodore Lee (*non si è mai scoperto se vi furono fatte indagini in merito a questo individuo o se fosse un nome fittizio per nascondere un'altra identità*), l'uomo aveva raccolto tali rivelazioni in contesti vicini al Comitato Fair Play for Cuba (*dove Lee Harvey Oswald era coinvolto e responsabile*) e che l'agente Tippit, a capo di una sezione della John Birch Society a Dallas, conosceva probabilmente sia Oswald che Jack Ruby e tutti loro tre erano stati risucchiati da un vortice senza ritorno, ordito dai capi della cospirazione.

353. Il vicepresidente di "Life" che acquisto il filmato di Zapruder, fu anche sostenitore del lavoro del procuratore Jim Garrison, tenne inizialmente chiuso in cassaforte il famoso filmato della morte di Kennedy, ma si dice che era intenzionato a farne uno scoop giornalistico e di venderlo a breve ad una qualche emittente televisiva. Perché non lo fece o perché non accadde ciò? Ricevette forse pressioni o minacce sulla possibile diffusione? Non si potè capire, perché esattamente l'anno dopo aver acquistato il filmato, nel settembre del 1964, morì per un attacco di cuore. Il filmato rimase quindi inedito per oltre 10 anni. La diffusione di quel filmato, nella sua forma originale avrebbe distrutto completamente la narrazione della Commissione Warren e si sarebbe dovuto riscrivere tutta la vicenda della morte di Kennedy a Dallas. Quando nel 1973, apparì per la prima volta in televisione, il filmato era stato modificato (senza peraltro riuscire a spiegare i movimenti della testa di Kennedy e il palese colpo laterale).

354. Una donna di nome Rose Cheramie fu trovata priva di sensi in Louisiana lungo il ciglio della strada. Il tenente Francis Frugé della polizia di stato la soccorse, portandola in ospedale. La donna una volta ripresasi, rivelò che era stata gettata dall'auto in corsa da due gangster che lavoravano per Jack Ruby dopo che l'avevano drogata. I due uomini, disse la donna, erano coinvolti in una cospirazione per uccidere John Fitzgerald Kennedy di lì a pochi giorni in Texas, a Dallas. La sua dichiarazione si rivelò estremamente interessante visto che esattamente un giorno e mezzo dopo il presidente Kennedy fu ucciso a Dallas. Raccontò la sua esperienza anche a medici ed infermieri, era decisamente spaventata e sotto effetto di droghe. I due uomini infatti l'avevano drogata, su ordine di Ruby, con l'obbiettivo di stordirla, fargli dimenticare ciò che aveva udito e soprattutto a potenziali uditori, farla considerare null'altro che una tossicodipendente paranoica. Dopo che avvenne l'attentato mortale a Kennedy, Rose venne interrogata nuovamente dalla polizia. La donna raccontò nuovamente dei due uomini che aveva sentito parlare dell'obbiettivo di uccidere Kennedy a Dallas e di Jack Ruby che aveva ordinato loro di sbarazzarsi di lei, inoltre aggiunse che aveva visto più volte Lee Harvey Oswald frequentare il night club di

Ruby. Il tenente Frugé dopo la morte di Kennedy informò delle dichiarazioni della donna le autorità del Texas, ma quest'ultime dissero di non essere interessante. La donna confessò a Frugé si sarebbe rifiutata di parlare comunque con le autorità federali per evitare di essere coinvolta in questa vicenda oscura e mortale. Secondo il tenente che la soccorse, le sue dichiarazioni (anche sui giri di droga gestiti da Ruby e nel suo locale) si erano rivelate fondate e dette con sincerità. La donna confessò di esser stata coinvolta in alcuni traffici di droga gestiti dalla malavita e da Jack Ruby, ma dopo aver sentito della cospirazione, avevano deciso di liberarsi di lei. Il procuratore Jim Garrison nel 1967 venne a conoscenza della sua figura e testimonianza ma non poté parlarvi perché Rose Cheramie fu trovata morta nel settembre del 1964, un anno dopo la fine di Kennedy a Dallas. La causa di morte inizialmente si pensò fosse stato un semplice investimento, cioè un incidente stradale, tuttavia da un esame approfondito durante l'autopsia, si notò una ferita alla testa precedente all'urto con l'auto investitrice, inoltre la strada dove fu investita era una strada solitaria e fuori mano, non vi era nulla per chilometri. Come era arrivata sin lì e perché si trovava a piedi, senz'auto? Tuttavia la questione del colpo alla testa precedente all'investimento non venne troppo preso in considerazione, il caso fu quindi chiuso in fretta come un investimento stradale. L'assurdità però di questa morte non fu solo questa, ma anche il fatto che Rose morì investita mentre si trovava letteralmente sdraiata (ancora una volta..) sulla strada. L'investitore disse che non era riuscito ad evitarla, l'aveva trovata distesa proprio sulla carreggiata principale e lì investita, prendendola proprio tra il collo e la testa. La polizia non stabilì alcun collegamento tra la vittima e il guidatore e non pensò vi fossero ulteriori motivi d'indagine. Si diffuse immediatamente alla sua morte, la notizia che la donna investita aveva avuto precedenti per droga e il suo nome si accostò sempre a problemi di tossicodipendenza, fu sicuramente un abile mossa per considerare anche le sue valide dichiarazioni sulla cospirazione dette poco tempo prima che si verificasse l'evento tragico di Dallas, come frutto di delirio e follia. Cosa ci faceva Rose distesa in mezzo alla strada? Era forse drogata in quel momento? L'autopsia negò questo fatto. Quindi? Nessuno rispose in merito, il caso era chiuso..eppure la donna disse cose incredibili, soprattutto di aver saputo di una cospirazione in atto per assassinare Kennedy..

355. Il venditore di auto Albert Guy Bogard testimoniò all'FBI di aver incontrato Lee Harvey Oswald perché quest'ultimo era interessato all'acquisto di un furgone, cosa che poi non comprò. Era forse un furgone per Ruby (Jack Ruby fu visto da testimoni scendere da un furgone a Dealey Plaza con una custodia contenente qualcosa di simile ad un fucile..)? Bogard si uccise qualche anno dopo e fu registrato come suicidio, si uccise proprio quando il procuratore Garrison stava approfondendo la vicenda Kennedy con la sua ampia e potente inchiesta, cioè quando l'attenzione sulla vicenda Kennedy stava tornando forte..

356. L'amico di David Ferrie, Eladio Del Valle, morì 24 ore dopo il suo amico pilota, per quello che i giornali chiamarono un regolamento di conti della malavita perché Del Valle aveva dei precedenti con la giustizia. Peccato non fu detto di più, ovvero che Del Valle facesse parte di un'unità militare segreta chiamata *Operazione 40* sponsorizzata e supportata dalla CIA per sostenere azioni di guerriglia in America centrale e Cuba. Conosceva molti agenti dello spionaggio presenti a Dallas e a Miami, uno tra questi l'agente David Atlee Philips (collaboratore di James Files, il presunto ex agente CIA che sparò dalla collinetta erbosa). Era davvero un regolamento di conti della malavita oppure la sua amicizia con David Ferrie e la sua collaborazione con la CIA lo avevano messo nelle condizioni di essere un testimone scomodo?

357. Il coroner di New Orleans, Nicholas Chetta, che fece l'autopsia a David Ferrie, morì di infarto pochi anni dopo tale autopsia. Aveva forse visto e compreso qualcosa che non doveva? Era stato spaventato da qualcuno tramite minacce? Sicuramente non disse molto in merito all'assunzione di Ferrie di farmaci che non avevano alcun senso di trovarsi in casa sua e che furono la causa di quello strano suicidio..

358. Il cameramen Charles Mentesana filmò varie scene negli immediati attimi successivi all'attentato in Dealey Plaza, dai poliziotti intorno al magazzino dei libri, gli investigatori vicino al Dal-Tex Building, un'auto dei pompieri giunta per allontanare i curiosi. Alcuni suggeriscono che filmò anche figure che non avrebbero voluto né dovuto apparire negli attimi successivi all'attentato e altri ancora che in una delle sequenze girate, riprese il fucile recuperato dalla polizia all'interno del magazzino dei libri (o da un altro edificio non è dato sapere) e tale fucile non era il Carcano. Capire quante sequenze avesse realmente girato e se filmò qualcosa che lo mise nei guai non è dato sapere, pochi anni dopo la morte di Kennedy fu colpito da un fatale attacco di cuore.

359. John Crawford era amico di Jack Ruby e del vicino di casa di Oswald, Frazier, conosceva bene entrambi. Probabilmente era a conoscenza di molti fatti e situazioni che, con la vicenda Kennedy, i giornalisti in cerca di notizie sensazionali, i federali, la CIA e l'FBI in stato d'allerta, non sarebbero stati facilmente gestibili a livello sociale e politico se ne avesse parlato..ma successe ciò che probabilmente non doveva essere una novità per coloro che sapevano troppo in relazione alla vicenda di Dallas, morì. Rimase ucciso in un incidente aereo. Il suo velivolo privato precipitò al suolo senza lasciarli scampo, aveva solo 46 anni e non aveva mai fatto alcun incidente prima.

360. Il politico, avvocato e membro della Camera dello stato della Louisiana, Thomas Hale Boggs, che faceva parte della Commissione Warren espresse dubbi sulle conclusioni della stessa Commissione, lo fece sia in sede interna che con i giornalisti e, si dice, anche con alcuni investigatori indipendenti sul caso Kennedy, uno tra tutti il procuratore Jim Garrison. Questo suo dissenso aperto sul Rapporto Warren e sulle conclusioni raggiunte, creò non pochi problemi non solo per la Commissione stessa, costituita da persona assolutamente potenti, ma anche per l'opinione pubblica americana che trovava conferma nei dubbi di Boggs che qualcosa non tornasse nella versione ufficiale governativa e che ci fosse motivo di indagare meglio, trarre diverse conclusioni e dare credito a nuove indagini in merito. Boggs quasi dieci anni dopo mentre si trovava su un volo privato in Alaska, nella tratta Anchorage-Juneau, in data 16 ottobre 1972, sparì insieme ai suoi collaboratori e piloti e non fu mai più ritrovato.

361. Joseph Milteer era un attivista politico di estrema destra in Georgia, viaggiava molto ed era molto ricco e potente. Non vedeva assolutamente di buon occhio Kennedy e non ne faceva mistero. Il 9 novembre del 1963, poco tempo prima dell'attentato a Dallas, si confidò, senza esserne a conoscenza del suo ruolo, con un informatore della polizia di Miami rilasciando dichiarazioni gravissime. William Somersett, questo il nome dell'informatore della polizia, si era infiltrato segretamente in vari gruppi politici di estrema destra (Consiglio dei cittadini bianchi di Atlanta, partito degli Stati Nazionali, Congresso della Libertà,ecc..) ed era riuscito anche in varie occasioni a registrare conversazioni con Milteer proprio sul tema Kennedy-Dallas e omicidio del presidente. Milteer, ricordiamolo un uomo estremamente potente e facente parte di circoli politici di rilievo nel paese, gli confessò che era in lavorazione un attentato mortale contro Kennedy, che ormai JFK era un uomo segnato, al centro del mirino e che lo svolgimento dell'attacco mortale si sarebbe svolto probabilmente con un uomo appostato alla finestra di un edificio, con un potente fucile e che la polizia di Dallas avrebbe arrestato in poche ore un capro espiatorio, giusto una vittima da gettare in pasto al pubblico. Rivelazioni devastanti, incredibili se si pensa quando furono dette, se si pensa che furono registrate (vi fu quindi una prova tangibile e conservabile nel tempo), una serie di dichiarazioni dette a poche settimane dalla fine di Kennedy a Dallas, vittima di una cospirazione che avrebbe avuto esattamente tali modalità di svolgimento e fasi successive di "sceneggiatura". Il ricco estremista di destra Joseph A. Milteer il 22 novembre 1963 chiamò il suo confidente e amico (in verità informatore della polizia) Somersett per comunicargli con feroce soddisfazione che si trovava a Dallas quel giorno e che Kennedy non avrebbe mai più avuto occasione di vedere Miami. Sulla presenza di Milteer a Dallas vi è un incredibile testimonianza, oltre alla telefonata fatta all'informatore della polizia Somersett, ovvero la fotografia di James Altgens in Houston Street, pochi secondi prima che svoltasse su Elm Street, andando incontro alla morte. Dopo la morte di Kennedy (incredibilmente si svolse come Milteer aveva predetto) l'informatore della polizia Somersett fu considerato non attendibile e mentalmente instabile, lo stesso Joseph Milteer venne considerato come un mitomane abituato a dire cose esagerate per attirare l'attenzione e la foto documentata con Milteer presente a Dallas, in modo nitido ed evidente, fu smentita dicendo che il soggetto nella foto non era lui ma qualcuno che gli assomigliava. Milteer morì qualche anno dopo per l'esplosione di uno scaldabagno o caldaia, non è mai stato reso noto in chiaro. La vicenda si concluse così, senza alcun approfondimento o indagine sulla sua figura e sulle sue dichiarazioni, né sui nastri registrati dall'informatore.

362. James Chaney fu l'agente di polizia in moto che affiancava il corteo presidenziale a Dallas. Precisamente si trovava dietro l'auto di Kennedy, sul lato destro. Disse, intervistato dai giornalisti in diretta nazionale, che aveva visto il presidente colpito frontalmente. La sua dichiarazione venne totalmente ignorata. Una decina di anni dopo, quando vari investigatori indipendenti stavano facendo riparlare della vicenda Kennedy-Dallas con nuove indagini, morì di un attacco di cuore.

363. Il pilota dell'aereo americano U2 abbattuto in Russia nel 1960, Francis G. Powers disse che Lee Harvey Oswald aveva dato informazioni ai russi per intercettare gli U2. Come interpretare questa sua dichiarazione? Fu un modo per dipingere ancora Oswald come il nemico comunista e traditore della nazione oppure se vi fosse stata veridicità nelle sue dichiarazioni, per suggerire ad orecchi attenti che probabilmente venne condannato ad essere un capro espiatorio proprio come punizione per il suo doppio gioco con i Russi in merito all'affare degli U2? Powers non ebbe più modo di parlare né di Oswald, né della vicenda degli U2, perché morì in un incidente in elicottero.

364. Il 31 gennaio del 1992, la rete televisiva NBC condusse un sondaggio telefonico in cui chiedeva ai cittadini americani chi secondo loro avesse ucciso il Presidente Kennedy a Dallas. Ricevettero 30.000 telefonate in sole tre ore. Il 51% disse che era assolutamente convinto che fosse stata la CIA..ma nel 1967 solo un uomo aveva avuto il coraggio di affermare ciò alla luce del sole, palesemente, in contrasto con tutti i media e il Governo, il procuratore Jim Garrison.

365. I servizi segreti, la CIA in primis, furono i responsabili del disastro della Baia dei Porci ma addossarono la colpa al presidente Kennedy per non aver supportato il tentativo di sbarco e colpo di stato tramite l'aviazione. Il Presidente resosi conto dell'assoluta anarchia e indipendenza di questa tirannica organizzazione d'intelligence che spingeva per colpi di stato, che dava vita ad azioni violente senza alcuna decisione presidenziale, si scusò di fronte alla Nazione per la vicenda della Baia dei Porci, prendendosi la responsabilità ma dietro le quinte si mosse per smantellare totalmente la CIA e il suo immenso e dispotico potere, al fine di rifondarla e farla sottostare a leggi e giuste valutazioni geopolitiche, probabilmente fu questa una delle cause che lo condannò. Licenziò Allen Dulles, a capo della CIA e altri vertici dell'intelligence..

366. L'autore di un importante testo di indagine indipendente sulla fine di Kennedy a Dallas, Jim Marrs, (autore di "Crossfire: The Plot That Killed Kennedy") sostiene che vi sia stata con evidenza una terribile cospirazione ordita dall'FBI, dalla CIA e da altre agenzie governative per uccidere il presidente. Considera Oswald una pedina inconsapevole di una strategia molto più ampia. Probabilmente, suggerisce l'autore, era a conoscenza di un piano per uccidere Kennedy ma non avrebbe mai sospettato di essere posto al "centro del mirino". Sempre secondo questo autore, il vero movente dietro l'omicidio di JFK, è da ricercare nella sua volontà ferrea di porre fine al disastroso conflitto del Vietnam e di frenare quindi gli immensi gruppi di potere conosciuti e occulti che sostenevano l'industria bellica e il complesso militare-industriale che vi vorticava intorno. L'analisi di Marrs ha ricevuto critiche ed accuse, ma non si può negare che il suo lavoro sia accurato e frutto di un lungo lavoro.

367. Il regista Oliver Stone realizzò il film "JFK", nel 1991, dove diede spazio alla rappresentazione di una vasta cospirazione ordita tra diverse agenzie governative dietro la fine di Kennedy. Stone basa il suo film a livello di sceneggiatura sul lavoro del procuratore Jim Garrison (protagonista del film, interpretato dall'attore Kevin Conster), dove tra le altre cose, sottolinea come Lee Harvey Oswald non fu il vero assassino di Kennedy ma soltanto un "utile idiota" sfruttato per costruire su di lui l'immagine del "killer solitario", immagine comoda a non indagare ulteriormente..Il regista nel suo film e nell'occasione di promuovere tale coraggiosa pellicola, sostenne che l'assassinio del presidente JFK era stato motivato da complessi interessi politici ed economici, dalla sua avversione alla guerra del Vietnam, fino a spinose questioni legate ai diritti civili, per arrivare poi all'idea di smantellare il potere della Federal Reserve in funzione di un diverso sistema monetario. Stone anche il fatto che l'assassinio di Kennedy sia stato coperto e manipolato dal governo degli Stati Uniti, in particolare attraverso la Commissione Warren, affinché non si capisse veramente di aveva organizzato l'attentato e chi aveva deciso che non vi dovessero essere altri colpevoli al di fuori di Oswald.

368. Lo scrittore e giornalista David Talbot (autore di "Brothers: The Hidden History of the Kennedy Years") sostiene dietro la morte di JFK e d suo fratello vi sia stata un evidente cospirazione. Nel suo libro, Talbot dimostra che le due morti non sono state casuali, ma hanno rappresentato un attacco ai principi democratici degli Stati Uniti da parte delle forze dell'establishment, di poteri occulti e di grandissimi potentati industriali in seno al mondo militare. Talbot ritiene che il coinvolgimento della CIA sia stato molto più ampio di quanto precedentemente sospettato da altri autori o investigatori. Talbot ritiene che Robert F. Kennedy fosse sulla buona strada per diventare presidente degli Stati Uniti e che la sua morte stava rappresentando una minaccia fatale per gli stessi poteri che avevano assassinato il suo fratello.

369. Howard Hunt, un noto agente della CIA, già implicato nel caso Watergate, prima di morire consegnò al figlio un memoriale registrato (*audio*) dove rivelava gli autori che realmente vi erano dietro la morte del Presidente Kennedy. Autori ed esecutori, individui che lui aveva personalmente conosciuto e coperto all'epoca dell'attentato. Disse che l'agente segreto della CIA, Frank Anthony Sturgis e l'agente CIA David Sanchéz Morales, dormivano in appartamenti in affitto a Dallas, sia nei giorni precedenti all'attentato al presidente che il giorno stesso e che furono loro i due tiratori, che colpirono in modo letale il presidente. Vi è una foto scattata a Dealey Plaza quel giorno che ritrae tre uomini vestiti in modo trasandato, come dei barboni, che vengono accompagnati dalla polizia in qualche direzione, ebbene sia Sturgis che Hunt (presente a Dealey Plaza per supervisionare il lavoro dei due agenti e tiratori) sembrano assomigliare a due di quei individui. La Commissione incaricata di gettar luce sulla vicenda Kennedy tuttavia smentì qualsiasi collegamento o validità di tale osservazione e confronto fotografico. Nel 1992 una giornalista di nome Mary La Fontaine scoprì nei registri degli arresti del 22 novembre del 1963 - *documenti rilasciati dal Dipartimento di Polizia di Dallas solo nel 1989 , anche in questo caso ci si chiede quale sia la motivazione di un tempo così lungo quando ufficialmente per il governo vi* *era un unico colpevole, assassino e attentatore ovvero Lee Harvey Oswald* – che i tre fermati avevano nomi diversi (*sarebbe stato comunque ovvio dare false generalità in quanto spie al soldo della CIA*), erano stati trovati nascosti dentro un vagone nei cantieri ferroviari e che erano stati rilasciati appena quattro giorni dopo senza ulteriori indagini. Anni dopo tuttavia molti identificarono nel terzo uomo della foto, l'agente CIA sotto copertura Fred Lee Crisman, conosciuto e interrogato dal procuratore Garrison..ma ormai tutto era già stato deciso e la storia considerata chiusa. La confessione audio dell'agente Hunt tuttavia non si ferma qui, anzi. L'agente CIA rivelò che nella cospirazione ordita contro la vita di J.F.K. vi erano coinvolti sia come sostenitori che come attivi esecutori, oltre ai due agenti CIA Sturgis e Morales, anche Cord Meyer (anch'egli agente CIA), David Atlee Phillips (Ufficiale della CIA), William Harvey (Alto ufficiale della CIA, coinvolto anche nell'operazione Mangusta) e un tiratore scelto francese di cui non citò il nome ma che tuttavia molti identificano con Lucien Sarti, un trafficante internazionale di droga, esperto tiratore. Rivelazioni queste gravissime per due principali motivi, il primo poiché provengono da una fonte estremamente autorevole (un agente CIA che ha dedicato la sua vita all'Intelligence e che sapeva molte cose visto il suo alto grado raggiunto) e il secondo motivo perché sono una testimonianza in punto di morte, nella consapevolezza di non aver più nulla da temere ma le cui verità non si vogliono più avere come peso sulla coscienza, rivelazioni insomma che non avrebbero alcun motivo d'essere menzognere, soprattutto alla luce del fatto che i figli di Hunt confessarono, dato lo sgomento dei media, che molti elementi della vicenda Kennedy non erano stati raccontati nelle memorie scritte e pubblicate del padre perché quest'ultimo temeva di essere accusato di falsa testimonianza o peggio, ma di fronte alla consapevolezza di morire di lì a poco per un grave male, decise di lasciare viva testimonianza, tramite la sua voce, di ciò che veramente accadde e di ciò in cui fu coinvolto. Poco dopo che le rivelazioni di Hunt alla stampa ed ai media avevano fatto scalpore, gli stessi figli e la vedova incredibilmente confessarono che il padre aveva perso lucidità mentale in quelle dichiarazioni e gli stessi giornali e media ritenerono improvvisamente quelle sue parole registrate non più come sensazionali o motivo di analisi, ma come "*inconsistenti*" e frutto di "vaneggiamenti". Che strano e repentino cambio di rotta.. Sturgis fu "libero" in ogni caso, da ogni indagine, nonostante le rivelazioni di Hunt e continuò a fare il suo lavoro di agente CIA per il mondo, dal Portogallo, (*fu coinvolto nell'assassinio del ministro portoghese Francisco de Sà Carneiro e altre sei persone, fu chiamato dai media l'Affare Camarate, dove l'aereo su cui viaggiavano esplose. I due complici di Sturgis una volta catturati, confessarono il ruolo di Sturgis come quello dell'ideatore ed esecutore, ma non venne mai catturato ne vi fu un mandato di cattura*), all'Angola, poi in Honduras, a Cuba, in Unione Sovietica, a Tunisi..

370. Chauncey Holt, un tipografo ed agente CIA a contratto sotto copertura, lavorava infatti per il Boss mafioso Mayer Lansky (non si accertò mai se Lansky sapesse che fosse un agente CIA e non avesse avuto nulla di cui preoccuparsi visto i legami collaborativi tra Mafia e Intelligence, accertati da numerose testimonianze), rivelò dopo molti anni – solo nel 1992 – che era stato coinvolto nella vicenda Oswald-Dallas-Jfk in modo diretto. Innanzitutto era uno dei tre cosiddetti vagabondi fermati nei pressi di Dealey Plaza, precisamente dentro un vagone dello scambio ferroviario, e fotografati quel giorno mentre venivano scortati da un agente di polizia. Holt non rivelò mai precisamente il perché si trovasse in quel vagone e chi fossero i suoi compagni fermati insieme a lui, tuttavia ammise che vi erano numerosi agente dell'intelligence quel giorno a Dallas, coinvolti in una missione che prevedeva ben altro che la sicurezza del

Presidente Kennedy. Holt aveva inoltre creato per la CIA tre falsi documenti di identità per Lee Harvey Oswald che poi effettivamente Lee usò, uno con il nome di Lee Henry Oswald, un altro con il nome di Lee Leon Osborne e l'ultimo con l'identità di Alex Hidell. Ma se Holt, che lavorava per la CIA, aveva fornito questi tre diversi documenti d'identità a Lee Harvey Oswald, non era forse ragionevole pensare che anche Lee Harvey Oswald fosse un agente CIA, sotto copertura, ed avesse bisogno di più identità? Non è ragionevole concludere che i diversi documenti servivano a Lee per interpretare un ruolo all'interno di una missione?

371. Madeleine Brown, amante Texana di Lyndon B.Johnson, ebbe da quest'ultimo anche un figlio, rimasto segreto per decenni, rivelò particolari incredibili sulla vicenda che riguardava la tragica morte del presidente Kennedy. La donna fu presente ad una riunione segreta che si svolse proprio a Dallas, precisamente nella villa del petroliere Murchinson, proprio la sera prima del fatale attentato al presidente Kennedy. È interessante notare come la sera prima della fine del presidente, gran parte dei i suoi acerrimi nemici siano presenti proprio a Dallas e che molti di loro furono presenti alla riunione di cui fu testimone Madeleine Brown. Vi era quel giorno a Dallas, Richard Nixon, che aveva appena perso le elezioni contro JFK e che disponeva, secondo documenti FBI svelati anni dopo, d'un informatore incredibile se si pensa alla successiva vicenda JFK-Dallas, ovvero di Jack Rubenstein, conosciuto poi a livello mondiale come Jack Ruby, l'assassino di Lee Harvey Oswald, colui che lo mise a tacere per sempre. Vi era Lyndon Johnson, il vicepresidente che era stato letteralmente imposto ai Kennedy dal capo dell'FBI J.Edgar Hoover, che veniva mal visto proprio dalla famiglia Kennedy per i suoi legami di sudditanza nei confronti dello strapotere dell'FBI e per l'acceso militarismo guerrafondaio sempre pronto a servire gli interessi dell'apparato militare-industriale. Lo stesso

Johnson non fece mistero della sua avversione per i Kennedy che accusò più volte di essere i rampolli della mafia irlandese, accusa terribile quanto infondata, rivolta proprio a coloro che combattevano la mafia ed i suoi legami collaborativi con l'Intelligence in un contesto storico dove ancora si negava con tenacia la sua esistenza. Sempre in città quel giorno, vi era Howard Hunt, braccio destro di Allen Dulles, capo della CIA che era stato licenziato in malo modo da Kennedy dopo il fallimentare modus operandi della Baia dei Porci. Si pensi alla sottile ironia e perversa situazione quella che si realizzò dopo la tragica morte di Kennedy a Dallas: A chi venne affidato dal presidente Johnson il compito di indagare sulla morte di Kennedy? Esattamente ad Allen Dulles, l'uomo che divenne il vertice della Commissione Warren. A Dallas vi era George Bush, futuro direttore della CIA e presidente degli Stati Uniti d'America. Con un volo privato da Washington giunse in città, a Dallas, anche J.Edgar Hoover la sera prima. Hoover, consapevole dei continui scontri con il ministro della Giustizia Robert Kennedy, era assolutamente consapevole che non sarebbe stato confermato l'anno precedente, inoltre i due fratello Kennedy erano giunti alla consapevolezza di alcune verità devastanti sul suo tirannico e individualista operato, tra operazioni illegali con omicidi commissionati senza un criterio logico, squadre di assassini impuniti al servizio dell'FBI, collusioni con apparati criminali mafiosi, tentativi di colpi di stato in nazioni estere sovrane, torture come prassi per interrogatori e/o esperimenti e così via..probabilmente i Kennedy stavano per far calare la mannaia della giustizia e dell'ordine sul suo regno di violenza e caos, Hoover non si sarebbe salvato. Quando Hoover e gli altri personaggi, precedentemente elencati, presenti a Dallas e nello specifico nella villa, si ritrovarono assieme, dopo poco, mentre la festa aveva ormai preso piede con invitati, bevute e chiacchere di circostanza, si ritirarono in una sala a porte chiuse. May Newman, cameriera dei Murchinson testimoniò la presenza di Hoover e degli altri invitati quella sera, precedente alla fine di Kennedy, a Dallas in quella villa. nella villa. Dopo circa un'ora, la riunione finì e Edgar Hoover ripartì in tutta fretta per Washington. Alla fine di quella riunione, al termine di quell'incontro tra potenti personalità del paese, l'amante di Johnson, Madelein Brown disse di aver visto Johnson con un grande sorriso e un'aria distesa e che lo stesso Johnson senza tanti giri di parole disse che da quel momento i Kennedy non lo avrebbero più ostacolato. Di cosa avevano parlato i nemici di Kennedy in quella riunione privata a Dallas la sera prima della morte di Kennedy? Perché Kennedy non avrebbe più creato problemi a Johnson?

372. La vicenda del soldato d'elité e criminale James Files, presunto tiratore e omicida della collinetta erbosa, non sarebbe mai stata conosciuta se Zack Shelton, un agente dell'FBI non avesse saputo di questo individuo tramite un informatore. Quest'ultimo gli raccontò di come James Files, che al tempo era impegnato in furti d'auto che da Chicago portava a Dallas, gli confessò, passando proprio per Dealey Plaza, che se gli americani sapessero come andarono veramente le cose, probabilmente non riuscirebbero mai ad accettarlo. L'informatore gli disse che era certo di come Files fosse coinvolto nell'attentato al presidente.. A quel punto Shelton volle indagare e chiede al suo superiore un supporto in merito a questa sua pista, ma il superiore gli negò l'autorizzazione a proseguire tale strada. A quel punto Zack, non potendo fare più nulla, passò l'informazione a Joe West, un investigatore privato di Dallas che da anni indagava sulla vicenda JFK-Dallas e si impegnava da anni per far riaprire il caso. West riuscì a rintracciare Files in una prigione dell'Illinos e iniziò con lui un lungo dialogo tramite lettere, ma Files negò qualsiasi coinvolgimento. Poi si sentirono al telefono, ma Files gli fece presente che le telefonate venivano registrate e se proprio dovevano vedersi avrebbe preferito di persona. Quando si videro, Files si rese conto delle buone intenzioni di West ma iniziò a parlare soprattutto perché comprese che il suo nome era stato diffuso al "pubblico", ad altre persone, da un agente dell'FBI. Per 28 anni nessuno aveva mai saputo della sua esistenza, almeno finché l'FBI non lo aveva "smascherato". Sentitosi tradito, l'ex agente CIA Files decise di raccontare a West la sua storia in merito alla vicenda Kennedy. Gli disse molte cose certo, ma non gli disse che era stato lui a sparare dalla collinetta erbosa. West una volta parlato con Files divenne assolutamente convinto della necessità di far riesumare il corpo del presidente. Files infatti gli aveva confidato che il presidente Kennedy era stato colpito da un proiettile al mercurio e che tale sostanza sarebbe venuta fuori da un esame medico sul corpo, provando la veridicità delle sue affermazioni e tutta una serie di personaggi coinvolti. Joe West presentò tale richiesta di riesumazione ma prima che avesse risposta, dovette sottoporsi ad un intervento chirurgico dove purtroppo perse la vita. Le circostanze della morte, se per una malattia o un errore medico, non furono mai chiarite. James Files tuttavia non ebbe mai dubbi in merito alla sua fine e dichiarò che sicuramente West era stato ucciso affinché non venissero alla luce nuovi indizi (uno su tutti le tracce di mercurio) in grado di distruggere la versione "ufficiale" della Commissione Warren. Gli erano state date, secondo voci giunte in carcere agli orecchi di Files, le medicine sbagliate a West, medicine che lo portarono rapidamente alla morte. Alla morte dell'uomo, Files, si sentì colpito e come responsabile di quella fine, così contattò un documentarista per rilasciare un'intervista al fine di creare un documentario in grado di fornire, tramite una parte del ricavato, un sostegno economico alla vedova di West. Il nome di James Files e tutte le informazioni da cui rilasciate vennero così alla luce del sole, anche di fronte a decine di investigatori indipendenti del caso Kennedy. Le sue dichiarazioni trovarono molte conferme in merito alla veridicità degli elementi espressi, infatti per esempio, fu provato che Nicoletti e Rosselli (due malavitosi) erano presenti a Dallas quel giorno, proprio come aveva dichiarato Files. Lo stesso Files disse inoltre che aveva saputo direttamente da Rosselli come era giunto a Dallas, ovvero grazie ad un aereo della CIA. Tale cosa fu confermata dal pilota che guidò quell'aereo, un certo Tosh Plumlee, agente e pilota CIA, ammettendo che trasportò alcuni uomini tra cui Rosselli, ma negando di sapere il motivo di quel viaggio. Files fu avvicinato anche dal regista Oliver Stone che stava lavorando sul suo film JFK ma rifiutò di parlare con lui, una prova che non ha mai cercato notorietà (anzi accusò l'FBI di aver fatto il suo nome dopo che era stato in silenzio e sconosciuto per 28 anni), quindi tenendo di conto anche delle conferme agli eventi e personaggi coinvolti raccontati dall'agente Files, sospettando che West non sia morto accidentalmente e valutando Files come non un mitomane in cerca di visibilità ma un testimone attendibile..come si può rimanere indifferenti alle sue dichiarazioni? Nell'ultima intervista rilasciata, James Files ha confessato che a distanza di anni ha provato un sincero dispiacere per la sua azione mortifera, un azione che all'epoca, disse, sembrava la cosa giusta da fare ma che a distanza di tempo portò, parole sue, tanta amarezza per ciò che JFK avrebbe potuto fare e per il dolore che segnò i suoi figli..forse un liberarsi anche la coscienza per Files?

373. Quest'ultimo punto è dedicato a chi non è stato citato nelle sue rivelazioni importanti in questo volume, a chi troverà nuove tracce importanti, a chi scoprirà nuovi testimoni sconosciuti, a chi riuscirà ad accedere a numerosi documenti fondamentali presenti in archivi ancora segreti, a chi si impegnerà per dare giustizia al presidente Kennedy, ad un'epoca, per dare giustizia a chi fu ucciso o minacciato affinché non dicesse la verità, perché la verità trionfi e illumini e riscaldi con la sua calda luce le coscienze di tutti.

SECONDA PARTE:

Citazioni

1. È un lavoro della polizia. O lo hanno ordinato o hanno permesso che accadesse. In ogni caso, la polizia vi è coinvolta. *(Dichiarazione riservata del Presidente del Consiglio francese Charles De Gaulle, raccolte dall'autore Raymond Tournox)*

2. Una delle cose che non riesco a capire è come poté [Lee Harvey Oswald] uscire dall'edificio. Io certo non avrei lasciato passare nessuno.

(U.E.Baughman, Capo del Servizio Segreto)

3. La mia impressione immediata è stata che su da..da quello che chiamate il monumento o quel che è...c'era qualcuno che sparava petardi..e la polizia stava correndo in quella direzione.

(James Targue, un testimone a Dealey Plaza ferito alla faccia probabilmente da una scheggia di un proiettile in rimbalzo riferendosi alla zona della collinetta erbosa)

4. Ho saputo che qualcuno ha manipolato le medicine di Joe [West, investigatore indipendente sul caso Kennedy che aveva intervistato l'agente CIA e criminale James Files] e gli hanno dato le medicine sbagliate. Perché volevano metterlo a tacere.

(Dichiarazione di James Files, ex agente CIA e criminale, presunto tiratore della collinetta erbosa)

5. Un nero di nome Jules Pfeiffer era l'autista di Virginia Murchinson fu chiamato dalla villa grande. C'era una grande festa per un ospite molto speciale che stava arrivando da Washington per andare alla festa ed era chiamato "bulldog" che poi ho saputo essere J.Edgar Hoover.

(May Newman, cameriere della famiglia Murchinson, testimonia di una riunione segreta a Dallas il giorno precedente alla morte di Kennedy dove vi era presente anche il capo dell'FBI e nemico dei Kennedy, J.E.Hoover)

6. Non ci fu bisogno di informare Lyndon Johnson dell'assassinio, non era necessario prospettargli altri problemi vista la sua totale propensione a favorire movimenti nel sud est asiatico. [...] La larga parte della burocrazia governativa e cioè tutte le persone chiave erano già state avvisate o almeno così si deve supporre dato che non si trattò di una cosa da niente. La verità è che l'FBI cominciò a collaborare con la CIA e con gli esecutori dell'assassinio nel giro di poche ore.

(Procuratore Jim Garrison)

7. Vorrei che le persone che ne hanno il potere, che dicono che lui è colpevole, mostrassero le prove. Non solo una parte, ma tutte le prove sul tavolo. E decidere solo a quel punto se è colpevole o innocente. Io so che è innocente. Ma il pericolo che si sappia la verità, distruggerebbe questa nazione.

(Dichiarazione di Marina Oswald, moglie di Lee Harvey Oswald, durante un'intervista molti anni dopo la morte del marito)

8. La morte di Kennedy è un dolore universale e individuale, forse perché egli sembrava incarnare tutte le speran-

ze e le aspirazioni di questo nuovo mondo che sta lottando per rinascere dalle ceneri del vecchio mondo
(Harold MacMillan)

9. Le autorità di Dallas, favorite e incoraggiate dai giornalisti, dalla radio e della televisione, hanno calpestato qualsiasi principio di giustizia nel loro comportamento verso Lee H.Oswald. È loro preciso dovere proteggere ogni singolo carcerato, non soltanto la società, e dare a qualsiasi accusato la possibilità di difendersi davanti a un regolare tribunale. Eppure, prima ancora che l'accusa fosse stata pronunciata e le prove presentate, e mentre il prigioniero continuava a negare, il capo della polizia e il procuratore distrettuale dichiararono Oswald colpevole. "Si può dire che il caso sia chiuso" affermò il capo della polizia
(New York Herald)

10. [Jack Ruby] aveva strettissimi legami con la polizia di Dallas, conosceva personalmente oltre la metà dei milleduecento agenti in servizio in città.
(Joseph Johnson, Capo orchestra al locale Carousel di Jack Ruby)

11. Oswald non fu altro che una comparsa in una rappresentazione con implicazioni più vaste, una pedina che fu manovrata dai cospiratori. Una volta che ebbe fatta la sua parte, fu ucciso e il suo corpo gettato alla folla. Al pubblico, dopo tutto, qualcosa doveva pur essere detto.
(Dichiarazione Centro Studi Kennediani di New York)

12. Non ho mai sentito fare a Oswald dichiarazioni antiamericane o filocomuniste. Si compiaceva di avere il nome di Robert E. Lee, che considerava il più grande uomo della storia

(Peter Francis Connor, compagno di Lee nel Corpo dei Marines, riguardo la sua conoscenza di Oswald mentre era con lui di stanza ad Atsugi, in Giappone)

13. Tutto quello che riesco a immaginarmi è che [l'impronta di Lee Harvey Oswald] fosse il risultato di una specie di assorbimento dovuto al fatto che quella domenica notte faceva un grande caldo. Si poteva prendere l'impronta della carta segnaletica di Oswald e schiacciarla contro il fucile. Deve essere successo qualcosa del genere.

(Agente Vincent Drain, incaricato dall'FBI di valutare la veridicità e valenza dell'impronta di Oswald confermata dalla polizia di Dallas sul fucile Mannlincher Carcano)

14. Quanto i ventisei volumi di verbali e documenti relativi all'inchiesta furono pubblicati, si vide subito che il rapporto Warren zoppicava da ogni parte. Molte delle sue conclusioni non erano suffragate dalle prove. La dimostrazione che Oswald non agì da solo esiste; ma è rinchiusa negli archivi nazionali, in una sezione dichiarata inaccessibile fino al settembre dell'anno 2039 per ordine del presidente Johnson. Quindi per prima cosa gli archivi devono essere aperti e il materiale reso noto al popolo americano.

(Mark Lane, Avvocato e investigatore indipendente)

15. Ho sempre provato simpatia per Oswald e non mi sembra giusto che lui o i suoi figli debbano portarsi addosso per sempre quelle stigmate. Quando Oswald, era un agente CIA e probabilmente si trovò coinvolto in qualcosa

di più grande e di cui fu vittima.
(Dichiarazione di Chauncey Holt, Agente CIA a contratto sulla figura di Lee Harvey Oswald)

16. È assolutamente improbabile sparare con un fucile munito di cannocchiale tutti i tre colpi [sparati a Dealy Plaza] in cinque secondi
(Hubert Hammerer. Campione olimpionico austriaco di tiro con carabina)

17. Sono convinto che la pallottola che mi ha ferito non è la stessa che ha ferito il Presidente. Io ho sentito il sibilo di quella pallottola, mi sono girato e solo al termine di questo movimento sono rimasto ferito. Su questo non cambierò mai idea
(Governatore Connally)

18. Nel 1964 mi prefissi di restare lontano da quel pasticcio. Molti altri testimoni venivano tempestati di telefonate e lettere minatorie, o sottoposti a rappresaglie crudeli perché avevano parlato. Inoltre, il numero die morti fra le persone implicate in qualche modo nel caso Kennedy aumenta costantemente: a tutt'oggi ha superato le due dozzine.
(James Thomas Tongue, testimone presente a Dealey Plaza e ferito da una scheggia di un proiettile, durante l'intervista con Gianni Bisiach)

19. Mi restano due cose importanti alle quali voglio consacrarmi, educare i miei figli nello spirito in cui li avrebbe educati il loro padre e conservare viva, con tutti i mezzi, la memoria di mio marito. Credo che queste due cose bastino

a riempire l'esistenza di una donna.
(*Jacqueline Kennedy*)

20. Vidi un uomo correre [dalla collinetta erbosa] verso le auto parcheggiate di fianco ai binari della ferrovia. Quest'uomo aveva una camicia bianca senza cravatta e indossava un paio di calzoni color cachi. I suoi capelli mi sembravano lunghi e neri. Data l'agilità con cui correva, poteva avere circa 25 anni.

(*J.C.Pryce, Testimone di uno sparatore in fuga dalla collinetta erbosa verso il parcheggio*)

21. Non so se sarò, oppure no, invitato a dare il mio piccolo contributo alle udienze della Warren, non m'importa. Comunque quando sarà tutto finito potrò sempre andare a pisciare sulla tomba di JFK. Riposi in pace.

(*Kerry Thornley, Marine, probabile agente del servizio segreto, sosia di Lee Harvey Oswald, amico del mafioso John Rosselli*)

22. Bisiach: Lei ritiene che ci fu un complotto, che si trattò di molte persone?

Sig.Ra Oswald (Madre di Lee Harvey Oswald): Sì, certamente.[...] ci fu con assoluta certezza una cospirazione per assassinare il presidente ed un complotto per uccidere mio figlio. [...] Mio figlio fu una pedina. [...] Molte persone sono morte misteriosamente: tutto torna al suo posto [...] Tutto accade al momento opportuno [...] Non è possibile che tutto ciò coincida così perfettamente, volta dopo volta, al cento per cento. C'è qualcosa che non va, siamo sempre allo stesso punto, «loro» continuano ad uccidere.

(*Intervista di Gianni Bisiach alla madre di Lee Harvey Oswald*)

23. Non posso rispondere a questo. Non posso assolutamente entrare in questo argomento. Penso sia meglio che me ne vada. Il problema è che finiremmo per avere addosso il dannato governo federale. Ho forse bisogno di dirtelo? Potrei essere ucciso, e così anche tu.

(Dichiarazione di David Ferrie, ex pilota militare e collaboratore dei servizi segreti in risposta a cosa accadeva nell'ufficio di Guy Banister, ex agente dell'FBI al servizio ancora dei servizi segreti durante l'interrogatorio del procuratore Jim Garrison)

24. Oswald era pagato 200 dollari al mese dall'FBI in relazione alle indagini dell'FBI sulle attività sovversive e il numero di matricola di Oswald era s-172.

(Confidenza di Allan Sweatt, capo della divisione criminale dell'ufficio dello sceriffo di Dallas, al giornalista Alonzo Hudkins)

25. Vidi [dalla collinetta erbosa] uno sbuffo di fumo e un lampo di luce

(Lee Bowers, Testimone posto in cima alla torre ferroviaria, ovvero in una posizione rialzata nei confronti della collinetta)

26. Oswald non ha avuto nulla a che fare con l'assassinio. [...] Oswald non c'entrava per niente, in realtà si trovava al primo piano e guardava la parata.

(Procuratore Jim Garrison)

27. Un processo sarebbe stato impensabile. Tutti avrebbero parlato. Così la polizia si rivolse ad un informatore che non poteva rifiutare nulla e che essa controllava perfettamente. Quest'uomo [Ruby] assunse il compito di uccidere il falso assassino, col pretesto di difendere la memoria di Kennedy [...] L'America sta diventando un Paese sempre meno stabile.

(Dichiarazioni riservate del Presidente del Consiglio francese Charles De Gaulle, raccolte dall'autore Raymond Tournox)

28. Beh mi ha cercato ... è uno strano modo per cominciare ... ma io ero pilota di auto da corsa e istruttore di guida su un circuito locale e il signor Nicoletti [Charles Nicoletti, malavitoso di Chicago, con legami con la CIA] mi aveva preso in simpatia per la mia guida, mi osservò in diverse occasioni e una volta mi chiese se una sera volevo guidare per lui. L'ho accompagnato fuori e ho guidato per prova la sua auto che aveva appena acquistato: un nuovo modello Ford ...Lui era abbastanza contento per la mia guida e da allora in poi sono diventato il suo autista e ho fatto diversi "lavori sporchi" per lui. Finché mi propose di partecipare all'attentato a Kennedy.

(James Files, ex agente CIA, presunto sparatore della collina erbosa in un'intervista rilasciata nel 1994 e 2003 per difendersi dalla fuga di notizie in merito alla sua figura da parte dell'FBI)

29. Le parole di John Kennedy quando lo licenziò [Allen dulles, capo della CIA] furono all'incirca queste:" Se fossimo in Inghilterra, sarei io a dovermene andare, ma siamo in America e quindi te ne vai tu." Il generale Cabell non perdonò mai Kennedy, in particolar modo per aver messo fine alla sua brillante carriera all'Intelligence Service

(Procuratore Jim Garrison)

30. Le autorità di Dallas sono passate sopra a ogni principio di giustizia nel modo di trattare Oswald. Dopo due

giorni di indagini, nell'atmosfera elettrica di una città in-
fiammata dall'assassinio del presidente, la traduzione in
carcere è stata effettuata in pieno mezzogiorno, sbandie-
rando l'annuncio ai quattro venti. È una oltraggiosa mancanza di responsabilità da parte della polizia.

(New York Times)

31. Verso le 11:55 vidi una giardinetta sporca, una Oldsmobile del 1959 giungere verso di me. Quest'auto aveva la
targa di un altro stato, senza lettere. Aveva anche incollato
al finestrino posteriore, un manifesto con la scritta "Goldwater per il 64 [Barry Goldwater era il candidato repubblicano alle elezioni presidenziali del 1964]. L'automobile
fece unicamente un giro della zona, lentamente e poi se ne
andò. La guidava un uomo bianco di mezza età, dai capelli
brizzolati. Verso 12:15 arrivò un'altra automobile, guidata
da un uomo bianco tra i 25 e i 35 anni: era una Ford del 1957
nera, a due porte, con targa del Texas. Pareva che l'uomo
avesse a bordo un microfono o un telefono collegato con un
filo. Qualche istante dopo che quest'auto se ne fu andata, a
12:20 ne arrivò una terza: una Chevrolet Impala del 1961, a
quattro portiere, piena di polvere fino ai finestrini. Anche
quest'auto aveva un adesivo con scritto "Goldwater per il
64". Alla guida vi era un uomo bianco tra i 25 e i 35 anni,
con capelli lunghi biondi. Quest'ultimo restò nella zona
molto più degli altri due. Anche quest'auto aveva una targa simile a quella dell'Oldsmobile del 1959 e lasciò la zona
all'incirca a 12:25. Otto o dieci minuti dopo, sentii almeno
tre spari, molto vicini gli uni agli altri. Immediatamente
dopo la zona venne invasa dalle persone che venivano da
Elm Street.

*(J.C.Pryce, Testimone affacciato ad un piano molto in alto di un
palazzo davanti a Dealey Plaza)*

32. A quel punto [una volta terminata una riunione segreta dove vi erano presenti vari potenti nemici dei Kennedy, tra cui il capo dell'FBI J.Edgar Hoover e Lyndon Johnson] mi prese per le braccia e con voce profonda mi sussurrò all'orecchio:" Quei figli di puttana dei Kennedy non mi umilieranno mai più. Non è una minaccia, è una promessa."

(Testimonianza di Madelein Brown, amante di Johnson, in relazione ad una frase dello stesso Johnson detta con aria distesa e un gran sorriso al termine della riunione segreta tenuta a Dallas nella villa della famiglia Murchinson il giorno prima della morte di Kennedy in città)

33. Quell'uomo imbracciava un fucile con la canna puntata verso il basso e guardava in direzione sud, verso Houston Street. Indossava una camicia bianca e aveva capelli biondi o chiari. [...] Il fucile appariva piuttosto grosso, sembrava una mitragliatrice. Non aveva alcun mirino telescopico. A sinistra dell'uomo biondo, ve ne era un altro, in piedi, anch'esso armato di fucile e con una giacca marrone indosso. Quest'ultimo non sono riuscita a vederlo bene in viso. La finestra da cui si erano posizionati non era quella del sesto piano.

(Eric Walther, testimone oculare presente a Dealey Plaza, posizionata dalla parte opposta della strada in confronto al magazzino dei libri)

34. Gli assassini del presidente Kennedy stanno cercando di coprire le loro tracce..La polizia di Dallas che sosteneva di essere in possesso di prove sufficienti per mandare Oswald sulla sedia elettrica e parlava di importanti deposizioni rese dalla moglie del presunto criminale, invece di presentare questa donna ai giornalisti, l'ha completamente isolata insieme con la madre di Oswald e le ha costrette a tacere. Perché? Ora, anche lo stesso Oswald tace per sempre. Era il solo uomo accusato e fino alla fine aveva recisamente negato la sua partecipazione a tale crimine

(Agenzia di Stampa Sovietica Tass)

35. Ti porto a cena, ma non posso parlare sul caso [Kennedy ucciso a Dallas]. Ho chiamato Washington e mi hanno avvertito che se dico qualcosa finirò per beccarmi una pallottola nella testa.

(Rivelazione dell'avvocato Dean Andrews al collega Mark Lane che stava indagando proprio sulla vicenda della fine di Kennedy)

36. Non ho scelto io Dealey Plaza, a me hanno detto di studiarla da vicino, studiare le strade chiuse, gli incroci con la ferrovia, gli orari di passaggio dei treni, conoscevano già il percorso del corteo presidenziale. Mr Nicoletti [mafioso e collaboratore CIA] mi chiese: "Per farmi da riserva [tiratore di supporto] dove ti piazzeresti?" Io gli dissi: "Il posto che preferisco è in cima al prato, dietro alla staccionata. Lui mi chiese: "Perché?". Gli risposi: "Ho la ferrovia che mi copre le spalle e se giro la mia giacca doubleface sembro uno che lavora nelle ferrovie. Chuck [Nicoletti] disse:" Dobbiamo colpirlo alla testa". "Questo l'ho capito" gli risposi. Lui disse: "Tu non devi sparare, a meno che diventi necessario. Se io manco il bersaglio, allora tocca a te. Ma tu non devi sparare a meno che io sbagli. [...] Per chi non lo sapesse, il "fireball" [arma usata da Files secondo la sua confessione per uccidere Kennedy] è un fucile tagliato, era un'arma in grande anticipo sui tempi, quello era un prototipo. [I proiettili] erano delle calibro 22. Lui [specialista di Chicago che le aveva preparate] aveva limato la punta, le aveva forate con il trapano, poi aveva introdotto il mercurio con il contagocce e le aveva sigillate con la cera in modo che esplodessero all'impatto. Chuck mi chiese: "Perché usi il Fireball, che ha un colpo solo?" Gli ho detto: "Se devo aspettare che tu abbia finito posso sparare un colpo soltanto. Non potrei mai sparare un secondo colpo se devo aspettare fino all'ultimo." Lui disse: "D'accordo, decidi tu". [...] Quando hanno cominciato a scendere lungo Elm Street hanno cominciato a partire dei colpi da dietro, io ho pensato che fosse Mister Nicoletti perché c'era lui nell'edificio e sapevo che Johnny Rosselli [criminale mafioso] era con lui. Sentivo partire i colpi, ma nonostante il Presidente venisse colpito io lo consideravo mancato perché sapevo che dovevamo colpirlo alla testa. Capivo che era stato colpito al corpo, ma non sapevo in che punto. Ho visto il corpo piegarsi, poi piegarsi ancora, ho sentito un altro colpo andato a vuoto, non dovevamo colpire nessuno eccetto Kennedy. Il governatore Connally era stato colpito una volta e non erto nemmeno sicuro di quello, perché cercavo di tenere Kennedy centrato nel mirino del Fireball. Quando sono arrivato al limite del mio campo di tiro, ho puntato sul lato sinistro della testa, perché se avessi aspettato ancora, Jacqueline Kennedy sarebbe entrata nella traiettoria e mi avevano detto che a lei non doveva succedere niente. In quel momento ho pensato: "Questa è l'ultima possibilità che ho di sparare e ancora non è stato colpito alla testa." Nel momento in cui ho sparato, io e Nicoletti abbiamo sparato quasi nello stesso istante e la testa [di John Fitzgerald Kennedy] è andata prima in avanti, poi indietro. Il suo proiettile deve aver colpito 1 millesimo di secondo prima del mio e questo ha spinto la testa in avanti e così ho mancato l'occhio a sinistra e ho colpito la tempia sinistra.

(*Confessione dell'agente James Files rilasciata ad un giornalista, durante la permanenza in carcere per un duplice tentato omicidio di agenti di polizia, in relazione al suo coinvolgimento diretto in merito alla fine di Kennedy a Dallas. Confessione rilasciata dopo che vi era stata una fuga di notizie da parte dell'FBI in cui era venuto fuori il suo nome)*

37. A mio parere, indipendentemente da quanto è stato concluso dai membri del comitato, le fotografie riprese nel cortile sono sicuramente contraffatte

(Dichiarazione del consulente fotografico dell'House Committee Robert Groden sulle foto nel cortile del presunto Lee Harvey Oswald)

38. Informatore della Polizia: Come diavolo pensi che sarebbe il modo migliore per colpirlo?

Joseph Milteer: Da un edificio con uffici, grazie ad un fucile ad alta potenza..Lui [Kennedy] sa di essere un uomo segnato..

Informatore: Cercheranno davvero di ucciderlo?

Joseph Milteer: Oh sì, è in lavorazione..

Informatore: ..se quel Kennedy viene ucciso [...] sai sarà una vera scossa se lo fanno...

Joseph Milteer: Non lascerebbero nulla di intentato in quell'occasione, non c'è possibilità. Andranno a prendere qualcuno entro poche ore. [...] proprio per gettare qualcuno al pubblico... [...]

Informatore: Pensi che sappia di essere un uomo segnato?

Joseph Milteer: Certo che lo sa.

Informatore: Cercheranno davvero di ucciderlo?

Joseph Milteer: Oh sì, è in lavorazione. [...]

Informatore: Colpire Kennedy sarà un progetto difficile, ve lo dico [...] L'edificio con uffici e tutto questo. Non so come sia possibile con gli agenti dei servizi segreti a coprire tutti gli edifici..[...]

Joseph Milteer: Beh qualche sospetto lo troveranno, naturalmente. [...]Il tempo è però piacevole, uno esce dalla veranda e qualcuno potrebbe essere in una camera d'albergo dall'altra parte della strada e colpirlo proprio da quella.

Informatore: E' fattibile?

Jospeh Milteer: Certo, basta smontare un arma. Non è necessario chissà cosa, la smonti lassù e puoi farne pezzi. Puoi smontarla..

(Dialogo registrato tra un informatore della polizia di Miami e il ricco estremista di destra Joseph Milteer che si confidava il 9 novembre del 1963 sull'essere a conoscenza di un imminente attacco mortale contro il Presidente Kennedy)

39. [Gli agenti dell'FBI] mi dissero che ciò non aveva nessuna attinenza con il caso in questione. Furono proprio loro a dirmi di dimenticarmelo.

(Il testimone di Houston Street, a fianco della Dealey Plaza, Arnold Rowland, dopo aver dichiarato di aver visto due uomini, di cui uno con la pelle scura e uno che imbracciava un fucile, ad una finestra del sesto piano del Magazzino dei libri)

40. Ci avevano detto di trovarci a Dallas per la sera del 21 novembre e che Charles Nicoletti e Leo Moceri dissero volevano venire in auto con noi, così potevamo darci il cambio alla guida, senza bisogno di fermarci. Arrivammo a Dallas solo la mattina del giorno 22. Fornii loro anche dei falsi distintivi del servizio segreto.

(Dichiarazione spontanea ad un giornalista dell'agente sotto co-

pertura dell'FBI Chauncey Holt, presente a Dallas, l'uomo fornì anche vari documenti di identità falsi a Lee Harvey Oswald ma del ruolo di Nicoletti e Moceri non seppe mai dare alcun'informazione)

41. L'inchiesta viene praticamente abbandonata appena poche ore dopo l'assassinio del presidente degli Stati Uniti; le perquisizioni sono sospese; le strade e le stazioni non sono sotto controllo; dall'aeroporto di Love Field (Dallas) gli aerei partono per le altre città degli Stati Uniti e anche per l'estero senza che la polizia prenda neppure visione delle liste dei passeggeri. E per coronare il tutto, dopo le 17 del 22 novembre, giornalisti, curiosi e chiunque altro può percorrere dal basso in alto l'edificio del Texas School Book Depository [Il magazzino dei libri]; ognuno può portar via quel che gli pare.

(Bernard Michal, Autore del libro "I grandi enigmi della guerra fredda")

42. Proprio qui sotto questi alberi, in questo punto preciso. Era come se qualcuno avesse fatto esplodere un petardo. Il fumo era bianco

(S.M.Holland, Testimone presente sul luogo dell'attentato a Dealey Plaza, posizionato sul cavalcavia che attraversa Elm Street, riferendosi all'origine dei colpi provenienti dalla collinetta erbosa)

43. È logicamente insostenibile, legalmente indifendibile, moralmente inammissibile dichiarare Lee Harvey Oswald l'assassino del presidente Kennedy.

(Léo Sauvage, Corrispondente da Washington per Figaro)

44. L'uomo che correva verso la collinetta aveva qualcosa con sé che sembrava una custodia di un fucile.

(Julian Anna Mercer, Testimone presente a Dealey Plaza)

45. Il poliziotto ha buttato a terra la moto e stava arrivando di corsa, con la pistola in mano. Due uomini in giacca e cravatta gli vanno incontro, gli mostrano i distintivi. Lo hanno fermato e lui non si è mai avvicinato. È tornato giù dal prato.

(Dichiarazione del presunto tiratore della collinetta erbosa, ex agente CIA, criminale malavitoso con legami mafiosi, James Files)

46. Può darsi che quei viaggi [i viaggi di Oswald in Unione Sovietica e in Messico]si inquadrassero in un piano concernente la sicurezza nazionale, e in tal caso non potevamo, al tempo in cui facemmo la nostra relazione, rivelarne la natura

(Earl Warren, Giudice a capo della Commissione incaricata di indagare sull'omicidio Kennedy)

47. Mi voltai a guardare verso l'edificio [Magazzino dei libri] e al quarto o al quinto piano, vidi un uomo dietro la finestra dell'angolo sud-est- Quest'uomo aveva aperto la finestra e si stava alzando, sporgendo le mani fuori dal davanzale. In mano aveva un fucile con la canna puntata verso il basso e guardava in direzione sud, proprio lungo Houston Street. Indossava una camicia bianca ed aveva i capelli biondi o castano scuro. Nella finestra alla sinistra di quest'uomo la testimone vide un altro individuo che stava in posizione eretta e la sua testa era al di sopra della parte di finestra aperta. Questo secondo uomo indossava una giacca marrone, non potei vedere cosa indossava bene questo secondo uomo perché i vetri erano molto sporchi e scorgevo appena il suo fianco destro, dalla vita alle spalle.

(Carolyn Walther, testimone presente a Dealey Plaza situata sul marciapiede est di Houston Street)

48. Lee Harvey Oswald non ha ucciso proprio nessuno, il punto non è se sia stato da solo o con altri complici. Lui non ha avuto niente a che fare con l'omicidio. Per essere più chiaro uno degli scopi principali della Commissione Warren è nascondere il fatto che Lee Oswald era assolutamente estraneo e invece farlo apparire il colpevole. Bisogna ammettere che hanno raggiunto bene il loro obbiettivo.

(Procuratore Jim Garrison)

49. Gli agenti stavano cercando di appurare se io avessi potuto effettivamente identificare l'uomo che avevo visto. Essi si preoccupavano soprattutto di questo punto, e io parlai loro del negro [il secondo individuo visto da lui personalmente] quando già avevo firmato la mia dichiarazione, e allora essi mi dissero che stavano cercando di appurare se vi fosse qualcuno in grado d'identificare l'uomo che si trovava là in cima. Non dimostrarono proprio alcun interesse [in relazione all'individuo di colore]. Non andarono a fondo nella faccenda. Non ne presero neppure nota.

(Dichiarazione del testimone oculare presente a Dealey Plaza, Arnold Rowland, in merito all'interrogatorio degli agenti dell'F-BI)

50. Coloro che non hanno accettato le versioni ufficiali dell'assassinio hanno continuato a far emergere nuove informazioni, regolarmente ignorate dal governo degli Stati

Uniti

51. C'è un uomo a Dallas che conosco da molto tempo. Lui sa tutta la verità sul coinvolgimento di Oswald. È spaventato a morte all'idea di recarsi al Dipartimento di Polizia di Dallas o dell'FBI. C'è stato un tremendo doppio gioco e tutti hanno una dannatissima paura di tutti gli altri. Non credete ai folli sospetti e alle accuse sollevate nel Sud dagli imbecilli del distretto federale che non hanno creato altro che una gran confusione

(Gary Wean, ex membro della squadra Servizi Segreti della polizia criminale di Los Angeles dopo aver parlato con un informatore conosciuto tramite lo sceriffo di Dallas, Bill Decker)

52. Indossava una giacca sportiva rossiccia o marrone scuro e un paio di occhiali dalla montatura di corno [si riferisce ad un uomo affacciato alla finestra del Magazzino dei Libri, accanto ad un altro con un fucile in braccio] Quest'uomo, camminando con molta fretta, percorse la Houston Street in direzione sud fino a Commerce Street, poi piegò a est lungo Commerce Street fino a Record Street. Salì su una Rambler di colore grigio del 1960 o 61, posteggiata in Record Street appena a nord di Commerce Street. L'automobile, che aveva una targa texana ed era guidata da un giovane nero, si allontanò in direzione nord.

(Richard Randolph Carr, Testimone presente a Dealey Plaza)

53. L'assassinio era stato programmato e mi sforzai di contattare il Bureau e di avvisarlo. [...] Un'operazione straordinariamente ampia, che mirava all'assassinio del presidente Kennedy era in corso.

*(Richard Case Nagell, agente federale speciale, durante una te-
stimonianza rilasciata al procuratore Jim Garrison)*

54. Io ho interrogato centinaia di testimoni, compresi
quelli che la Commissione non ascoltò nemmeno, e ho filmato e registrato le loro dichiarazioni. Queste provano fra
l'altro che qualcuno sparò da una siepe sul corteo presidenziale, che il fucile Carcano fu messo accanto alla finestra
del sesto piano del deposito dei libri per compromettere
Oswald, e infine, che Jack Ruby faceva parte del complotto ed ebbe l'ordine di liquidare Oswald per impedirgli di
parlare.

(Mark Lane, Avvocato e investigatore indipendente)

55. Pensi che la vostra indagine sia stata veramente così
segreta?

*(David Ferrie, aviatore statunitense, partecipe alla cospirazione
contro Kennedy, collaboratore della CIA, parlando con il procuratore Jim Garrison in relazione alla sua indagine indipendente
sulla morte del Presidente)*

56. Probabilmente un messicano, ma poteva anche essere
un negro.

*(Dichiarazione del testimone a Dealey Plaza, Toney Henderson
in relazione ad uno degli individui osservati alla finestra del magazzino dei libri)*

57. A questo punto [compreso l'attacco al Presidente Ken-
nedy] udii un fischio, mi voltai e vidi un bianco che correva
giù dalla collina dalla direzione del palazzo del Magazzino
dei libri. Vidi anche un'auto che mi sembrò una Rambler
di colore chiaro, con il portabagagli sul tetto, avvicinarsi

al marciapiede. L'uomo che era sceso di corsa dalla collinetta erbosa salì su questa macchina, guidata da un uomo dalla carnagione molto scura. Cercai di attraversare Elm Street, per fermare la macchina e parlare così con quei due, ma il traffico era così intenso che non vi riuscii (...). Quel pomeriggio, qualche ora dopo, appresi che la polizia aveva fermato un individuo sospetto. Allora telefonai al capitano Fritz dicendogli che avevo visto un uomo scendere di corsa dalla collina e salire su una macchina. Il capitano mi disse di andare immediatamente da lui. Ci andai e riconobbi nell'individuo sospetto che avevamo fermato (era Lee Harvey Oswald) la stessa persona che avevo visto scendere di corsa dalla collina e salire sull'auto.

(Robert Craig, Vicesceriffo della Polizia di Dallas, presente a Dealey Plaza)

58. Kennedy sta per essere ucciso.

(Telefonata anonima di una donna dal tono turbato e ansiogeno fatta ad una società telefonica di Oxnard in California, mezz'ora prima che il Presidente Kennedy venisse colpito a morte. L'identità della donna rimarrà sconosciuta)

59. Ho delle cose importanti da dirvi, Giudice, ma non qui, non qui...Qui è in pericolo la mia vita e forse anche la vostra...

(Ciò che disse Jack Ruby al Giudice Warren secondo le dichiarazioni dell'omicida d Oswald durante l'intervista esclusiva della giornalista Dorothy Kilgallen in carcere)

60. Quella storia [riferendosi all'attentato a Kennedy] non morirà finché ci sarà un vero reporter in vita, e ce ne sono ancora molti.

61. Secondo i dati di un sondaggio d'opinione condotto questa settimana da Louis Harris, gli americani nutrono gravi e sempre maggiori dubbi sul fatto che Lee Harvey Oswald abbia ucciso da solo J.F.Kennedy. Soltanto un americano su tre è convinto che il rapporto Warren abbia raccontato l'intera storia.

(Rivista Newsweek del 10 ottobre 1966)

62. Abbiamo visto alterate le prove mediche, tre versioni ufficiali contrastanti sull'assassinio, la denuncia di Oswald come assassino di Tippit più di venti minuti prima che Tippit venisse ucciso, un rapporto inventato dalle autorità di Dallas, testimoni ignorati, menzogne sul numero di pallottole, una parata di distorsioni e di prove addomesticate, La stessa Commissione Warren è formata da uomini così vicini agli enti di polizia degli Stati Uniti che non avrebbero neppure potuto fare da giurati in un processo.

(Bertrand Russel)

63. I neri non credono alla versione ufficiale dell'assassinio. Forse il delitto va messo in relazione con la lotta per i diritti civili.

(Tratto dal quotidiano California Eagle)

64. Léo Sauvage dimostra che i connotati di Oswald sono stati radiotrasmessi dalla polizia di Dallas prima ancora ch'egli fosse stato denunciato in seguito alle ricerche: quasi che si sapesse di avere sotto mano un capro espiatorio, impareggiabile, un nomade disgraziato, un nevrotico che aveva tentato di diventare cittadino sovietico e si occupava di Cuba.

(L'Europeo, 8 maggio 1966)

65. Forse non è opportuno dirlo ma l'industria del petrolio controlla oggi completamente il governo e la politica dello Stato del Texas.

(Robert W. Calvert, Presidente della Commissione Democratica Texana)

66. Kennedy ha fatto la morte del tiranno. Egli era favorevole all'integrazione, che è sostenuta dai comunisti. Era un tiranno.

(Richard Ely, Presidente Consiglio cittadini di Memphis)

67. Data la mia posizione professionale [...] ora sembrava indiscutibile che l'uomo condannato dal mondo intero come il criminale del secolo fosse un innocente. Solo un vero innocente poteva essere stato completamente raggirato nel modo in cui Lee Oswald lo era stato.

(Procuratore Jim Garrison)

68. Le conclusioni del Rapporto Warren, presentate al mondo come la più scrupolosa e veritiera versione della vicenda, sono inficiate da tanti e tali errori, omissioni, elementi inutili e fuorvianti e distorsioni che non si possono attribuire a incompetenza o faciloneria, ma sono evidentemente il risultato di una scelta di manipolazione. (...) Perché un organismo governativo ha voluto falsare la verità?

(Paolo Cortesi)

69. Sono assolutamente da escludere legami tra Jack Ruby e la malavita di Dallas e di Chicago.

(Rapporto Warren)

70. [Gli spari giungevano] dritti dai paraggi di quella zona in cemento sulla collinetta..tra il sottopassaggio e l'edificio sulla collinetta.

(Billy Lovelady, dipendente del deposito dei libri mentre stava mangiandosi un panino sui gradini di fronte, testimone dell'attacco a Kennedy)

71. Voglio smantellare questa banda di cialtroni! [riferendosi alla CIA].

(Dichiarazione di Kennedy del 1961 nell'occasione della Baia dei Porci riportata da fonti anonime)

72. Una protezione assoluta non è possibile.

(Dichiarazione capo FBI J.Edgar Hoover, il giorno successivo all'attentato mortale a Dealey Plaza, 1963)

73. Credo che quello che è successo nella Dealey Plaza di Dallas il 22 novembre 1963 sia stato un colpo di stato.

(Procuratore Jim Garrison)

74. Non sarà possibile, nella nostra generazione, conoscere la verità sulla morte di John Fitzgerald Kennedy.

(Earl Warren, Presidente della Commissione d'indagine sulla morte del Presidente Kennedy)

75. «Benvenuto a Dallas, signor Kennedy»

(Titolo dell'annuncio a lutto fatto pubblicare da un miliardario Texano di nome Bernard Weissman, membro della John Birch Society, sul quotidiano locale di Dallas "Morning News" il giorno dell'arrivo del Presidente Kennedy in città)

76. Non voglio la capote sulla macchina, tutte le texane devono vedere che bella ragazza è Jackie.

(Dichiarazione del consigliere e amico del Presidente Kennedy Kenneth O'Donnell)

77. Da questo momento, io sono un uomo morto.

(David Ferrie, aviatore statunitense, partecipe alla cospirazione contro Kennedy, collaboratore della CIA, al telefono con l'assistente del procuratore Jim Garrison, Louis Ivon, poco prima di essere trovato morto. Disse questo dopo che il suo nome era apparso sui giornali come la fonte di nuove piste di indagine per Garrison e il suo staff in merito al caso Kennedy)

78. Dallas è un luogo estremamente pericoloso...Io non ci andrei. Lei non ci deve andare.

(Il senatore J. William Fulbright, importante esponente democratico dello stato dell'Arkansas rivolgendosi al Presidente Kennedy)

79. Bisogna dire la verità. Ad ogni costo.

(Robert Craig, Vicesceriffo a Dallas)

80. «Signor presidente, grazie a Dio è uscito vivo da Dallas».

(Incipit del discorso che il vicepresidente Lyndon Johnson avrebbe dovuto tenere ad Austin dopo la visita presidenziale a Dallas)

81. «URGENTE: 1.45 AM (...) Direttore FBI - Minaccia di assassinio Presidente Kennedy a Dallas Texas novembre 22 1963. Segue informazioni relative raccolte. Da informazione ricevuta da Bureau, Bureau ha determinato che gruppo militante rivoluzionario può tentare assassinare Presidente Kennedy durante suo programmato viaggio a Dallas Texas novembre 1963. Tutti uffici riceventi devono immediatamente contattare tutti informatori nei gruppi razziali e ostili e determinare se minaccia ha qualche fondamento. Bureau deve essere tenuto al corrente tutti sviluppi via telescrivente. Altri uffici avvisati. Fine. Prego Rispondere.

(Testo del Telex giunto all'agente dell'FBI William S. Walter, quattro giorni prima dell'assassinio del Presidente a Dallas)

82. Il libro che nessuno volle stampare.

(Dichiarazione di Harold Weisberg riguardo il suo libro-inchiesta sull'assassinio del Presidente J.F.K divenuto un BestSeller mondiale dopo la sua auto-pubblicazione)

83. Io gli chiesi [al mafioso Rosselli]: "Quando sei arrivato?" e lui rispose: "Sono qui da un paio d'ore". A quel punto gli domandai: "Come sei arrivato?" e lui disse: "Sono stato fortunato, mi ha dato un passaggio un aereo della CIA"

(Dichiarazione di James Files, ex agente speciale CIA, presunto tiratore dalla collinetta erbosa)

84. In pochi secondi arriva sulla macchina una raffica di proiettili. Mi volto a guardare e questa volta Mr.Hill [agente del servizio segreto], che era prima in piedi sul predellino anteriore sinistro del paraurti della macchina che seguiva, era saltato sul cofano posteriore della nostra macchina. Il presidente era sdraiato di fianco riverso sul sedile posteriore.

(Testimonianza alla Commissione Warren dell'agente dei servizi segreti incaricato di proteggere il Presidente Kennedy riguardo ciò che accadde a Dealey Plza mentre sedeva accanto all'autista Bill Greer dell'auto presidenziale)

85. Abbassai gli occhi e mi vidi coperto di sangue (...) mi venne fatto di pensare che c'erano di mezzo due o tre persone o anche di più, o qualcuno che stesse sparando con un fucile mitragliatore.

(Governatore John Connally, ferito gravemente a Dallas, in Dealey Plaza, sull'auto Presidenziale)

86. Volete un'altra prova del complotto? Osservate la fotografia di lee Harvey Oswald che tiene fra le mani il fucile incriminato, alla quale si è fatta tanta pubblicità. L'ombra sul naso di Oswald è verticale, come se il sole fosse a picco, mentre l'ombra proiettata dal fucile è inclinata verso destra. Cose del genere possono accadere solo in paesi che hanno un doppio sistema solare, o che truccano le foto.

(Mark lane, Avvocato e investigatore indipendente)

87. Dopo il terzo sparo sentii Roy Kellerman [agente del servizio segreto] che diceva al guidatore: "Bill, fuori tiro, presto".

(Governatore John Connally, ferito gravemente a Dallas, in Dealey Plaza, sull'auto Presidenziale)

88. Per 28 anni e mezzo nessuno sapeva che io esistessi. Tutto era tranquillo, io non ho mai parlato. Poi un giorno si presenta Joe West [investigatore privato] e da quel che ho capito è stata l'FBI a mettere in giro il mio nome. Bisognerebbe chiedere a loro perché abbiano messo in giro il mio nome. Perché mi hanno messo in vetrina. Non l'ho certo voluto io.

(Dichiarazione dell'ex agente CIA James Files)

89. Mai nel corso della storia un crimine del genere è stato "risolto" con un tale disprezzo per la verità, per l'onestà, per la credibilità..

(Harold Weisberg, autore de "Chi ha ucciso Kennedy? Le prove della congiura)

90. Desidero chiarire assolutamente che credo che Oswald sia innocente solo come accusato, ma che è stato coinvolto con i cospiratori in qualche modo.

(Dichiarazione dello scrittore Joachim Joesten, autore del libro "Oswald, Assassino o vittima?")

91. Hanno spostato quel cartello indicatore...

(Dichiarazione rilasciata dal guardiano degli spazi verdi della Dealey Plaza Emmett J.Hudson in merito al cartello che appare in una posizione irreale nel video di Zapruder)

92. C'erano degli alberi tra la sua finestra del quinto piano e le auto che stavano svoltando per prendere la via del parco..

(J.Edgar Hoover, Capo dell'FBI per giustificare il fatto che il tiratore del magazzino dei libri non avesse sparato in modo facile

*quando il corteo presidenziale era di passaggio sotto la sua fi-
nestra)*

93. Oswald faceva effettivamente parte del complotto [...]
Il cervello del complotto è Clay Shaw.
(Jim Garrison, Procuratore federale)

94. Il mio telefono, come la mia posta e i miei movimenti, sono sotto controllo, ma io non ho paura di parlare. [...]
Con il suo passato [si riferisce al figlio Lee Harvey Oswald],
la moglie russa, la storia dei contatti con Cuba, era il tipo
adatto per suscitare i sospetti di tutti. Così fecero in modo
di comprometterlo.
(Marguerite Oswald, madre di Lee Harvey Oswald)

95. Ho anche pensato che provenissero da dietro di me.
*(Dichiarazione di Abraham Zapruder in relazione all'origine,
alla provenienza degli spari)*

96. L'Agenzia [CIA] ha avuto segretamente nel suo libro
paga dei noti giornalisti che lavoravano per i principali organi d'informazione [...] Si giunse inoltre a sovvenzionare la
pubblicazione di più di mille libri [sulla vicenda Kennedy
approvata dalla versione del Rapporto Warren].
(Procuratore Jim Garrison)

97. Ebbene, sono stato interrogato dal giudice Johnston.
Tuttavia ho protestato in quell'occasione perché non mi è
stata concessa l'assistenza legale (...) Davvero non capisco
cosa stia capitando. Nessuno mi ha detto niente se non che
sono accusato di...di aver assassinato un poliziotto. Io non

so niente di più e pretendo che qualcuno si faccia avanti per assicurarmi l'assistenza legale.

(Dichiarazioni di Lee Harvey Oswald alla conferenza di venerdì notte svoltasi a mezzanotte nel Commissariato di Polizia di Dallas, poco prima che venisse portato via e ucciso)

98. Vorrei sapere se sono davanti a questa Commissione un accusato o se la Commissione sta cercando di scoprire chi abbia assassinato il presidente Kennedy".

(Dichiarazione dell'avvocato e ricercatore indipendente Mark Lane di fronte alla Commissione Warren che non si dimostrò assolutamente aperta e collaborativa nei suoi confronti)

99. Sono state tutte alterate. Mi hanno fatto dire esattamente l'opposto di quello che avevo realmente riferito loro.

(Dichiarazione della testimone Julia Ann Mercer in relazione alle sue dichiarazioni contenute all'interno del Rapporto Warren stilato dalla Commissione)

100. Se ci fosse davvero qualcuno a rappresentare davanti alla Commissione gli interessi di Oswald, ci sarebbe allora un contro-interrogatorio e voi, nelle vesti di giudici, potreste fondare le vostre decisioni sul contro-interrogatorio. Ma voi avete già deciso di costituirvi giudici, giurati, avvocati della difesa e pubblici accusatori: questo è un dilemma vostro e non sono certo io in grado di risolverlo al vostro posto.

(Mark Lane di fronte alla Commissione Warren)

101. I sovietici hanno commesso crimini inauditi...l'imprigionamento dei compatrioti...lo sterminio in massa...la soppressione e l'irreggimentazione degli individui...le deportazioni...l'assassinio della storia, la prostituzione delle arti e della cultura.

(Scritto di Lee Harvey Oswald nel suo diario personale rinvenuto a casa sua, Reperto 97, pagina 422,423 del Rapporto Warren)

102. Noi stavamo in piedi sul bordo del marciapiede guardando l'auto che veniva verso di noi e tutto d'un colpo ci fu un rumore secco, apparentemente quello di uno sparo. Il presidente sobbalzo sul sedile. [...] Ho creduto che i colpi venissero dal boschetto, proprio dietro di me. Non ricordo di avere guardato in direzione del deposito di libri [...] Ho guardato indietro, in prossimità del boschetto.

(Bill Newman, testimone presente a Dealey Plaza)

103. La Commissione ha trasgredito almeno sette volte i fondamenti elementari della giurisprudenza americana: nel non essere stata composta in modo imparziale perché tutti i membri avevano un nesso col vertice di potere del governo, che compariva come accusatore; nel negare per lungo tempo la difesa dell'accusato; nel non permettere a nessuno l'interrogatorio a contraddittorio dei testimoni, se non a un incaricato della Commissione stessa, il quale, come era da prevedersi, non ne fece nessuno; nel tenere le sedute in segreto; nel rendere accessibili alla stampa parti dei loro dibattiti per uno scopo risultato dannoso alla principale persona in causa; nell'accogliere agli atti dichiarazioni di un testimone che nessuna corte degli Stati Uniti avrebbe accettato: Marina Oswald, che è stata per più di nove settimane — ciò che il Rapporto falsamente nega — tenuta isolata dal Servizio segreto, senza che potesse aver contatti con persone esterne. Se ciò avvenisse in altri paesi, si parlerebbe di lavaggio del cervello.

(Frankfurter Hefte, Gennaio 1965)

104. Lei ha preso degli appunti: se li legga per conto suo se vuole rinfrescarsi la memoria.

(Dichiarazione di Lee Harvey Oswald all'indirizzo dell'agente Holmes, Rapporto Warren pagi.636. Con tale dichiarazione si dimostra che qualcuno prese effettivamente degli appunti durante gli interrogatori fatti a Lee Harvey Oswald, smentendo così ciò che venne asserito dal Rapporto Warren stesso)

105. Proprio una persona in gamba e sinceramente interessato a lottare contro il Comunismo..

(Dichiarazione di Pelaez riferendosi a Lee Harvey Oswald)

106. Abbiamo tre ferite e abbiamo tre pallottole: sono tre in tutto i colpi che al momento siamo disposti ad ammettere.

(Agente del servizio segreto rispondendo alla testimone signora Hill che voleva mettere per iscritto invece che aveva udito da quattro a sei colpi d'arma da fuoco sparati a Dealey Plaza)

107. Io ho intenzione di dirvi tutto quello che posso, ma non ho intenzione di dirvi cose che poi non mi farebbero dormire la notte.

(Darrel C. Tomlinson, capo-meccanico del Parkland Hospital in risposta alle pressioni di vari agenti affinché ammettesse che la pallottola si trovava da sempre su quella lettiga del Governatore Connally e che l'aveva notata subito)

108. La causa del decesso fu dovuta a estesa ferita al capo e al cervello derivante da colpo d'arma da fuoco alla tempia sinistra.

*(Dott. Robert N. McClelland, medico del Parkland Hospital in
relazione alla morte di Kennedy)*

109. La Commissione Warren si è coperta di vergogna.

*(Mark Lane, Avvocato di New York e investigatore indipendente
sul caso Kennedy)*

110. Le verità che il rapporto Warren contiene ci erano
già note e le domande cui non risponde sono le stesse cui
si rifiutarono di rispondere a suo tempo l'FBI, il Servizio
Segreto e la CIA. [...] I mezzi con cui la Commissione d'inchiesta cerca di provare la colpevolezza di Oswald e il nessun legame fra lui e Ruby sono inconsistenti e arbitrari...
Le omissioni del Rapporto sono frequenti e spesso di rilievo. Molte persone non figurano sull'elenco dei testimoni,
di molte altre persone interrogate non vengono rivelate le
deposizioni. Il Rapporto fornisce particolari inediti di importanza quasi sempre trascurabile e sembra evitare a ogni
costo le risposte a domande scottanti. È difficile sfuggire
all'impressione che esso cerchi di seguire più o meno [...]
le versioni sui fatti date dalla polizia di Dallas, dall'FBI e
dalla grossa stampa americana...La nostra ponderata opinione, per ora, è che la Commissione Warren non abbia
potuto o saputo raggiungere la completa verità.

(L'Europeo, 11 ottobre 1964)

111. Sono certissimo di questa possibilità.

*(Il dott. Shires del Parkland Hospital, colui che si era occupato
delle cure post-operatore del governatore, in risposta alla domanda se il governatore Connally potesse essere stato raggiunto
da due pallottole diverse)*

112. Furono due del servizio segreto...ricevettero copia dei nostri referti chirurgici e successivamente uno di questi stessi due uomini del servizio segreto ritornò e riprodusse in grafico le ferite di entrata e di uscita.

(Il dott. Shires del Parkland Hospital in relazioni alle falsicazioni e pressioni che attuarono due agenti del servizio segreto affinché la versione data dal Governo coincidesse con le analisi mediche..)

113. Io, James J. Humes dichiarò di aver distrutto, tramite le fiamme, certi appunti preliminari in bozza relativi al referto di autopsia A63-272 dell'Istituto Medico della Marina Militare e di aver ufficialmente trasmesso tutti gli altri documenti relativi al referto stesso all'autorità superiore.

(Dichiarazione di uno dei medici che si occupò dell'autopsia del presidente Kennedy)

114. Il trattato che mette fine agli esperimenti nucleari nell'atmosfera fu un grande passo, carico di speranza, verso l'intesa e la concordia mondiali. Quando così tragicamente ci fu tolto, egli era il più devoto e autorevole paladino di pace sulla scena mondiale: il lutto di tutti i poli fu di ciò riconoscimento.

(Allan Nevins, giornalista statunitense)

115. Quei colleghi della Commissione Warren si sono maledettamente sbagliati [...] Non c'era nessuna possibilità a questo mondo, per un uomo solo, di colpire Kennedy in quella maniera.

(Senatore della Louisiana Russell Long)

116. Sentii un terzo sparo e ho contato quattro colpi e..in questo gruppo di alberi..c'è stato uno sparo, un fragore; non so se fosse uno sparo. Non so dirlo. Ed è apparso uno sbuffo di fumo [...] Non ho alcun dubbio d'aver visto quello sbuffo di fumo venir fuori dagli alberi..Ho visto distintamente lo sbuffo di fumo e udito lo scoppio venire dagli alberi..

(Testimone S.M.Holland, supervisore degli impianti di segnalazione della Union Terminal Railroad, presente a Dealey Plaza durante l'attentato mortale a Kennedy)

117. Il Presidente Kennedy è rimasto vittima di una vasta congiura ordita sin dal settembre scorso ed ha trovato i suoi feroci sicari in alcuni elementi della polizia di Dallas. [...] Il Presidente Kennedy è rimasto vittima di un attentato organizzato da un gruppo di criminali strettamente legati ad alcuni circoli politici del Texas. Ma [...] il diabolico piano organizzato dai congiurati si è inceppato, ad un certo momento, per una circostanza che non era stata prevista: vale a dire la mancata, immediata, eliminazione di Lee Oswald. [...] Il compito di uccidere il Presidente venne affidato ad alcuni elementi della polizia di Dallas, legatissimi agli ambienti politici in cui era maturata la congiura. Da quel momento la trama si sviluppò su due diverse direttrici. La prima venne costituita dall'organizzazione materiale dell'attentato e la successiva eliminazione dell'attentatore. Il piano si rivelò ottimo e ben congegnato [...] Il sicario venne scelto [...] nella persona dell'agente Tippit, un ottimo tiratore, strettamente legato alla cricca dei congiurati. [...] Doveva sparare a Kennedy [...] subito dopo [...] doveva abbandonare il palazzo [il magazzino dei libri] e dirigersi, in attesa di ordini, in un altro punto della città. Tippit, cui era stato promesso un lauto compenso, trovò che ogni cosa era perfettamente organizzata: un solo particolare, però gli era stato taciuto. [...] All'appuntamento non avrebbe trovato un amico, ma Jack Rubinstein con l'incarico di eliminarlo.

(Jerry O'Brien, Corrispondente per l'Europeo, 11 dicembre 1963)

118. Ad un certo punto tutte le persone cominciarono a correre verso la collinetta. Tutti si stavano dirigendo proprio verso i binari ed era ovvio che lì avevano intrappolato qualcuno..

(Malcolm Summers, proprietario di un servizio postale della città, presente a Dealey Plaza)

119. Abbiamo visto alterate le prove mediche, tre versioni ufficiali contrastanti sull'assassinio, la denuncia di Oswald come assassino di Tippit più di venti minuti prima che Tippit venisse ucciso, un rapporto inventato dalla autorità di Dallas, testimoni ignorati, menzogne sul numero delle pallottole, una parata di distorsioni e di prove addomesticate... La stessa Commissione Warren è formata da uomini così vicini agli enti di polizia degli Stati Uniti che non avrebbero neppure potuto fare i giurati.. [...] Il lavoro della Commissione Warren è vergognoso...le azioni e il comportamento della Commissione sono simili ai processi contro i trotskisti in Russia o al processo Dreyfuss in Francia.

(Bertrand Russell, 28 ottobre 1964)

120. Conoscevo Lee Harvey Oswald già da prima, fu David Atlee Phillips a presentarmi Lee Harvey Oswald. Poi mi spiegò che lui era il suo "controllore" per la CIA come era il mio. [...] Apro la porta e mi trovo Oswald davanti, ero stupito, perché non sapevo che lui sapesse che mi trovavo lì e allora gli chiedo: "Lee, che cavolo ci fai qui?". E lui dice: "Mi hanno detto di passare di qui e stare un po' con te, per vedere se ti posso aiutare. Qualcuno vuole che ti mostri la zona. [...] Oswald mi accompagnò ad un deposito di rifiuti e mi disse: "Qui nessuno ti darà fastidio", io volevo calibrare i cannocchiali non solo per il Fireball ma anche per altre armi, e mentre io sparavo con le varie armi, Lee raccoglieva i bossoli e li teneva in mano. Perché non volevo lasciare in giro nessun bossolo. [così si spiega il test di paraffina dopo il suo arresto dove era risultato che avesse tracce di nitrato sulle mani, mentre incredibilmente non ve ne erano sulla guancia quando secondo la versione ufficiale il fucile Mannlincher Carcano aveva la camera di scoppio praticamente accanto al volto].

(Dichiarazione di James Files, agente CIA e criminale, coinvolto nell'attentato a Kennedy a Dallas)

121. L'uccisione di Kennedy è stata filmata da un dilettante, Abraham Zapruder. Con le pellicole c'è poco da barare. La velocità è di 18 fotogrammi e un terzo al minuto secondo. Tutto l'evento delittuoso ha impressionato 89 fotogrammi, esattamente dal 225° al 314° della pellicola. Ciò significa che il delitto si è svolto in meno di cinque secondi. Per l'esattezza in 4 secondi e otto decimi. In 4 secondi e 8/10 non si spara, per ben tre volte ricaricandolo, riprendendo ogni volta la mira a quasi 300 metri, con un fucile Mannlicher Carcano residuato di guerra non automatico. Senza tener conto che il mirino telescopico è risultato fallace (spostava in alto a destra), che Oswald era un tiratore mediocre e fuori allenamento... È assolutamente impossibile, insomma, che un uomo solo abbia potuto uccidere Kennedy e ferire Connally

(Ruggero Orlando, giornalista, L'Europeo, 8 settembre 1966)

122. Il ricordo della nobiltà del suo cuore e della sua opera vivrà nello spirito del nostro tempo e nelle storie che scriveranno le generazioni future.

(Allan Nevins, giornalista statunitense)

123. L'individuo è talmente in difficoltà quando viene faccia a faccia con una cospirazione così enorme che non può credere che esista

(J. Edgar Hoover, direttore F.B.I.)

Dichiarazioni dei Kennedy

1. Mio padre era solito dire che gli uomini d'affari sono tutti figli di porci, però ho dovuto attendere il 1962 per crederlo!

(J.F.K riferendosi ai baroni della siderurgia che decisero di aumentare il prezzo dell'acciaio anche se quella decisione violava palesemente gli accordi che poco tempo prima erano stati stipulati tra il Governo, i sindacati operai e gli imprenditori)

2. Non ho letto il Rapporto Warren e non lo leggerò.

(Dichiarazione di Robert Kennedy sul Rapporto della Commissione Warren)

3. Non serve a nulla cercar di immaginarsi come saremo tra qualche tempo: magari non ci saremo più, Quindi, la cosa più intelligente da fare è dare in ogni momento il meglio di sé.

(Robert Kennedy)

4. Tutte le volte che mi alzo, il mattino, gioco alla roulette russa. Ma non m'importa. Se qualcuno vorrà uccidermi, non gli sarà difficile.

(Robert Kennedy)

5. Gli uomini non sono fatti per i rifugi sicuri.

(Robert Kennedy)

6. Se anche non possiamo annullare le nostre differenze, possiamo, se non altro, mettere il mondo al sicuro da queste differenze. Perché, in ultima analisi, il legame di base che ci unisce tutti è il fatto di abitare questo piccolo pianeta. Respiriamo tutti la stessa aria. Tutti noi abbiamo a cuore i nostri futuri figli. E tutti noi siamo degli esseri mortali.
(J.F.Kennedy all'American University nel 1963)

7. Sono il solo candidato al quale si oppongano i grandi affaristi e i grandi sindacati
(Robert Kennedy)

8. Non chiedere cosa il tuo Paese può fare per te, chiediti cosa tu puoi fare per il tuo Paese.
(John Fitzgerald Kennedy)

9. La CIA non è proprietà esclusiva dei Repubblicani o dei Democratici. [...] Per due volte la CIA rifiutò categoricamente di ottemperare alle istruzioni dell'ambasciatore Henry Cabot Lodge portate da Washington. La CIA era in disaccordo. L'espandersi della CIA era paragonabile ad un tumore maligno tanto che i più alti ufficiali dubitavano che la stessa Casa Bianca riuscisse a controllarla. Se mai gli Stati Uniti dovessero subire un colpo di stato contro il Governo, questo verrebbe dalla CIA. La CIA rappresenta un potere tremendo e totalmente responsabile nei confronti di chiunque.
(John Fitzgerald Kennedy)

10. Non so neanche se mi sarà ancora consentito d'esser vivo tra sei anni.
(Robert Kennedy)

11. Istituire un nuovo Istituto nazionale di Sanità [...] migliorie alle leggi sugli alimenti e i medicinali, fissando più rigide ispezioni e norme, ponendo un fermo a prodotti non garantiti e privi di valore, eliminando etichette che traggano in inganno e colpendo duramente il commercio illecito di droghe che procurino assuefazione.

John F. Kennedy, gennaio 1962)

12. Ogni volta che un uomo difende un ideale o agisce per migliorarne altri o si alza contro le ingiustizie, egli promuove una piccola speranza. Incontrandosi da mille diversi centri di energia e di coraggio queste speranze formano una corrente che può abbattere i più robusti ostacoli.

(Edward Kennedy)

13. Il successo è quello di andare da un fallimento all'altro senza perdere l'entusiasmo.

(John Fitzgerald Kennedy)

14. Duemila anni fa il maggior motivo d'orgoglio era quello di poter dire "Civis Romanus sum". Oggi, nel mondo degli uomini liberi, il maggior motivo d'orgoglio è quello di poter dire: 'Ich bin ein Berliner". Ci sono molti al mondo che non si rendono conto o dicono di non capire quale sia la differenza fra il mondo libero e il mondo comunista. Vengano a Berlino! Ci sono alcuni che sostengono che il comunismo rappresenta il futuro. "Lasst sie nach Berlin kommen!". La libertà presenta molti problemi e la democrazia non è perfetta, ma noi non abbiamo mai costruito un muro per tener dentro il nostro popolo.

(Discorso di J.F.Kennedy davanti al municipio di Berlino Ovest il 26 giugno 1963)

15. Le grandi cose non accadono, si fanno accadere.
(John Fitzgerald Kennedy)

16. Mi sono impegnato in politica soltanto perché è morto mio fratello maggiore Joseph; se dovesse accadermi qualcosa, toccherebbe a Bob sostituirmi; e se anche Bob scomparisse, il suo posto sarebbe preso da Ted
(John Fitzgerald Kennedy)

17. Non stiamo incrementando la ricchezza perché sia fine a se stessa. La ricchezza è il mezzo, il popolo è il fine. Poco varrebbe tutta la nostra ricchezza materiale se non l'impiegassimo ad estendere le possibilità del nostro popolo.
(John F. Kennedy, gennaio 1962)

18. La libertà non è gratuita. Deve essere guadagnata, e solo così sarà apprezzata e preservata.
(John Fitzgerald Kennedy)

19. L'alta carica di Presidente è stata usata per fomentare un complotto contro il popolo americano. Prima di andarmene devo informare il cittadino della sua difficile situazione.
(John Fitzgerald Kennedy nel suo discorso alla Columbia University)

20. Sta attento, perché sono capace di spezzarti le ossa!
(Robert Kennedy all'indirizzo del gangster Joe Gallo durante una pubblica udienza)

21. Se la nazione deve crescere saggia e forte, allora tutti [...] devono avere modo di sviluppare le doti del proprio ingegno.

(John F. Kennedy, gennaio 1962)

22. Sono convinto che sarebbe l'ultima persona al mondo a volermi come vice-presidente: perché mi chiamo Kennedy, perché egli vuole un'amministrazione Johnson senza che ne faccia parte un Kennedy..

(Robert Kennedy a Newsweek in relazione al suo rapporto con Johnson)

23. Mio fratello, Robert Kennedy, non ha bisogno di essere idealizzato o esaltato nella morte al di là di quello che è stato nella vita. Dovremo ricordarlo solo come un uomo onesto [...] Io credo che nella nostra generazione, quelli che affronteranno con coraggio i mali della vita troveranno dei fratelli in ogni angolo del mondo.

(Ted Kennedy)

24. Non ci sono problemi che non possiamo risolvere insieme, e non ci sono sfide che non possiamo superare insieme.

(John Fitzgerald Kennedy)

25. Potremo mostrare al mondo intero [...] che una società libera è la forma d'organizzazione non soltanto più produttiva, ma anche più stabile che l'uomo abbia sin qui modellato.

(John F. Kennedy, gennaio 1962)

26. Molti dei grandi movimenti mondiali, di pensiero e di azione, sono nati dal lavoro di un singolo uomo. Un giovane frate ha dato inizio alla riforma protestante, un giovane generale ha esteso il suo impero dalla Macedonia ai confini del mondo, ed una giovane donna ha difeso il territorio francese. È stato un giovane italiano che ha scoperto il nuovo mondo, è Thomas Jefferson, a 32 anni, che ha proclamato tutti gli uomini uguali. Questi individui hanno mosso il mondo e così possiamo noi tutti.
(Edward Kennedy)

27. Lo stato è servitore, non padrone del cittadino.
(John F. Kennedy, gennaio 1962)

28. Un uomo può morire, una nazione può cadere, ma la verità rimane per sempre.
(John Fitzgerald Kennedy)

29. Il popolo degli Stati Uniti non si attende da noi grida e accuse indignate, vuole qualcosa di più. Perché il mondo cammina...e i vecchi sistemi non funzionano più. Un nuovo equilibrio di forze si va instaurando nel mondo. Armi nuove e più temibili, nazioni nuove, incerte sulla strada da seguire, popolazioni che crescono così come crescono le loro privazioni. Le nazioni che si risvegliano liberano più energia di una esplosione nucleare... Anche nella nostra patria il futuro appare volubile e altrettanto rivoluzionario. Il New Deal e il Fair Deal furono programmi coraggiosi, adatti alle generazioni di allora. Ma la nostra epoca ha problemi diversi: la rivoluzione tecnologica dell'agricoltura... l'urbanesimo... la rivoluzione non violenta per i diritti civili, la necessità di abolire la discriminazione razziale in ogni angolo degli Stati Uniti... Anche le nostre energie morali e intellettuali hanno subito un cambiamento, anzi, un cedimento. Troppi americani si sono persi per strada, hanno smarrito il senso del loro impegno nel mondo, di fronte alla storia... Il tempo è maturo per una nuova generazione di leaders, per uomini nuovi che sappiano affrontare problemi nuovi... Noi siamo oggi alle soglie di una nuova frontiera. La nuova frontiera cui mi riferisco non è costituita da una serie di promesse, ma da una serie di impegni. Non esprime ciò che io voglio offrire agli americani, bensì ciò che io esigo da loro..

(Discorso di insediamento come Presidente di John Fitzgerald Kennedy)

30. Ogni beneficio evidente racchiude infatti i semi del pericolo, da ogni settore di disordine promana un raggio di speranza e unica certezza immutabile è che nulla vi è di certo e immutabile.

(John F. Kennedy, gennaio 1962)

31. L'arte della leadership consiste nel non essere predicatori, ma nel creare condizioni che porteranno le persone a capire e ad agire.

(John Fitzgerald Kennedy)

32. Dobbiamo [...] trovare un modo per eliminare i comportamenti [...] che tengono il mondo in una costante situazione di conflitto e che minacciano la sopravvivenza di tutti noi.

(Robert Kennedy, 17 settembre 1966)

33. Realizzare nei prossimi mesi le speranze del mondo [...] È un compito che deve incominciare in patria, poiché non possiamo attenderci che gli altri accettino i nostri ideali, se siamo incapaci di realizzarli qui, in casa nostra.

(John F. Kennedy, gennaio 1962)

34. Pochi avranno la grandezza per raggiungere la storia, ma ciascuno di noi può agire per cambiare qualcosa nel mondo, e nell'insieme di tutte queste gesta sarà scritta la storia di questa generazione.

(Edward Kennedy)

35. Le idee rivoluzionarie sono necessarie per non lasciarsi sopraffare da coloro che hanno come obiettivo quello di distruggere i valori in cui crediamo.

(Robert Kennedy)

36. Noi siamo oggi al limite di una nuova frontiera. Una frontiera di sfide e di pericoli sconosciuti. Di speranze e di minacce.

(John Fitzgerald Kennedy nel suo discorso d'insediamento alla Casa Bianca nel 1961)

37. In tutto il corso della storia del mondo, i confini dei grandi imperi sono svaniti [...] Rimane ciò che hanno realizzato di durevole e ciò in cui hanno creduto. Rimane il contributo che hanno dato all'unità, alla conoscenza e alla comprensione dell'umanità [...] ciò che hanno aggiunto alle speranze e al benessere della civiltà.

(Robert Kennedy, 11 ottobre 1966)

38. Il progresso non si ferma mai, e dobbiamo andare avanti con esso.

(John Fitzgerald Kennedy)

39. Ieri un raggio di luce ha solcato le tenebre. Si sono conclusi a Mosca i negoziati per un trattato che mette al bando tutti gli esperimenti nucleari nell'atmosfera, nello spazio esterno e sott'acqua. Questo trattato è importante per noi, ma soprattutto per i nostri figli e i nostri nipoti.

(Discorso di J.F.Kennedy del 26 luglio 1963)

40. Il nostro obiettivo di fondo rimane il medesimo: una pacifica comunità mondiale, di stati liberi e indipendenti, liberi di scegliersi il proprio futuro e il proprio regime, finché questo non minacci l'altrui libertà. [...] Noi possiamo accettare le differenze, non così i comunisti.

(John F. Kennedy, gennaio 1962)

41. È destino di questa generazione, di voi nel Congresso e di me quale Presidente, di dover continuare una lotta che noi non iniziammo, in un mondo che noi non facemmo. Ma gli oneri della vita non sempre si scelgono. [...] Nessuna nazione mai fu così pronta ad assumersi il peso e la gloria della libertà.

(John Fitzgerald Kennedy, Messaggio al Congresso sullo Stato dell'unione, 11 gennaio 1962)

42. È da un numero incalcolabile di atti di coraggio e di fede che viene formata la Storia dell'umanità.

(Edward Kennedy)

43. L'industria e le grandi città, i conflitti tra le nazioni e le conquiste della scienza procedono implacabilmente, per molti versi al di là delle possibilità di controllo da parte del singolo e persino della sua capacità di comprensione [...] Le unità abitative crescono, ma non vi è spazio per la gente dove passeggiare, per le donne e i loro figli dove incontrarsi e dove svolgere attività comuni. [...] Dove viviamo non c'è comunità.

(Robert Kennedy)

44. Dobbiamo esercitare la massima cautela nella scelta dei nostri leader, perché la loro politica e le loro azioni avranno un impatto diretto sul nostro futuro.

(John Fitzgerald Kennedy)

45. Robert Kennedy si fece paladino degli oppressi [...] Combatté i boss corrotti dei sindacati [...] Aiutò suo fratello a impedire una guerra nucleare [...] si oppose alla guerra in Vietnam.

(Kerry Kennedy)

46. La storia vi giudicherà e, con il passare degli anni, in ultimo vi giudicherete voi stessi, sulla misura in cui avete utilizzato le vostre doti per illuminare e arricchire le vite del vostro prossimo.

(Robert Kennedy, 22 ottobre 1966)

47. Noi auspichiamo una libera circolazione dell'informazione...un paese che ha paura del giudizio dei cittadini su ciò che è vero e ciò che è falso in regime di libertà, è un paese che ha paura della sua gente.

(John F. Kennedy, febbraio 1962)

48. L'impulso alle grandi dimensioni e all'accentramento
[...] ha raggiunto livelli che in passato non erano neppure
sognati, ci siamo dovuto improvvisamente rendere conto
del grave prezzo da pagare: [...] l'inquinamento dell'atmosfera; l'impersonalità; la crescita di organizzazioni, in particolare del governo, così grandi e potenti da fare sì che
l'impegno e l'importanza dell'individuo sembrino perduti
[...] la perdita dei valori della natura, della comunità e delle
diversità locali [...] i toni sempre più acri e irosi nel discutere, e soprattutto la sensazione che nessuno stia ad ascoltare.

(Robert Kennedy, 17 settembre 1966)

49. Io posso dire che, in base alle investigazioni [...] ci
sono molte prove che possono dimostrare in qualsiasi momento l'esistenza di gravi minacce da parte di Hoffa contro
di me e contro la mia famiglia.

(Robert Kennedy)

50. Nessuno sia scoraggiato dalla convinzione che non
vi sia nulla che un individuo possa fare contro l'imponente
dispiegamento dei mali del mondo.

(Robert Kennedy)

51. Un'unica meta: la meta d'un mondo pacifico di stati
liberi e indipendenti [...] una libera comunità di nazioni, indipendenti ma interdipendenti, che uniscono settentrione
e meridione, oriente e occidente, in una grande famiglia
umana, che cresca e vada oltre gli odii e le paure che di-
laniano la nostra epoca. Non raggiungeremo quella meta
oggi o domani. Può darsi che non la si raggiunga nell'ambito della nostra generazione. Ma la ricerca di essa è la mas-

sima impresa del nostro secolo. A volte ci irritiamo per il fardello dei nostri obblighi, la complessità delle nostre decisioni, l'angoscia delle nostre scelte. Ma non v'è conforto per noi né sicurezza nell'evadere, non v'è soluzione nell'abdicare, non v'è sollievo nell'irresponsabilità. [...] Possa Dio vegliare sugli Stati Uniti d'America.

(John F. Kennedy, gennaio 1962)

52. George Bernard Shaw una volta ha scritto: <<Certe persone vedono le cose così come sono e si domandano "Perché?". Io sogno cose che non sono state mai e mi domando "Perché no?"

(Robert Kennedy, 18 marzo 1968)

53. Siamo di fronte a un nuovo crocevia verso un futuro incerto. La strada davanti a noi non è ancora tracciata. Sappiamo solo che sarà piena di difficoltà e di insidie.

(Robert Kennedy)

54. La costituzione ci rende non già rivali nel potere ma soci per il progresso.

(John F. Kennedy, gennaio 1962)

55. Se il paese continuerà a progredire [...] non lo farà certo ingrandendo ogni cosa, non lo farà impilando persone sempre più le une sulle altre in città smisurate e non lo farà riducendo il cittadino al ruolo passivo di prodotto pubblico, consumatore e destinatario della visione pubblica.

(Robert Kennedy, 1966)

56. La parola segretezza è ripugnante in una società aperta e libera e noi come popolo ci siamo posti intrinsecamente e storicamente alle società segrete, ai giuramenti segreti e alle riunioni segrete. Siamo di fronte ad una cospirazione monolitica e spietata di livello mondiale, basata soprattutto su mezzi segreti, per espandere la sua sfera di influenza. Sull'infiltrazione anzichè sull'invasione, sulla sovversione anzichè sulle elezioni, sull'intimidazioni anzichè sulla scelta. È un sistema che ha reclutato ampie risorse umane e materiali nella costruzione di una macchina affiatata ed efficiente, che combina operazioni militari, diplomatiche, di intelligence, economiche, scientifiche e politiche. Le sue azioni non vengono diffuse, ma tenute segrete. i suoi errori non vengono messi in evidenza, ma vengono nascosti, i suoi dissidenti non sono elogiati ma ridotti al silenzio. Nessuna spesa viene contestata, nessun segreto viene rivelato. Ecco perchè il legislatore ateniese Solone decretò che evitare le controversie fosse un crimine per ogni cittadino. Sto chiedendo il vostro aiuto nel difficilissimo compito di informare e allertare il popolo americano. Convinto che con il vostro aiuto l'uomo diverrà ciò che è nato per essere: libero e indipendente.

(John F. Kennedy, 27 aprile del 1961)

57. Mi candido perché sono convinto che questo paese sia su una via pericolosa...

(Robert Kennedy, 16 marzo 1968)

58. È una guerra dei vietnamiti. Sono loro che devono vincerla o perderla

(Discorso di J.F.K del 2 settembre 1963)

59. Un cecchino è solo un codardo, e non un eroe.
(Robert Kennedy, 5 aprile 1968)

60. Il denaro di per sé non è una soluzione [...] Ci sono cose più importanti dello spendere. Si chiamano immaginazione, coraggio e determinazione. E per quelli di noi che parlano al pubblico, ai nostri concittadini, è necessario un quarto requisito speciale: la sincerità.
(Robert Kennedy, 7 febbraio 1966)

61. Siamo tutti legati all'avvenire, ma l'unico modo per realizzarlo è lavorare insieme per raggiungere i nostri obiettivi.
(John Fitzgerald Kennedy)

62. Ritengo che il conformismo culturale sia uno dei principali nemici dello sviluppo.
(John Fitzgerald Kennedy)

INTERVISTA A MASSIMO MAZZUCCO
sulla morte di John Fitzgerald Kennedy nel 60° anniversario della sua tragica morte a Dallas

di Andrea Larsen

A.Larsen: Nell'avvicinarsi al sessantesimo anniversario della tragica morte del presidente Kennedy Dallas, ti pongo alcune domande su questa importante figura e sulla sua tragica fine. La prima riguarda proprio quel giorno a Dallas, perché diventa questo attentato l'esempio per eccellenza il simbolo di una cospirazione mascherata in modo così palese

M.Mazzucco: Palese, possiamo dirlo adesso dopo 60 anni. All'inizio ci hanno creduto tutti, nel senso che quasi tutta l'America era convinta che fosse stato Lee Harvey Oswald ad uccidere Kennedy. Diciamo che è sicuramente il primo attentato della storia moderna, il primo grande "complotto" della storia moderna, se vogliamo usare questo termine, tenendo di conto che io lo uso sempre con le virgolette. Il primo grande complotto della storia moderna che separa gli americani da un loro passato assolutamente ingenuo e felice, ovvero l'America spensierata degli anni 50, l'American Dream, tutti con la Cadillac, la piscina il gelato, e via dicendo..Muore di colpo il 22 novembre 63 a Dallas l'immagine stessa di quella America giovane che rappresentava proprio Kennedy, il presidente viene ucciso con tre pallottole in modo brutale e soprattutto sotto gli occhi della televisione, è la prima volta che un dramma del genere avviene tutto in diretta televisiva, visto da tutti gli americani. Quindi c'è un doppio impatto emotivo, la morte del presidente assassinato in modo brutale e in più il fatto di avere per la prima volta vissuto in diretta questo evento. Giustamente oggigiorno, dicono i libri di storia, quella data, il 22 novembre 1963, rappresentò il giorno nella storia degli Stati Uniti, in cui persero l'innocenza, anche se è un termine diciamo, molto abusato, lo trovo sicuramente adatto.

A.Larsen: Sembrò proprio la fine del sogno americano e di quella nuova frontiera, del nuovo orizzonte che sembrava voler portare avanti Kennedy e realizzare. Ma cosa cambia con la morte di Kennedy, come cambia la politica internazionale?

M.Mazzucco: Immaginare che cosa sarebbe cosa sarebbero stati i successivi quattro anni con Kennedy, è una cosa veramente difficile, perché stiamo parlando proprio di due direzioni politiche diverse, due linee che si separano chiaramente l'una dall'altra. Kennedy era assolutamente contrario ad un'escalation in Vietnam. Fino a quel momento gli Stati Uniti non erano entrati ufficialmente in guerra contro il Vietnam del Nord, davano soltanto un appoggio militare al Vietnam del Sud, ma non si erano compromessi in quella guerra che poi fu poi appunto la guerra del Vietnam. È l'industria bellica, il Pentagono, i falchi del Pentagono che spingevano per entrare in guerra, avendo in Lyndon Johnson un meraviglioso aiuto, il candidato che invece era guerrafondaio nato. Basti solo pensare che una delle prime cose che fece appena divenne Presidente fu quella di annullare l'ordine che Kennedy aveva dato in merito al ritiro progressivo delle truppe prima di morire. Un mese prima del tragico giorno a Dallas infatti, Kennedy aveva siglato un ordine presidenziale che programmava il ritorno in patria, lentamente, a mille soldati per volta, dal Vietnam, anche se il loro impegno era modesto, quella presenza militare per Kennedy doveva finire, ma poi cosa accadde? Il famoso attacco del Tonchino, quello che poi abbiamo scoperto nel corso della storia che era un palese falso...

A.Larsen: Un evidente casus belli..

M.Mazzucco: Esattamente, un famoso casus belli per avere la scusa al fine di entrare ufficialmente in guerra col Vietnam, quindi a quel punto, si comprende come la storia americana prende, dopo la morte di Kennedy, tutta un'altra direzione. La storia americana e globale.

A.Larsen: Inoltre la convivenza politica tra Johnson e Kennedy fu sempre difficile, arrivò anche agli onori della cronaca, era palese che avevano due visioni assolutamente diverse e naturalmente c'è chi voleva ridimensionare l'apparato industriale-militare ovvero i Kennedy e chi invece sembrava appoggiarlo ed eseguire più i loro ordini come Johnson, come poi dimostrò con la sua presidenza.

M.Mazzucco: L'apparato industriale-militare stava proprio nascendo in quel periodo. Kennedy lo aveva intuito e volevo cancellarlo prima che diventasse troppo grosso e potente, soprattutto l'alleanza fra la CIA e il Pentagono, tra militari e servizi segreti, stava diventando molto importante ma nei confronti di questa alleanza e immenso apparato e sistema, Johnson fu sempre esecutore dei loro desideri e azioni politiche, infatti permise che tutto ciò che avevano capillarmente sviluppato andasse avanti e ci siamo ritrovati appunto con la guerra del Vietnam e con altri mille problemi nel mondo causati proprio dalla Cia e dal sistema industriale-militare negli anni seguenti..

A.Larsen: I famosi colpi di stato targati CIA..

M.Mazzucco: Oggi sappiamo con certezza che Johnson era vicino a certi ambienti. Non possiamo affermare che abbia partecipato all'organizzazione dell'omicidio, ma ne era certamente al corrente e certamente non ha fatto niente per evitarlo. La sua ex amante dichiarò in un'intervista, quando Johnson era già morto, che la sera prima dell'omicidio, il suo amante partecipò ad una riunione molto privata a casa del petroliere Murchinson a Dallas, dove parteciparono fra l'altro anche il capo dell'FBI Hoover e il futuro presidente degli Stati Uniti Bush, padre di George. Erano tutti lì "per caso" potremmo ironicamente affermare e lei disse che quando Johnson uscì da quella riunione riservata era veramente felice e soddisfatto, l'abbracciò e le sospirò nell'orecchio: << Da domani quei due figli di puttana [J.F.Kennedy e suo fratello R.Kennedy] non mi daranno più fastidio>>, i figli di puttana, erano ovviamente John Fitzgerald Kennedy, ossia il Presidente degli Stati Uniti in carica e Robert Kennedy che in quel momento era il Ministro di Giustizia di quel governo.

A.Larsen: Decisamente una testimonianza da brividi. Andiamo alla terza domanda. Il tuo lavoro su John Fitzgerald Kennedy. Raccontacelo e spiegaci perché la scelta di raccontare con studio e documenti spesso nascosti o volutamente ignorati, ciò che le persone per anni non hanno mai potuto sapere, ingannate da "esperti" e divulgatori culturali approvati dal Santo Uffizio televisivo, servi di versioni di comodo e testi pre-impostati. Raccontaci.

M.Mazzucco: Il caso Kennedy è affascinante, anche senza guardare l'aspetto politico, anche se fosse preso in considerazione da un giallista qualunque, da uno che si è appassionato di gialli, già è affascinante, perché questa storia delle tre pallottole, della quarta, il colpo alla nuca e il colpo alla testa, la direzione dei colpi, il cecchino che non sa sparare che però di colpo diventa un mago, i testimoni fatti sparire..

Naturalmente puoi affrontare il caso Kennedy a vari livelli ed anche al livello più basso o superficiale, quello dei giallisti per capirsi, è veramente interessante. Io ho cominciato ad occuparmene quando ho fatto un documentario di 40 minuti che è stato mandato in onda in onda dalla trasmissione Matrix su Canale 5 nel 2009 che si intitolava proprio "L'uomo che uccise Kennedy". Ho incominciato ad occuparmene quando uscì l'intervista di quest'uomo, un signore che si chiamava James Files, che si trovava in una prigione in quegli anni, il quale intervistato in video, dopo che era stato rintracciato in modo assolutamente rocambolesco, aveva deciso di raccontare che era lui lo sparatore che sparò dalla collinetta erbosa il famoso terzo colpo alla testa di John Kennedy, quel colpo che uccise il presidente. Il colpo fatale, quello che tutti vedono quando con la testa il Presidente Kennedy va all'indietro per intendersi, ovvero il famoso colpo che nella versione ufficiale vogliono far credere che sia arrivato da dietro il Presidente, peccato che nel filmato di Zapruder il corpo del Presidente fa un movimento all'indietro e non in avanti.

Quando uscì questa intervista io dissi: "Non è possibile, qui c'è un signore che confessa di aver ucciso Kennedy e nessuno lo sa". Allora cominciai a fare questo documentario e scoprii nel farlo, usando pezzi per questa intervista, che questa intervista ovviamente era stata proposta dal suo produttore a tutte le maggiori reti televisive americane, ma nessuno l'aveva voluta. Semplicemente assurdo. In un mondo dove lo scoop è fondamentale, in un mondo dove l'audience è fondamentale, gli ascolti fondamentali, arriva un individuo con la confessione dell'uomo che uccise Kennedy ed i grandi network americani non lo vogliono il filmato, anzi, fanno finta di niente. Perché? Fino ad oggi ufficialmente questa intervista per le reti mondiali non esiste. A quel punto io feci il mio piccolo documentario, lo mandai alla trasmissione Matrix e fu mandato in onda. È assolutamente sensato il discorso di Files e ci sono anche i motivi, i nomi, le connessioni, ci sono le spiegazioni del perché lo ha fatto e perché non avrebbe mai più parlato dopo questa intervista, parola che ha mantenuto. Ma i media non se ne vogliono accorgere, ecco l'esempio una grande regola generale: le grandi verità scomode come questa non potranno mai essere riconosciute ufficialmente dal Sistema e dai libri di storia. Il Sistema americano e il Sistema politico in senso lato non potranno mai ammetterlo dicendo: << Ebbene, sì, è vero, la CIA usando la Mafia come manodopera uccise il presidente nel 1963 >> anche se è evidente per chiunque studi il caso. Ormai abbiamo i nomi e cognomi di chi ha sparato, da dove ha sparato, come si erano messi d'accordo, chi c'era in piazza e chi non c'era nella piazza, sappiamo abbastanza da ricostruire quello che successe veramente con prove documentali, ma poi tutto questo sembra non interessare. Perché? Semplicemente perché nei libri di storia ci sarà sempre scritto: "L'assassino solitario chiamato Lee Harvey Oswald il 22 novembre 63 con tre colpì alla testa uccise il presidente americano." Questo è purtroppo il limite del nostro Sistema che non può ammettere di essere marcio dall'interno.

A.Larsen: Tra l'altro Lee Harvey Oswald secondo la versione ufficiale, quella governativa della Commissione Warren, sparò a Kennedy oltrepassando qualsiasi legge della fisica e sulla questione del Sistema marcio, faccio una piccola aggiunta andando in parallelo con quello che tu dici Massimo, in merito al fatto che nacque proprio in quegli anni, proprio dopo la questione di Kennedy il termine "Teorico della cospirazione", un termine creato dalla CIA, ne ha parlato a tal proposito anche l'autore David Icke. Esiste un documento CIA che attesta come l'agenzia d'intelligence contattò le grandi testate giornalistiche americane affinché dessero questa etichetta di cospirazionista o teorico della cospirazione a chiunque mettesse in dubbio la versione ufficiale sulla morte di Kennedy data dal Governo. Ed a proposito delle voci un po' fuori dal coro nella ricostruzione di quello che accade a Dallas ed appunto della tragica fine di Kennedy, vi sono autori come Harold Weisberg, il procuratore Garrison, l'avvocato Mark Lane, per dirne alcuni, figure autorevoli, importanti, che hanno sempre trovato mille ostacoli nel loro lavoro di indagine. Perché? Sono stati quasi sempre costretti ad auto-pubblicazioni, con l'indifferenza dei grandi editori o giornali, ma nonostante ciò hanno realizzato record di vendite e di grande attenzione, anche perché poi non è la vendita fine a se stessa ma anche soprattutto notevoli seguiti soprattutto in merito a versioni diverse da quelle confezionate dal Governo, che mette in luce un risveglio delle coscienze al di là della pressione propagandistica filo-governativa. Perché la popolazione non ha creduto fino in fondo alla vicenda Oswald – Kennedy, così costruita? Perché non si è mai facilitata una vera e seria indagine poi sull'intera vicenda?

M.Mazzucco: Per lo stesso motivo che dicevamo prima. Le commissioni in questo caso vengono create come facciata, come alibi, come giustificazione, propagandando l'idea di voler scoprire la verità, quando in realtà la volontà è direzionata nel volerla insabbiarla. La storia della Commissione Warren è pazzesca di per sé, ha avuto dei libri dedicati solo per lei. Pensiamo solo una cosa, quando due anni prima nel 1961 c'è il famoso episodio della Baia dei Porci nel quale Kennedy viene praticamente ingannato dal capo della CIA, Allen Dulles, che gli fa credere che l'operazione militare andrà tranquillamente in porto e quindi ottiene il suo via libera. Successivamente Kennedy scopre che invece l'operazione è organizzata malissimo, che ci hanno fatto una figura terribile e che non sono riusciti di fatto a riprendersi Cuba come aveva promesso lui ufficialmente, a quel punto, apertamente si prende la colpa e difatti la baia dei Porci è il punto più basso della Presidenza Kennedy dal punto di vista della sua immagine pubblica, però poi privatamente chiama Allen Dulles e lo licenzia immediatamente da capo della CIA. Ora licenziare il capo della CIA in quegli anni era una cosa impensabile, cioè, tecnicamente con il suo voto poteva naturalmente farlo ma dopo te l'avrebbe fatta pagare. Kennedy aveva dichiarato apertamente che voleva smantellare la CIA che era inizialmente un servizio di raccolta informazioni segrete all'estero, perché sta diventando un vero e proprio potere all'interno del potere dello Stato, un potere che decideva le sorti di intere Nazioni, quindi come ho detto, voleva smantellarla. L'omicidio Kennedy è il chiaro risultato di una guerra fra Kennedy e la CIA. Quando il Presidente viene ucciso a Dallas, il nuovo presidente Johnson a chi assegna il comando della Commissione Warren con il compito di scoprire la verità, di visionare le prove, di raccogliere tali dati, di ammettere o non ammettere documenti e testimonianze? Esattamente all'ex capo della CIA licenziato da Kennedy, Allen Dulles. Quindi abbiamo l'ex capo dell'organizzazione che ha deciso l'eliminazione di Kennedy che sta lì a decidere quali prove verranno raccolte per il processo. Quindi è chiaro comprednere il perché di colpo hai il 50-60 % di testimoni che giurano di aver sentito il terzo colpo arrivare dalla collinetta e semplicemente le loro voci scompaiono letteralmente dai documenti della Commissione Warren, semplicemente non ci sono, non esistono più. Hai un testimone che da una torre per spostare vagoni ferroviari ha osservato degli individui che si muovevano dietro la staccionata, che si sono piazzati prima dell'omicidio, probabilmente armati, con fare evidentemente sospetto, ebbene anche quello scompare nella raccolta dei dati della Commissione Warren. Il vero scopo della Commissione è stato semplicemente quello di eliminare tutti gli elementi che avrebbero potuto portare a scoprire il complotto. E quindi cosa rimane? Il povero Oswald che nel frattempo è stato ucciso e non ha neanche più la possibilità di difendersi.

A.Larsen: Assolutamente sì, ecco infatti tutta la lunga serie di testimoni, diciamo morti "accidentalmente". Sulla questione della Commissione Warren, basti pensare alla dichiarazione a caldo del fratello di John Fitzgerald Kennedy, Robert, che affermò con i giornalisti, con una frase sibillina, di non aver letto il rapporto della Commissione Warren. Incredibile no? C'è una Commissione che, ufficialmente, indaga e lavora per cercare di ricostruire il come, il perché e chi ha ucciso tuo fratello e rispondi così in merito?

M.Mazzucco: Ho un bel aneddoto in merito che riguarda Robert Kennedy in relazione alla morte del fratello. Quando venne ucciso John, in quel momento era Ministro di Giustizia e si trovava a Washington. La retro-storia è che la Mafia ha collaborato con la CIA nell'eliminazione di Kennedy, non perché gli hanno pagato una certa somma, ma anche perché la stessa Mafia aveva intenzione di eliminare Kennedy perché minacciata nei suoi interessi e nella sua sopravvivenza. Robert Kennedy, ministro di Giustizia, stava perseguitando la Mafia. La Mafia aveva vissuto tranquilla e felice per trent'anni con Hoover, capo dell'FBI, senza disturbarsi a vicenda, poi arriva Robert Kennedy che si confronta con Hoover, capo dell'FBI, e gli dice "Qui ci sarebbe un problemino della Mafia da risolvere...", insomma Robert era decisamente intenzionato a combattere la Mafia e cambiare le cose. Quindi la Mafia aveva interesse a farlo fuori..ma veniamo all'aneddoto, dopo questa doverosa premessa. L'aneddoto è il seguente, ebbene c'era una persona, uno dei biografi dei Kennedy, quel giorno quando Robert ricevette la telefonata in ufficio che annunciava la morte del fratello a Dallas, che si trovava con lui. Il testimone racconta di Robert Kennedy che solleva il telefono, che si fa scuro in volto, non dice niente se non "grazie" e poi rimette giù, si avvicina alla finestra e guarda fuori. Dopo qualche minuto dice "Hanno ucciso mio fratello a Dallas, era Hoover che voleva annunciarmelo di persona." Poi tace per un attimo e aggiunge "Ho sempre pensato che sarebbero prima venuti a prendere me, invece hanno preso direttamente lui". Questo è il commento dell'uomo che poi ovviamente si rifiuta di leggere il rapporto della Commissione Warren, perché non solo sapeva esattamente chi era stato, ma sapeva di essere nel mirino.

A.Larsen: Tra l'altro a testimoniare la profonda connessione collaborazione tra la CIA e la Mafia c'è anche un diretto testimone, un agente della CIA chiamato Michael Milan che ha scritto una biografia non conosciutissima. Nell'opera racconta che il suo capo Hoover praticamente lo aveva assoldato quasi come un killer privato, infatti la cosa era stata poi anche indagata e racconta che quando lui faceva una doppia vita, ovvero lavorava per un cartello mafioso e per la CIA pensava di rischiare la pelle nell'esser scoperto, ma in breve si rese conto che i vertici erano molto amici e sapevano entrambi della sua doppia identità. Lo stesso Milan afferma che eliminò un testimone scomodo presente a Dallas il giorno dell'omicidio di Kennedy.

M.Mazzucco: C'è un altro individuo coinvolto nel caso Kennedy che racconta la stessa cosa, Chauncey Holt. Chauncey era un tipografo che faceva i documenti falsi e lavorava sia per la Mafia che per la CIA e prima di morire ha raccontato in un libro che lui venne mandato a Dallas insieme ad altri due, in piena notte, prima dell'omicidio. Perché? Lui era stato incaricato di preparare i falsi distintivi degli uomini del servizio di sicurezza che sarebbero poi serviti ai falsi uomini appunto del fantomatico servizio di sicurezza o servizio segreto che sulla collinetta erbosa si occupò quel tragico giorno di respingere e allontanare immediatamente tutte le persone che erano lì accorse seguendo l'origine degli spari.

A.Larsen: Incredibile. Ricordo che le fonti governative hanno sempre negato la vicinanza o appartenenza di Lee Harvey Oswald alla CIA o ai servizi segreti, ma furono invece trovati vari documenti falsi in suo possesso..

M.Mazzucco: Sono stati fatti sempre da quel tipografo. L'alias di Oswald era Alex Hidell, per esempio il fucile risulta comprato da Alex Hidell e chissà perché quest'uomo doveva usare due nomi, senza motivo visto che se lavora in un deposito libri che problema aveva a comprare un fucile a suo nome?

A.Larsen: Oppure basti pensare ai volantini distribuiti da Oswald a favore di Cuba, su di essi l'indirizzo a cui mandare soldi o lettere di sostegno, era quello della sede di una fantomatica associazione a sostegno di Cuba ma in verità null'altro che un ufficio d'un famoso "pezzo grosso" dell'Intelligence.

M.Mazzucco: C'è anche un motivo storico in merito alla questione Cuba da ricordare, ci tengo a precisare. L'alleanza segreta tra CIA e Mafia nasce proprio in occasione del colpo di stato di Cuba da parte di Fidel Castro perché sia la CIA che la Mafia non sono interessate solo a riprendersi Cuba per motivi politici, ovvero perché l'America non voleva avere un paese comunista a 80 km dalla Florida ma la stessa Mafia aveva nell'isola decine di casinò e il controllo completo della prostituzione, della droga, ecc..sotto il potere di Battista. Quindi erano due realtà. la CIA e la Mafia, assolutamente interessati a fermare i Kennedy ed infatti risultò che l'assassino di John Fitzgerald Kennedy, quello del colpo della collinetta, quello che ha confessato in un'intervista video la cosa, James Files, era un tiratore scelto che aveva già addestrato per conto della Mafia e per conto della CIA, i futuri uomini che avrebbero dovuto invadere Cuba. Ovviamente, ci tengo a precisare naturalmente che stiamo parlando non di tutta la Mafia o tutta la CIA, ma di una parte oscura di entrambe.

A.Larsen: Oggi ricorre l'anniversario della morte presidente Kennedy, sono passati 60 anni da quel tragico giorno a Dallas e ancora escono fuori dichiarazioni di testimoni o documenti che però contraddicono la versione ufficiale data dalla Commissione Warren. Cosa si può dire oggi nel

2023 anche come augurio in merito alla vicenda?

M.Mazzucco: La cosa che si può dire è che purtroppo ci sono ancora oggi, 60 anni dopo, dei documenti secretati che riguardano il caso Kennedy che non si possono evidentemente de-secretare perché altrimenti, l'avrebbero già fatto. Documenti che avevano inizialmente una scadenza di 50 anni, perché 50 anni era il limite massimo per i documenti secretati nella storia americana, ma questa segretazione è stata prolungata prima da Obama, poi successivamente da Trump, poi da Biden ultimamente. Quindi evidentemente lì dentro c'è qualcosa che nemmeno 60 anni dopo si può sapere, però sui libri di storia c'è scritto che è stato Oswald l'assassino solitario a sparare.

A.Larsen: Massimo io ti ringrazio per questa intervista.

M.Mazzucco: Grazie a te.

MASSIMO MAZZUCCO / BREVE BIO

Regista, sceneggiatore e blogger di fama internazionale. Gestisce il sito web Luogocomune.net, il Canale YouTube Luogocomune2, nel 2019 ha fondato con Giulietto Chiesa il canale di video in streaming Contro Tv. Ha pubblicato importantissimi documentari, due dedicati alla vicenda dell'11 settembre, un documentario accuratissimo sulla vicenda relativa alla morte di J.F.K a Dallas e un altro documentario sulla morte del fratello Robert. Ha infine realizzato anche un video speciale dedicato alla figura del poliziotto Robert Craig, ingiustamente calunniato dal mainstream pseudo-culturale.

ANDREA LARSEN / BREVE BIO

Scrittore, saggista, articolista per riviste a tiratura nazionale (Orizzonte Zero, Storia&Battaglie) e siti di filosofia e attualità culturale e geo-politica (la Chiave di Sophia, OraZero). Ha pubblicato diversi libri, tra cui le raccolte aforistiche, una raccolta di poesie con introduzione della Poetessa Sandra Lucarelli, il primo saggio storico in Italia dedicato al tiratore finnico più letale di sempre, Simo Häyhä, due libri di racconti. È curatore di numerose edizioni di testi Classici (Jack London, Knut Hamsun, ecc..). Cura due canali sulla piattaforma Odysee, dove si interessa di Storia, letteratura e attualità. Ha realizzato alcune importanti interviste a personalità della cultura e dell'informazione a livello nazionale e internazionale.

BIBLIOGRAFIA

Libri

- Cortesi Paolo, *John F. Kennedy, Chi lo ha ucciso?* (Foschi Editore, 2008)
- Prosperi Pierfrancesco, *La serie maledetta* (Armenia editore, 1980)
- Weisberg Harold, *Chi ha ucciso Kennedy?* (Feltrinelli Editore, Milano, 1967)
- Bugialli, Corsini, Fiore, Governi, Nencini, Sterpellone, *Chi ha ucciso i Kennedy?* (Trapani Editore, 1968)
- Garrison Jim, *Sulle tracce degli assassini* (Sperling & Kupfer Edizioni, 1988)
- Bisiach Gianni, *John Kennedy, Il presidente, La lunga storia di una breve vita* (Fabbri Editori, 1999)
- Bisiach Gianni, *L'attentato di Dallas* (Newton Compton, 1989)
- Gerosa Guido, *La tragedia di Dallas, I documenti terribili* (Mondadori, 1972)
- Margotta Roberto, *Pro e contro Kennedy* (Mondadori, 1971)
- F. Kennedy Robert, *Sogno cose che non sono state mai* (Einaudi, 2012)
- F. Kennedy John, *Il peso della gloria* (Editore Mondadori 1964)
- Icke David, *E la Verità vi renderà liberi* (MacroEdizioni, 2005)
- Icke David, *Alice nel paese delle meraviglie e il disastro delle torri gemelle* (MacroEdizioni, 2004)
- Epstein Edward Jay, *Inchiesta, La ricerca della verità sull'assassinio di Kennedy* (Rizzoli, 1967)

- Orlando Ruggero, *L'America dei Kennedy* (Rizzoli 1983)
- J.Wollemborg Leo, *I mille giorni di John F.Kennedy* (Rizzoli, 1971)
- Biagi Enzo, Melega Gianluigi, Pancera Mario, Venè Gian Franco, *I Kennedy, Gloria e tragedia di una grande famiglia,* (Rizzoli Editore, 1968)
- Lane Mark, *L'America ricorre in appello, Il rapporto Warren ha sbagliato?* (Mondadori, 1967)
- Pizzuti Marco, *Rivelazioni non autorizzate* (Edizioni il Punto d'Incontro, 2009)

Riviste

- Riccardo Ruggero, *False Flag e carte d'identità* di (Rivista Mistero)
- Giuseppe Josca, *Perché gli americani vogliono credere alla congiura contro Kennedy* (Domenica del Corriere, 15 gennaio 1967)
- *La polizia di Dallas ha ucciso Kennedy* di Jerry O'Brien (Secolo XX, Direttore Giorgio Pisanò, 11 dicembre 1963)

Filmografia

- *JFK* di Oliver Stone
- Massimo Mazzucco *docu-film inchiesta*

WANTED

FOR

TREASON

THIS MAN is wanted for treasonous activities against the United States:

1. Betraying the Constitution (which he swore to uphold):
   He is turning the sovereignty of the U. S. over to the communist controlled United Nations.
   He is betraying our friends (Cuba, Katanga, Portugal) and befriending our enemies (Russia, Yugoslavia, Poland).
2. He has been WRONG on innumerable issues affecting the security of the U.S. (United Nations-Berlin wall-Missle removal-Cuba-Wheat deals-Test Ban Treaty, etc.)
3. He has been lax in enforcing Communist Registration laws.
4. He has given support and encouragement to the Communist inspired racial riots.
5. He has illegally invaded a sovereign State with federal troops.
6. He has consistantly appointed Anti-Christians to Federal office:
   Upholds the Supreme Court in its Anti-Christian rulings.
   Aliens and known Communists abound in Federal offices.
7. He has been caught in fantastic LIES to the American people (including personal ones like his previous marraige and divorce).

Wanted for Treason (Ricercato per tradimento). Famigerato volantino diffuso il 21 novembre 1963 a Dallas, in Texas.

4/1/64

AIRTEL

TO: DIRECTOR, FBI (105-82555)

FROM: SAC, NEW YORK (105-38431)

SUBJECT: LEE HARVEY OSWALD
           IS-R-CUBA

        NY 3948-C on 3/26/64, reported that he had a
conversation with H. THEODORE LEE on 3/20/64, in which
LEE mentioned to the informant that he had turned over all
correspondence regarding the desire of LEE HARVEY OSWALD
to establish a chapter of the Fair Play for Cuba Committee
(FPCC) in Dallas to the FBI.

        The informant indicated that LEE also related
that statements concerning the assassination of President
KENNEDY by individuals previously active in FPCC declare
that the President was actually assassinated by Dallas
Police Officer TIPPIT.   Also that one week before the
assassination, Patrolman TIPPIT, the Head of the John
Birch Society in Dallas and an unnamed third party suggested
by these FPCC individuals as possibly being OSWALD, were
together in JACK RUBY's night club.

        LEE also stated that while OSWALD was an FPCC
advocate, he had also joined a number of anti-CASTRO
movements and was, therefore, in position to know everything
that was going on on both sides of the issues involved.

4-Bureau
2-Dallas (100-10461)
4-New York
   (1-105-46848)
   (1-97-1792)
   (1-44-974)

JJR:ama
(11)

100-10461-5016

La nota inviata all'FBI rivela che un informatore, H. Theodore
Lee, ha accusato l'ufficiale di polizia.

sopra: John F. Kennedy mo-
torcade, Dallas, Texas, Nov.
22, 1963 (Victor Hugo King
photo)

a lato: il Procuratore Jim
Garrison

Lee Harvey Oswald, 1963

SELECTIVE SERVICE SYSTEM
NOTICE OF CLASSIFICATION

Approval not required

ALEK (First name)   JAMES (Middle name)   HIDELL (Last name)

Selective Service No. ... has been classified in Class ... (Until ... 19...) by ☐ Local Board ☐ Appeal Board, ☐ President by vote of ... to ...

Carta di servizio falsa con il nome di Alex J. Hidell

David Ferrie

Grazie per l'acquisto!

Lascia una recensione su Amazon se il libro ti è piaciuto e scrivimi se hai suggerimenti!

LARSENEDIZIONI.COM

Potrebbe piacerti anche..

Guido Dalla Casa

Verso un Nuovo Mondo

Un emozionante raccolta di articoli sul tema dell'ambiente e sulle sfide che siamo tenuti ad affrontare, al di là di sterili slogan ed imposture politiche. Uno dei maggiori esperti di Ecologia Profonda, già autore di vari testi in merito, ci accompagna in un nuovo libro illuminante e affascinante sul nostro futuro.

Theodore John Kaczynski

La società industriale ed il suo futuro, Manifesto di Unabomber

Edizione Italiana Integrale

Scritto da un genio matematico senza pari, per quasi 20 anni braccato dalle più potenti agenzie di intelligence al mondo. L'attualità spaventosa di un capolavoro.
Il manifesto contro il mondo tecnologico più famoso di sempre.
Dopo aver letto questo libro, la tua visione del progresso tecnologico sarà completamente diversa.

Guido Dalla Casa · Eduardo Zarelli Maurizio
Martucci · Gloria Germani Andrea Larsen · Roberto
Bonuglia Simone Mestroni · Giulio Ceccarelli

8 Autori su Theodore Kaczynski

*primo saggio critico sul pensiero dell'uomo passato alla
storia come Unabomber*

Il primo saggio italiano dedicato al Professor Theodore John
Kaczynski, conosciuto universalmente come "Unabomber" ed autore
dello scritto "La società industriale e il suo futuro". I vari esperti ed
autori presenti in quest'Opera accompagneranno il lettore in un
viaggio intorno ai vari temi cari a Kacyznski quali l'ambiente da
difendere, le derive tecnologiche, i mutamenti sociali degeneranti e
così via, illuminandoci sempre con riflessioni profonde e originali.

Victor Naumann

7 cecchini killer

Le vere storie di cecchini assassini

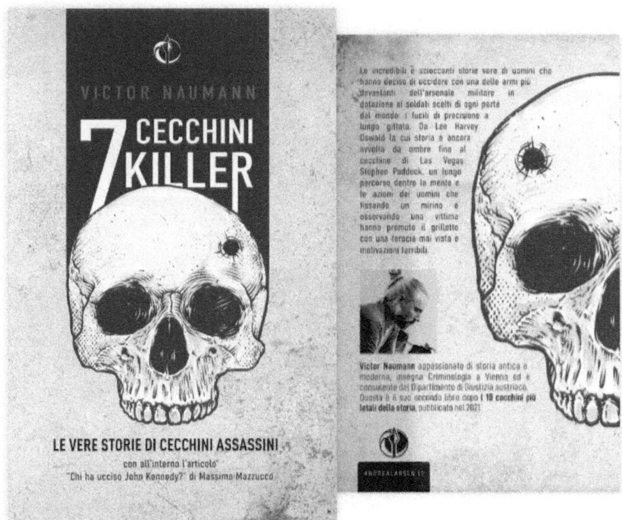

Una serrata e coinvolgente narrazione vi trasporterà dentro storie criminali che parlano di uomini divenuti assassini. Assassini che impugnavano alcune tra le armi più potenti e terribili mai realizzate, fucili di precisione a lunga gittata. Oltre 190 pagine con biografie dettagliate, nomi, date, analisi, articoli, dichiarazioni...
All'interno troverete l'articolo del giornalista Massimo Mazzucco sulla vicenda di Lee Harvey Oswald, l'uomo passato alla storia come il tiratore killer che uccise il Presidente Kennedy

9 798868 241956